Guttentagsche Sammlung von Textausgaben

Strafprozeßordnung
und
Gerichtsverfassungsgesetz

in der Fassung des Gesetzes zur Wiederherstellung
der Rechtseinheit auf dem Gebiete der Gerichtsverfassung,
der bürgerlichen Rechtspflege, des Strafverfahrens und des Kostenrechts
vom 12. September 1950 (BGBl. S. 455)

Textausgabe

mit Einleitung und Nebengesetzen

von

Dr. Richard Lange
ord. Professor der Rechte an der Freien Universität Berlin

Berlin 1950

WALTER DE GRUYTER & CO.

vormals G. J. Göschen'sche Verlagshandlung • J. Guttentag, Verlagsbuchhandlung • Georg Reimer • Karl J. Trübner • Veit & Comp.

Archiv-Nr. 21 40 32

Satz: Walter de Gruyter & Co., Berlin W 35

Druck: A. W. Hayn's Erben, Berlin SO 36

Inhaltsverzeichnis

		Seite
Einleitung		VI
I. Gerichtsverfassungsgesetz		1
Erster Titel. Richteramt	§§ 1—11	1
Zweiter Titel. Gerichtsbarkeit	§§ 12—21	2
Dritter Titel. Amtsgerichte	§§ 22—27	4
Vierter Titel. Schöffengerichte	§§ 28—58	6
Fünfter Titel. Landgerichte	§§ 59—78	11
Sechster Titel. Schwurgerichte	§§ 79—92	15
Siebenter Titel. Kammern für Handelssachen	§§ 93—114	17
Achter Titel. Oberlandesgerichte	§§ 115—122	17
Neunter Titel. Bundesgerichtshof	§§ 123—140	19
Zehnter Titel. Staatsanwaltschaft	§§ 141—152	21
Elfter Titel. Geschäftsstelle	§ 153	22
Zwölfter Titel. Zustellungs- und Vollstreckungsbeamte	§§ 154, 155	23
Dreizehnter Titel. Rechtshilfe	§§ 156—168	23
Vierzehnter Titel. Öffentlichkeit und Sitzungspolizei	§§ 169—183	25
Fünfzehnter Titel. Gerichtssprache	§§ 184—191	27
Sechzehnter Titel. Beratung und Abstimmung	§§ 192—198	28
Siebzehnter Titel. Gerichtsferien	§§ 199—202	29
II. Einführungsgesetz z. Gerichtsverfassungsgesetz	§§ 1—11	30
III. Strafprozeßordnung		32

Erstes Buch

Allgemeine Vorschriften

Erster Abschnitt. Sachliche Zuständigkeit der Gerichte	§§ 1— 6	32
Zweiter Abschnitt. Gerichtsstand	§§ 7—21	33
Dritter Abschnitt. Ausschließung und Ablehnung der Gerichtspersonen	§§ 22—32	35
Vierter Abschnitt. Gerichtliche Entscheidungen und ihre Bekanntmachung	§§ 33—41	37
Fünfter Abschnitt. Fristen und Wiedereinsetzung in den vorigen Stand	§§ 42—47	38
Sechster Abschnitt. Zeugen	§§ 48—71	39

		Seite
Siebenter Abschnitt. Sachverständige und Augenschein	§§ 72—93	44
Achter Abschnitt. Beschlagnahme und Durchsuchung	§§ 94—111	48
Neunter Abschnitt. Verhaftung und vorläufige Festnahme	§§ 112—132	52
Zehnter Abschnitt. Vernehmung des Beschuldigten	§§ 133—136a	58
Elfter Abschnitt. Verteidigung	§§ 137—150	59

Zweites Buch

Verfahren im ersten Rechtszug

Erster Abschnitt. Öffentliche Klage	§§ 151—157	62
Zweiter Abschnitt. Vorbereitung der öffentlichen Klage	§§ 158—177	65
Dritter Abschnitt. Gerichtliche Voruntersuchung	§§ 178—197	68
Vierter Abschnitt. Entscheidung über die Eröffnung des Hauptverfahrens	§§ 198—212b	71
Fünfter Abschnitt. Vorbereitung der Hauptverhandlung	§§ 213—225	74
Sechster Abschnitt. Hauptverhandlung	§§ 226—275	77
Siebenter Abschnitt. Verfahren gegen Abwesende	§§ 276—295	87

Drittes Buch

Rechtsmittel

Erster Abschnitt. Allgemeine Bestimmungen	§§ 296—303	91
Zweiter Abschnitt. Beschwerde	§§ 304—311	92
Dritter Abschnitt. Berufung	§§ 312—332	93
Vierter Abschnitt. Revision	§§ 333—358	96

Viertes Buch

Wiederaufnahme eines durch rechtskräftiges Urteil geschlossenen Verfahrens	§§ 359—373a	100

Fünftes Buch

Beteiligung des Verletzten am Verfahren

Erster Abschnitt. Privatklage	§§ 374—394	103
Zweiter Abschnitt. Nebenklage	§§ 395—402	108
Dritter Abschnitt. Entschädigung des Verletzten	§§ 403—406d	109

Sechstes Buch

Besondere Arten des Verfahrens

Erster Abschnitt. Verfahren bei Strafbefehlen	§§ 407—412	111
Zweiter Abschnitt. Verfahren bei Strafverfügungen	§ 412a	112
Dritter Abschnitt. Sicherungsverfahren	§§ 429a—429e	113
Vierter Abschnitt. Verfahren bei Einziehungen und Vermögensbeschlagnahmen	§§ 430—433	114

Siebentes Buch

Strafvollstreckung und Kosten des Verfahrens

		Seite
Erster Abschnitt. Strafvollstreckung	§§ 449—463a	115
Zweiter Abschnitt. Kosten des Verfahrens	§§ 464—474a	118
IV. Einführungsgesetz zur Strafprozeßordnung	§§ 1—12	122

Anhang

1. Entschädigung Freigesprochener 123
2. Entschädigung für Untersuchungshaft 125
3. Straftilgungsgesetz 128
4. Gnadenordnung 132
5. Reichsjugendgerichtsgesetz 149
6. Schluß- und Übergangsvorschriften des Gesetzes zur Wiederherstellung der Rechtseinheit 167
7. Kontrollratsproklamation Nr. 3 179
8. Kontrollratsgesetz Nr. 4 181
9. Allgemeine Anweisung für Richter 183

Sachregister 185

Einleitung

Der Name des Gesetzes „zur" Wiederherstellung der Rechtseinheit im Justizrecht bringt genau genommen nichts weiter als ein Ziel und einen Willen zum Ausdruck. Und so muß er auch verstanden werden. Indem sich das Gesetz damit begnügen muß, die Einheit der Rechtspflege für ein Teilgebiet von Deutschland wiederherzustellen, dokumentiert es von neuem die deutsche Rechtszerrissenheit. In Brandenburg, Mecklenburg, Sachsen, Sachsen-Anhalt und Thüringen — um nur diese Gebiete zu nennen — werden Strafprozeßordnung und Gerichtsverfassungsgesetz seit dem 1. 1. 1949 in einer von der Justizverwaltung der sowjetischen Besatzungszone herausgegebenen Fassung angewendet. Darin werden beispielsweise die Grundlagen der Gerichtsverfassung, die §§ 1 bis 11 GVG über das Richteramt, nicht mehr abgedruckt, mit der Begründung, daß sie der gesetzlichen Neuregelung bedürften.

Es verdient hervorgehoben zu werden, daß sich der Gesetzgeber vom 12. 9. 1950 des staatsrechtlich partiellen und provisorischen Charakters seines Werkes bewußt ist. Indem er nicht vom „Gebiet der Bundesrepublik", sondern vom „Geltungsbereich dieses Bundesgesetzes" spricht, hält er im Sinne der Präambel und des Art. 23 des Grundgesetzes die Tür für eine deutsche Gesamtlösung offen. Und der Begründung ist darin zuzustimmen, daß es sich bei diesem ersten Akt der Wiederherstellung einer deutschen Rechtseinheit um eine besonders dringliche Arbeit handelte, die mit größter Beschleunigung durchgeführt werden mußte; daher wurde vorläufig auf Neuerungen verzichtet und auf Regelungen zurückgegangen, die bereits einmal in Deutschland einheitlich rechtens waren und sich bewährt hatten. Daraus ergibt sich zugleich eine Betonung der negativen Seite des Entwurfs. Er will die Vorschriften beseitigen, die entweder nationalsozialistisches Gedankengut enthalten oder, aus dem Zwang der Kriegsverhältnisse entstanden, mit einer geordneten Rechtspflege unvereinbar sind, sowie alle nach 1945 entstandenen Vorschriften, die nicht inhaltlich übereinstimmend allgemeines Recht im Gebiet der Bundesrepublik wurden. Nur in Ausnahmefällen ist das später gesetzte Recht eines Landes oder einer Zone auf das Bundesgebiet ausgedehnt worden. Im Kern ist danach, wie die Begründung sagt, das Recht vom 1. 1. 1933 wiederhergestellt und sind Neuerungen nur insoweit beibehalten worden, als sie allgemein eingeführt waren, auf Beratungen und Entwürfe der Zeit vor 1933 zurückgehen und einen Fortschritt darstellen.

Danach trägt das Gesetz auch in seinen sachlichen Intentionen Übergangscharakter. Es will „nur das Fundament bilden, auf dem in einem zweiten Abschnitt der Gesetzgebung die notwendigen Reformarbeiten durchgeführt werden sollen".

Diese Selbstbescheidung wird man dem Gesetzgeber besonders zu danken haben. In der Gegenwart zeichnen sich von der Justizpolitik bis zur Verfahrenstechnik soviel neue Strömungen ab, deren Stärke, Dauer und Richtung sich heute noch nicht übersehen lassen, daß weder die soziologischen noch die normativen Voraussetzungen für eine gesetzliche Festlegung gegeben sind.

Insbesondere bleibt realistisch zu prüfen, ob es sich empfiehlt, die Erfahrungen des angelsächsischen Strafprozesses im deutschen Strafprozeßrecht zu verwerten und wenn ja, in welchem Umfange. Diese in den letzten Jahren oft aufgeworfene Frage wurde auf dem Deutschen Juristentag 1950 als Ersatzthema gestellt, aber noch nicht behandelt. Man sollte hier nicht nur theoretische Erörterungen pflegen, sondern den Weg der praktischen Erprobung gehen, schon um die Anschauung, die uns zur Zeit möglich ist, nicht ungenutzt vorübergehen zu lassen und nicht in der Zwischenzeit bis zur Gesamtreform in einen Zustand der Stagnation zu geraten.

An einem entscheidenden Punkt hat der Gesetzgeber die Möglichkeit geschaffen, solche Erfahrungen in der Prozeßpraxis zu sammeln: durch die Wiederherstellung des § 239 über das Kreuzverhör, eine Bestimmung, die bisher auffälligerweise gerade in der britischen Zone nicht wieder eingeführt worden war. Daß sie unter früheren, ganz anderen Verhältnissen auf dem Papier gestanden hat, sollte die Praxis nicht hindern, sie in Zukunft gründlich zu erproben. Wahrscheinlich bedarf es nur eines Hinweises der Justizministerien an die Staatsanwälte, hier die Initiative zu ergreifen oder entsprechenden Anträgen der Verteidiger zuzustimmen. Die Zeit ist dafür reif, unsere Strafpraxis von einem psychologischen Grundübel zu befreien, an dem sie in vielen Fällen krankt: daß der Vorsitzende in der Hauptverhandlung dem Angeklagten als der Inquirent erscheint, der nur das Ziel hat, ihn im Sinne der Anklage zu überführen.

Natürlich können nicht alle Leiden unseres Strafprozesses aus diesem einen Punkte kuriert werden, schon deshalb nicht, weil ja nicht in allen Fällen Verteidiger auftreten. Daß aber gerade hier und jetzt eingesetzt werden sollte, ergibt sich aus einer unscheinbaren und doch grundsätzlich bedeutsamen Änderung des § 240, die in Zukunft die unmittelbare Befragung des Angeklagten durch Beisitzer, Staatsanwalt und Verteidiger zuläßt. Dieser neuen Möglichkeit, die zum Kreuzverhör des Angeklagten werden kann, muß eine möglichst kontradiktorische Gestaltung auch der übrigen Beweisaufnahme entsprechen. Denn sonst besteht die Neuerung einzig darin, daß nunmehr das Kesseltreiben gegen den Angeklagten, das der Gesetzgeber von 1877 bewußt ausschließen wollte, möglich ist. Kein geringerer als Gneist hat damals vor der Gefahr gewarnt, daß der Angeklagte zu einem Objekt für Fragen von allen Seiten werde. Eine Abschwächung der kontradiktorischen Verfahrensweise liegt auch darin, daß das Gericht bei der Entscheidung über die Beeidigung des Zeugen nicht mehr an Anträge der Parteien gebunden ist. Ein weiterer Grund, Gegengewichte in die Waagschale zu werfen! Die Probe mit dem Kreuzverhör zu machen, liegt ferner deshalb jetzt besonders nahe, weil das Gesetz in § 245 die Beweisaufnahme grundsätzlich wieder auf alle herbeigeschafften Beweismittel erstreckt. Denn zu einer erschöpfenden Vernehmung unmittelbar gestellter Zeugen wird der Vorsitzende oft genug gar nicht in der Lage sein.

Bei den nicht präsenten Beweismitteln ist es interessant zu sehen, daß auch dieser so zurückhaltende Gesetzgeber nicht umhin kann, die gesetzliche Kristallisation der in der Praxis ausgebildeten Regeln weiter zu treiben. Er übernimmt zunächst in § 244 Abs. 3 die acht klassischen Regeln über die Verhandlung von Beweisanträgen und verallgemeinert sie. Damit ist die unerfreuliche Alternative zwischen einer guten und zwei schlechten Tatsacheninstanzen überwunden; nach früherem Recht war bekanntlich die Ablehnung von Beweisanträgen vor dem Amtsrichter, dem Schöffengericht oder dem Landgericht in der Berufungsinstanz dem freien Ermessen des Gerichts überlassen.

Die Absätze 4 und 5 des § 244 enthalten für den Beweis durch Sachverständige und durch Augenschein von der Regel des Abs. 3 „nach der Auslegung, welche die Strafprozeßordnung schon früher erfahren hat", Ausnahmen, die das Gericht insoweit freistellen. Im einzelnen nicht ganz unbedenklich: Soll wirklich das Gericht etwa bei einem medizinischen Schulenstreit die Anhörung eines gleichrangigen Gegengutachters ohne weiteres ablehnen dürfen, weil es schon vom Gegenteil dessen, wofür er benannt wird, überzeugt sei? Und wie, wenn das Ermessen, aus dem die Einnahme eines Augenscheins abgelehnt wurde, zwar subjektiv pflichtgemäß, nach späterer Einsicht aber objektiv fehlerhaft war? Hier hilft nur der gegenüber der Spezialregel etwas mißliche Regreß auf den allgemeinen Grundsatz der Amtspflicht zur Wahrheitserforschung, den § 244 Abs. 2 ohne ersichtlichen Grund weniger lapidar als bisher formuliert. Im übrigen muß an die strenge Rechtsprechung des Reichsgerichts erinnert werden: daß es hier nicht darauf ankommt, welche Sachkunde sich das Gericht zutraut, sondern ob es sie nach der Erfahrung des Lebens auch haben kann.

Aber im ganzen sind doch die Garantien der Wahrheitsermittlung verstärkt.

Der gleiche rechtsstaatliche Zug kennzeichnet auch die anderen entscheidenden Stellen, die in Zukunft einem Verfahren das Gepräge geben. So im Recht der Untersuchungshaft insbesondere die Beschränkung auf die beiden klassischen Haftgründe, obwohl in der Zwischenzeit die Gefahr der Begehung weiterer strafbarer Handlungen z. T. geltendes Recht geblieben war und kriminalpolitisch für die Beibehaltung dieses dritten Haftgrundes gewiß erhebliche Gründe sprechen, die dennoch nicht entscheidend sein dürfen; ferner die Sicherung des mündlichen Haftprüfungsverfahrens.

In derselben Richtung liegt die Wiederherstellung des 1943 abgeschafften Klageerzwingungsverfahrens der §§ 172ff. und die Rückkehr zur gerichtlichen Voruntersuchung in dem vor 1933 geltenden Umfange. Aber auch die viel umstrittene Wiedereinführung des Eröffnungsbeschlusses wird ausdrücklich mit dem überwiegenden Rechtsschutzinteresse des Angeklagten begründet. Hinzuzufügen bliebe hier, daß auch die richtige Gewichtsverteilung zwischen Gericht und Staatsanwaltschaft, das Interesse aller Beteiligten daran, daß die nach Ansicht des Gerichts wesentlichen Gesichtspunkte von vornherein hervortreten, sowie die Autorität der Rechtspflege, um derentwillen es nicht dazu kommen darf, daß das Gericht gegen seine Überzeugung ein Verfahren durchführen muß, den Eröffnungsbeschluß fordern. Dagegen darf nicht die übliche Routine des bloßen Einrückens des Anklagetenors ins Feld geführt werden.

Während es sich hier überall im wesentlichen um Restitution der alten Garantien handelt, geht der erst im Laufe der Beratungen eingeführte § 136a über die Vernehmung des Beschuldigten einen — durch die neuesten Erfahrungen veranlaßten — großen Schritt weiter. Bedeutsam ist einmal das klare Verbot selbst, die Freiheit der Willensentschließung und -Betätigung des Beschuldigten durch im einzelnen aufgezählte unzulässige Mittel oder sein Erinnerungsvermögen oder seine Einsichtsfähigkeit zu beeinträchtigen. Damit distanziert sich der Gesetzgeber eindeutig von dem Satze, daß der Zweck die Mittel heilige, und verwirft in eindrucksvoller Form jede Art moderner Folter oder unwürdiger Aussageerschleichung. Ebenso bedeutsam ist aber die doppelte Sanktion dieses Verbots: nicht nur durch die Strafdrohungen der §§ 240, 343 StGB, denen § 136a StPO zugleich ein Fundament der materiellen Widerrechtlichkeit liefert — praktisch wichtiger noch erscheint die Präventivwirkung seines Abs. 3, Satz 2, wonach verbotswidrig zustandegekommene Aussagen unter keinen Umständen verwertet werden dürfen. Die ganze Kühnheit dieser für uns durchaus neuen Regel, bei der wohl die Beweisregeln des Common Law Pate gestanden haben, wird erst in der Revisionspraxis offenbar werden, der sie zweifellos neuartige und schwierige Probleme — namentlich in den Fällen behaupteter Ermüdung oder Täuschung — stellen wird.

Auch da, wo das Gesetz Bestimmungen oder Institute aufnimmt, die ihrer Natur nach nicht ohne Gefahr für die letzten Garantien der Wahrheitsermittlung sind, baut es rechtsstaatliche Kautelen ein.

Ein solches nicht ungefährliches Instrument ist von jeher das beschleunigte Verfahren der §§ 212ff. gewesen. Es wird unter sachlich weit gespannten Voraussetzungen beibehalten; in einer Zeit organisierter Massenverbrechen ist es sicherlich unentbehrlich. Die Klausel, daß Zuchthaus und Maßregeln der Sicherung und Besserung in diesem Verfahren nicht verhängt werden dürfen, schließt jedenfalls aber folgenschwerste Fehler hier aus.

Ob nicht die weitgehende Zulassung mittelbaren Urkundenbeweises in § 251 Abs. 2 ihre schweren Bedenken hat, wird freilich erst die Praxis erweisen müssen.

Trotz aller Verwahrung gegen die Absicht, Neues zu schaffen, bedeutet die Streichung des Wortes „sollen“ in § 267 Abs. 3 eine weitere, praktisch sehr bedeutsame Neuerung: den Begründungszwang für die Strafzumessungsgründe. Wenn man bedenkt, daß es für den Angeklagten entscheidend auf das

Wieviel und nicht auf das Weshalb der Strafe ankommt, wenn man sich der Dürftigkeit der bisher landläufigen Zumessungsgründe erinnert, wird man es begrüßen müssen, daß dieses Kernstück des Urteils nunmehr in vollem Umfange revisibel geworden ist, mögen auch hier der Revisionspraxis neue schwere Probleme gestellt werden. Daß damit die Streitfragen der jüngsten Zeit wegfallen, bei denen Argumente der Kriminalpolitik und der Gerechtigkeit in unzulänglicher und oft gequälter Weise an die zufällige Fassung von Besatzungsrecht angelehnt werden mußten, ist als weiterer Gewinn zu verbuchen.

Das Verbot der reformatio in peius spricht das Gesetz erneut aus. Es stellt dabei klar, daß es sich nur auf Art und Höhe der Strafe, nicht auf den Schuldspruch und nicht auf Maßregeln bezieht; dabei wird jedoch die Sicherungsverwahrung wie eine Strafe behandelt, was auch für die materiellrechtlichen Fragen des Verhältnisses von Strafe und Maßregel von Interesse ist. Bekanntlich gehen die Meinungen über die Berechtigung und den Wert des Verbots soweit auseinander, daß bisher sogar in den drei westlichen Besatzungszonen unterschiedliches Recht in diesem Punkte galt. Mit Recht verweist jedoch die Begründung auf das psychologische Hemmnis, das die Möglichkeit einer härteren Bestrafung für den Angeklagten in der Rechtsmittelfrage bedeutet.

Die Möglichkeit, Rechtsänderungen auch in der Revisionsinstanz zu berücksichtigen, folgt richtigerweise schon aus § 2a StGB. Angesichts der in der Praxis nach Streichung des § 354a StPO aufgetretenen Unsicherheit und insbesondere der Stellungnahme des Obersten Gerichtshofs für die britische Zone ist jedoch die ausdrückliche Wiederherstellung dieser Vorschrift zu begrüßen.

Das Adhäsionsverfahren ist „zunächst" beibehalten worden, obwohl die Begründung konstatiert, daß es sich bisher nicht einzubürgern vermocht hat. Doch hat man mit Recht den Ausschluß der Anwälte beseitigt.

Strafverfügungen kann nach dem Gesetz nurmehr der Amtsrichter, nicht die Polizei erlassen (§ 413 StPO, § 6 Abs. 1, Satz 2 EG StPO). Dabei wird im wesentlichen eine für die britische Besatzungszone im Jahre 1946 eingeführte Regelung übernommen. Ob sie nicht zu einer Überlastung der Amtsgerichte führt, und ob sie nicht den Bestrebungen, kriminelles und Verwaltungsunrecht scharf voneinander zu trennen, zuwiderläuft, wird abgewartet werden müssen. Vielleicht schafft die im Gange befindliche verfahrensrechtliche Reform des Verwaltungsunrechts Abhilfe, soweit die Nebenstrafgesetze, die Domäne dieses Gebiets, in Betracht kommen. Für das Strafverfahren singulär und für die Gefahr einer Grenzüberschreitung bezeichnend ist die Festsetzung der „Befugnis zur Beseitigung eines gesetzwidrigen Zustandes" durch richterliche Strafverfügung oder Strafbefehl.

In der Gerichtsverfassung kommt der Grundsatz der Gleichberechtigung von Mann und Frau bei den Bestimmungen über die Schöffen und Geschworenen zum Ausdruck (Wegfall der bisherigen §§ 29, Satz 2 und 84 Abs. 2 GVG). Weitere Auswirkungen dieses Grundsatzes zeigen sich in den §§ 149 (Beistand), 298 (Rechtsmittel) StPO.

Der technische Aufbau ist dadurch gekennzeichnet, daß im wesentlichen der alte Instanzenzug, wie er bis 1931 bestand, insbesondere der dreifache Rechtszug für die mittlere Kriminalität, wiederhergestellt ist (§ 121 GVG).

Die Zuständigkeitsabgrenzung kehrt in den §§ 24ff. zum abstrakten Maßstab zurück, jedoch mit der wichtigen Begrenzung, daß Amtsgerichte nicht auf mehr als zwei Jahre Zuchthaus und nicht auf Sicherungsverwahrung erkennen dürfen (§ 24 Abs. 2). Zu bedauern ist im Interesse der Prozeßökonomie, daß dem Urteil des Amtsrichters der schwere Diebstahl entzogen wird, dessen Fälle bekanntlich einen enormen Anteil an der Kriminalstatistik bilden und in aller Regel so einfach liegen, daß sie zum mindesten in den Grenzen des § 25 Nr. 2c dem Einzelrichter hätten anvertraut werden können. Wenn man bedenkt, daß die Rückfallsverbrechen, die er aburteilen kann, häufig die viel schwierigere und irrationalere Würdigung der Gesamtpersönlichkeit des Täters involvieren — mindestens im Strafmaß —, hätte man im Sinne der Differenzierung von Tat- und Täterstrafrecht eher die umgekehrte Lösung gewünscht: Schwerer Diebstahl dem Einzelrichter, Rückfallverbrechen dem Kollegialgericht.

Die Zuständigkeit der Schwurgerichte ist im Anschluß an die bisherige Regelung der britischen Besatzungszone bestimmt — eine der nicht ganz seltenen Abweichungen von dem Vorsatz, nur bisheriges gesamtdeutsches Recht zu restituieren oder beizubehalten. Aber sachlich wird man dieser Ausnahme folgen, umsomehr, als der Meineid mit seinen häufig schwierigen Rechtsfragen aus der Zuständigkeit der Schwurgerichte begrüßenswerterweise herausgenommen worden ist.

Daß die Wahrung der Rechtseinheit beim Bundesgerichtshof durch Große Senate und nicht wie früher im Reichsgericht durch das Plenum erfolgt, wird man nach allen Erfahrungen der älteren und der neueren Zeit zu begrüßen haben. Im übrigen werden die hier gegebenen Bestimmungen nach Inkrafttreten des geplanten Staatsschutzgesetzes der Ergänzung bedürfen.

Berlin, Ende September 1950. Lange.

Gerichtsverfassungsgesetz

Vom 27. Januar 1877 in der neuen Fassung

Erster Titel

Richteramt

§ 1. Die richterliche Gewalt wird durch unabhängige, nur dem Gesetz unterworfene Gerichte ausgeübt.

§ 2. Die Fähigkeit zum Richteramt wird durch die Ablegung zweier Prüfungen erlangt.

Der ersten Prüfung muß ein mindestens dreijähriges Studium der Rechtswissenschaft auf einer Universität vorangehen. Von dem dreijährigen Zeitraum sind mindestens drei Halbjahre dem Studium auf einer deutschen Universität zu widmen.

Zwischen der ersten und der zweiten Prüfung muß eine Ausbildungszeit von mindestens drei und einem halben Jahr und höchstens vier Jahren liegen. Mindestens dreißig Monate sind zum Dienst bei den Gerichten, Staatsanwaltschaften, Notaren und Rechtsanwälten zu verwenden; der Rest der Ausbildungszeit ist mindestens zur Hälfte bei Verwaltungsbehörden, Körperschaften oder Anstalten des öffentlichen Rechts, im übrigen in einer dem Ausbildungszweck dienenden Weise zu verwenden.

§ 3. Wer in einem deutschen Land die erste Prüfung bestanden hat, kann in jedem anderen Land zur Vorbereitung für den Justizdienst und zur weiteren Prüfung zugelassen werden.

Die in einem deutschen Land auf die Vorbereitung verwendete Zeit kann in jedem anderen Land angerechnet werden.

§ 4. Zum Richteramt befähigt ist ferner jeder ordentliche öffentliche Lehrer des Rechts an einer deutschen Universität.

§ 5. Wer in einem deutschen Land die Fähigkeit zum Richteramt erlangt hat, ist, soweit dieses Gesetz keine Ausnahme bestimmt, zu jedem Richteramt innerhalb Deutschlands befähigt.

§ 6. Die Richter werden auf Lebenszeit ernannt.

§ 7. Die Richter beziehen in ihrer richterlichen Eigenschaft ein festes Gehalt mit Ausschluß von Gebühren.

§ 8. Richter können wider ihren Willen nur kraft richterlicher Entscheidung und nur aus den Gründen und unter den Formen, die die Gesetze bestimmen, dauernd oder zeitweise ihres Amts enthoben oder an eine andere Stelle oder in den Ruhestand versetzt werden. Die Gesetzgebung kann Altersgrenzen festsetzen, bei deren Erreichung Richter in den Ruhestand treten.

Die vorläufige Amtsenthebung, die kraft Gesetzes eintritt, wird hierdurch nicht berührt.

Bei einer Veränderung in der Einrichtung der Gerichte oder ihrer Bezirke kann die unfreiwillige Versetzung an ein anderes Gericht oder die Entfernung aus dem Amt unter Belassung des vollen Gehalts durch die Landesjustizverwaltung verfügt werden.

§ 8a (weggefallen).

§ 9. Wegen vermögensrechtlicher Ansprüche der Richter aus ihrem Dienstverhältnis, insbesondere auf Gehalt, Wartegeld oder Ruhegehalt, darf der Rechtsweg nicht ausgeschlossen werden.

§ 10. Nach näherer landesgesetzlicher Bestimmung können Gerichtsreferendare mit der Wahrnehmung einzelner richterlicher Geschäfte betraut werden. Der Auftrag ist in jedem Fall durch den Richter aktenkundig zu machen.

Bei Amtsgerichten und Landgerichten kann, wer zum Richteramt befähigt ist, als Hilfsrichter verwendet werden, ohne gemäß § 6 zum Richter auf Lebenszeit ernannt zu sein.

Unberührt bleiben die Vorschriften über die Übertragung richterlicher Geschäfte auf den Rechtspfleger.

§ 11. Auf Handelsrichter, Schöffen und Geschworene sind die Vorschriften der §§ 2 bis 9 nicht anzuwenden.

Zweiter Titel

Gerichtsbarkeit

§ 12. Die ordentliche streitige Gerichtsbarkeit wird durch Amtsgerichte, Landgerichte, Oberlandesgerichte und durch den Bundesgerichtshof (das Obere Bundesgericht für das Gebiet der ordentlichen Gerichtsbarkeit) ausgeübt.

§ 13. Vor die ordentlichen Gerichte gehören alle bürgerlichen Rechtsstreitigkeiten und Strafsachen, für die nicht entweder die Zuständigkeit von Verwaltungsbehörden oder Verwaltungsgerichten begründet ist oder auf Grund von Vorschriften des Bundesrechts besondere Gerichte bestellt oder zugelassen sind.

§ 13a (weggefallen).

§ 14. Als besondere Gerichte werden zugelassen:

1. Gerichte der Schiffahrt für die in den Staatsverträgen bezeichneten Angelegenheiten;

2. Gemeindegerichte für die Verhandlung und Entscheidung von bürgerlichen Rechtsstreitigkeiten, deren Streitwert einhundert Deutsche Mark nicht übersteigt. Gegen die Entscheidung der Gemeindegerichte muß innerhalb einer gesetzlich zu bestimmenden Frist sowohl dem Kläger wie dem Beklagten die Berufung auf den ordentlichen Rechtsweg zustehen. Der Gerichtsbarkeit des Gemeindegerichts dürfen als Kläger oder Beklagte nur Personen unterworfen werden, die in der Gemeinde den Wohnsitz, eine Niederlassung oder im Sinne der §§ 16, 20 der Zivilprozeßordnung den Aufenthalt haben.

§ 15 (weggefallen).

§ 16. Ausnahmegerichte sind unstatthaft. Niemand darf seinem gesetzlichen Richter entzogen werden.

§ 17. Die Gerichte entscheiden über die Zulässigkeit des Rechtswegs.

Die Landesgesetzgebung kann jedoch die Entscheidung von Streitigkeiten zwischen den Gerichten und den Verwaltungsbehörden oder Verwaltungsgerichten über die Zulässigkeit des Rechtswegs besonderen Behörden nach Maßgabe der folgenden Vorschriften übertragen:

1. Die Mitglieder werden für die Dauer des zur Zeit ihrer Ernennung von ihnen bekleideten Amts oder, falls sie zu dieser Zeit ein Amt nicht bekleiden, auf Lebenszeit ernannt. Sie können nur unter denselben Voraussetzungen wie die Mitglieder des Bundesgerichtshofs ihres Amtes enthoben werden.
2. Mindestens die Hälfte der Mitglieder muß dem Bundesgerichtshof oder dem obersten Landesgericht oder einem Oberlandesgericht angehören. Bei Entscheidungen dürfen Mitglieder nur in der gesetzlich bestimmten Anzahl mitwirken. Diese Anzahl muß eine ungerade sein und mindestens fünf betragen.
3. Das Verfahren ist gesetzlich zu regeln. Die Entscheidung ergeht in öffentlicher Sitzung nach Ladung der Parteien.
4. Sofern die Zulässigkeit des Rechtswegs durch rechtskräftiges Urteil des Gerichts feststeht, ohne daß zuvor auf die Entscheidung der besonderen Behörde angetragen war, bleibt die Entscheidung des Gerichts maßgebend.

§ 18. Die deutsche Gerichtsbarkeit erstreckt sich nicht auf die Leiter und Mitglieder der bei der Bundesrepublik Deutschland beglaubigten diplomatischen Vertretungen. Sie erstreckt sich auch nicht auf andere Personen, die nach den allgemein anerkannten Regeln des Völkerrechts oder nach einem Staatsvertrag von der deutschen Gerichtsbarkeit befreit sind.

§ 19. Für die Familienmitglieder, das Geschäftspersonal der im § 18 genannten Personen und für ihre Bediensteten, die nicht Deutsche sind, gilt die Vorschrift des § 18 entsprechend.

§ 20. (betr. Zivilsachen).

§ 21. Die in der Bundesrepublik Deutschland angestellten Konsuln sind der inländischen Gerichtsbarkeit unterworfen, sofern nicht in Verträgen der Bundesrepublik mit anderen Mächten Vereinbarungen über die Befreiung der Konsuln von der inländischen Gerichtsbarkeit getroffen sind.

Dritter Titel

Amtsgerichte

§ 22. Den Amtsgerichten stehen Einzelrichter vor.

Ein Amtsrichter kann zugleich Mitglied oder Direktor bei dem übergeordneten Landgericht sein.

Die allgemeine Dienstaufsicht kann von der Landesjustizverwaltung dem Präsidenten des übergeordneten Landgerichts übertragen werden. Geschieht dies nicht, so ist, wenn das Amtsgericht mit mehreren Richtern besetzt ist, einem von ihnen von der Landesjustizverwaltung die allgemeine Dienstaufsicht zu übertragen; ist die Zahl der Richter höher als fünfzehn, so kann die Dienstaufsicht zwischen mehreren von ihnen geteilt werden.

Jeder Amtsrichter erledigt die ihm obliegenden Geschäfte, soweit dieses Gesetz nichts anderes bestimmt, als Einzelrichter.

§ 22a. Bei den mit einem Präsidenten besetzten Amtsgerichten wird ein Präsidium gebildet.

Das Präsidium besteht aus dem Amtsgerichtspräsidenten als Vorsitzenden, den Amtsgerichtsdirektoren, den Oberamtsrichtern und den beiden dem Dienstalter nach, bei gleichem Dienstalter der Geburt nach ältesten Amtsrichtern.

Das Präsidium entscheidet nach Stimmenmehrheit; bei Stimmengleichheit gibt die Stimme des Amtsgerichtspräsidenten den Ausschlag.

§ 22b. Bei den mit mehreren Amtsrichtern besetzten Amtsgerichten werden die Geschäfte vor Beginn des Geschäftsjahres auf seine Dauer verteilt. In gleicher Weise wird die Vertretung der Amtsrichter in Behinderungsfällen geregelt.

Die getroffene Anordnung kann im Laufe des Geschäftsjahres nur geändert werden, wenn dies wegen Überlastung, Wechsels oder dauernder Behinderung eines Richters erforderlich ist.

§ 22c. Die im § 22b bezeichneten Anordnungen werden bei den mit einem Präsidenten besetzten Amtsgerichten von dem Präsidium des Amtsgerichts getroffen. Das gleiche gilt für andere zum Bezirk des übergeordneten Landgerichts gehörige Amtsgerichte, über die der Amtsgerichtspräsident an Stelle des Landgerichtspräsidenten die Dienstaufsicht ausübt. Der Amtsgerichtspräsident bestimmt die Abteilung, die er übernimmt.

Bei den übrigen Amtsgerichten werden die im § 22b bezeichneten Anordnungen von dem Präsidium des Landgerichts getroffen.

Sofern eine Entscheidung des Präsidiums nicht rechtzeitig ergehen kann, werden die im § 22b bezeichneten Anordnungen bei dem mit einem Präsidenten besetzten und bei anderen seiner Dienstaufsicht unterstehenden Amtsgerichten von dem Amtsgerichtspräsidenten, bei den übrigen Amtsgerichten von dem Landgerichtspräsidenten getroffen. Die Anordnung ist dem Präsidium unverzüglich vorzulegen. Sie bleibt in Kraft, solange das Präsidium nicht anderweit beschließt.

§ 22d. Die Gültigkeit der Handlung eines Amtsrichters wird nicht dadurch berührt, daß die Handlung nach der Geschäftsverteilung von einem anderen Richter wahrzunehmen gewesen wäre.

§ 23. (betr. Zivilsachen).

§ 24. In Strafsachen sind die Amtsgerichte zuständig für

1. Übertretungen,
2. Vergehen, wenn nicht die Staatsanwaltschaft wegen der besonderen Bedeutung des Falles Anklage beim Landgericht erhebt,
3. Verbrechen, wenn nicht die Zuständigkeit des Schwurgerichts oder des Bundesgerichtshofes begründet, im Einzelfall eine höhere Strafe als zwei Jahre Zuchthaus oder der Ausspruch der Sicherungsverwahrung zu erwarten ist oder die Staatsanwaltschaft wegen der besonderen Bedeutung des Falles Anklage beim Landgericht erhebt.

Das Amtsgericht darf nicht auf eine höhere Freiheitsstrafe als zwei Jahre Zuchthaus und nicht auf Sicherungsverwahrung erkennen.

§ 25. Der Amtsrichter allein entscheidet bei

1. Übertretungen,
2. Vergehen,
   a) wenn sie im Wege der Privatklage verfolgt werden,
   b) wenn die Tat mit keiner höheren Strafe als Gefängnis von sechs Monaten allein oder in Verbindung mit anderen Strafen oder mit Nebenfolgen bedroht ist,
   c) wenn die Staatsanwaltschaft Anklage zum Einzelrichter erhebt und keine höhere Strafe als Gefängnis von einem Jahr zu erwarten ist,
3. Verbrechen, die nur wegen Rückfalls Verbrechen sind, unter den Voraussetzungen der Nr. 2 c.

§ 26. Die Zuständigkeit in Jugendsachen bestimmt sich nach dem Jugendgerichtsgesetz.

§ 26a (weggefallen).

§ 27. Im übrigen wird die Zuständigkeit und der Geschäftskreis der Amtsgerichte durch die Vorschriften dieses Gesetzes und der Prozeßordnungen bestimmt.

Vierter Titel

Schöffengerichte

§ 28. Für die Verhandlung und Entscheidung der zur Zuständigkeit der Amtsgerichte gehörenden Strafsachen werden, soweit nicht der Amtsrichter allein entscheidet, bei den Amtsgerichten Schöffengerichte gebildet.

§ 29. Das Schöffengericht besteht aus dem Amtsrichter als Vorsitzenden und zwei Schöffen.

§ 30. Insoweit das Gesetz nicht Ausnahmen bestimmt, üben die Schöffen während der Hauptverhandlung das Richteramt in vollem Umfang und mit gleichem Stimmrecht wie die Amtsrichter aus und nehmen auch an den im Laufe einer Hauptverhandlung zu erlassenden Entscheidungen teil, die in keiner Beziehung zu der Urteilsfällung stehen und die auch ohne mündliche Verhandlung erlassen werden können.

Die außerhalb der Hauptverhandlung erforderlichen Entscheidungen werden von dem Amtsrichter erlassen.

§ 31. Das Amt eines Schöffen ist ein Ehrenamt. Es kann nur von Deutschen versehen werden.

§ 32. Unfähig zu dem Amt eines Schöffen sind:

1. Personen, welche die Befähigung infolge strafgerichtlicher Verurteilung verloren haben oder wegen eines Verbrechens oder eines vorsätzlichen Vergehens zu einer Freiheitsstrafe von mehr als sechs Monaten verurteilt sind;
2. Personen, gegen die ein Ermittlungsverfahren wegen eines Verbrechens oder Vergehens schwebt, das die Aberkennung der bürgerlichen Ehrenrechte oder der Fähigkeit zur Bekleidung öffentlicher Ämter zur Folge haben kann;
3. Personen, die infolge gerichtlicher Anordnung in der Verfügung über ihr Vermögen beschränkt sind.

§ 33. Zu dem Amt eines Schöffen sollen nicht berufen werden:

1. Personen, die zur Zeit der Aufstellung der Vorschlagsliste für Schöffen das dreißigste Lebensjahr noch nicht vollendet haben;
2. Personen, die zur Zeit der Aufstellung der Vorschlagsliste noch nicht ein Jahr in der Gemeinde wohnen;
3. Personen, die wegen geistiger oder körperlicher Gebrechen zu dem Amt nicht geeignet sind.

§ 34. Zu dem Amt eines Schöffen sollen ferner nicht berufen werden:

1. der Bundespräsident;
2. die Mitglieder der Bundesregierung oder einer Landesregierung;
3. Beamte, die jederzeit einstweilig in den Warte- oder Ruhestand versetzt werden können;

4. Richter und Beamte der Staatsanwaltschaft, Notare und Rechtsanwälte;
5. gerichtliche und polizeiliche Vollstreckungsbeamte;
6. Religionsdiener und Mitglieder solcher religiösen Vereinigungen, die satzungsgemäß zum gemeinsamen Leben verpflichtet sind.

Die Landesgesetze können außer den vorbezeichneten Beamten höhere Verwaltungsbeamte bezeichnen, die zu dem Amt eines Schöffen nicht berufen werden sollen.

§ 35. Die Berufung zum Amt eines Schöffen dürfen ablehnen:
1. Mitglieder des Bundestages, des Bundesrates, eines Landtages oder einer zweiten Kammer;
2. Personen, die im letzten Geschäftsjahr die Verpflichtung eines Geschworenen oder an wenigstens zehn Sitzungstagen die Verpflichtung eines Schöffen erfüllt haben;
3. Ärzte, Krankenpfleger und Hebammen;
4. Apotheker, die keinen Gehilfen haben;
5. Frauen, die glaubhaft machen, daß ihnen die Fürsorge für ihre Familie die Ausübung des Amtes in besonderem Maße erschwert;
6. Personen, die zur Zeit der Aufstellung der Vorschlagsliste das fünfundsechzigste Lebensjahr vollendet haben oder es bis zum Ablauf des Geschäftsjahres vollenden würden.

§ 36. Die Gemeinde stellt in jedem zweiten Jahr eine Vorschlagsliste für Schöffen auf. Für die Aufnahme in die Liste ist die Zustimmung von zwei Dritteln der gesetzlichen Zahl der Mitglieder der Gemeindevertretung erforderlich. Die Vorschlagsliste soll außer dem Namen auch den Geburtsort, den Geburtstag und den Beruf des Vorgeschlagenen enthalten.

Die Vorschlagsliste ist in der Gemeinde eine Woche lang zu jedermanns Einsicht aufzulegen. Der Zeitpunkt der Auflegung ist vorher öffentlich bekanntzumachen.

In die Vorschlagsliste sind aufzunehmen in Gemeinden
a) mit 500 oder weniger Einwohnern fünf Personen,
b) mit mehr als 500 Einwohnern mindestens sechs Personen, im übrigen für je 200 Einwohner eine Person.

§ 37. Gegen die Vorschlagsliste kann binnen einer Woche, gerechnet vom Ende der Auflegungsfrist, schriftlich oder zu Protokoll mit der Begründung Einspruch erhoben werden, daß in die Vorschlagsliste Personen aufgenommen sind, die nach § 32 nicht aufgenommen werden durften oder nach den §§ 33, 34 nicht aufgenommen werden sollten.

§ 38. Der Gemeindevorsteher sendet die Vorschlagsliste nebst den Einsprüchen an den Amtsrichter des Bezirks.

Wird nach Absendung der Vorschlagsliste ihre Berichtigung erforderlich, so hat der Gemeindevorsteher hiervon dem Amtsrichter Anzeige zu machen.

§ 39. Der Amtsrichter stellt die Vorschlagslisten des Bezirks zusammen und bereitet den Beschluß über die Einsprüche vor. Er hat die Beachtung der Vorschriften des § 36 Abs. 2 zu prüfen und die Abstellung etwaiger Mängel zu veranlassen.

§ 40. Bei dem Amtsgericht tritt jedes zweite Jahr ein Ausschuß zusammen.

Der Ausschuß besteht aus dem Amtsrichter als Vorsitzenden und einem von der Landesregierung zu bestimmenden Verwaltungsbeamten sowie zehn Vertrauenspersonen als Beisitzern.

Die Vertrauenspersonen werden aus den Einwohnern des Amtsgerichtsbezirks von der Vertretung des ihm entsprechenden unteren Verwaltungsbezirks mit einer Mehrheit von zwei Dritteln der gesetzlichen Mitgliederzahl gewählt. Umfaßt der Amtsgerichtsbezirk mehrere Verwaltungsbezirke oder Teile mehrerer Verwaltungsbezirke, so bestimmt die zuständige oberste Landesbehörde die Zahl der Vertrauenspersonen, die von den Vertretungen dieser Verwaltungsbezirke zu wählen sind.

Der Ausschuß ist beschlußfähig, wenn wenigstens der Vorsitzende, der Verwaltungsbeamte und fünf Vertrauenspersonen anwesend sind.

§ 41. Der Ausschuß entscheidet mit einfacher Mehrheit über die gegen die Vorschlagsliste erhobenen Einsprüche. Bei Stimmengleichheit entscheidet die Stimme des Vorsitzenden. Die Entscheidungen sind zu Protokoll zu vermerken. Sie sind nicht anfechtbar.

§ 42. Aus der berichtigten Vorschlagsliste wählt der Ausschuß mit einer Mehrheit von zwei Dritteln der Stimmen für die nächsten zwei Geschäftsjahre:

1. die erforderliche Zahl von Schöffen;
2. die erforderliche Zahl der Personen, die in der von dem Ausschuß festgesetzten Reihenfolge an die Stelle wegfallender Schöffen treten (Hilfsschöffen). Zu wählen sind Personen, die am Sitz des Amtsgerichts oder in dessen nächster Umgebung wohnen.

§ 43. Die für jedes Amtsgericht erforderliche Zahl von Haupt- und Hilfsschöffen wird durch den Landgerichtspräsidenten (Amtsgerichtspräsidenten) bestimmt.

Die Zahl der Hauptschöffen ist so zu bemessen, daß voraussichtlich jeder mindestens zu zwölf ordentlichen Sitzungstagen im Jahr herangezogen wird.

§ 44. Die Namen der gewählten Hauptschöffen und Hilfsschöffen werden bei jedem Amtsgericht in gesonderte Verzeichnisse aufgenommen (Schöffenlisten).

§ 45. Die Tage der ordentlichen Sitzungen des Schöffengerichts werden für das ganze Jahr im voraus festgestellt.

Die Reihenfolge, in der die Hauptschöffen an den einzelnen ordentlichen Sitzungen des Jahres teilnehmen, wird durch Auslosung in öffentlicher Sitzung des Amtsgerichts bestimmt.

Das Los zieht der Amtsrichter.

Über die Auslosung wird von dem Urkundsbeamten der Geschäftsstelle ein Protokoll aufgenommen.

§ 46. Der Amtsrichter setzt die Schöffen von ihrer Auslosung und den Sitzungstagen, an denen sie in Tätigkeit zu treten haben, unter Hinweis auf die gesetzlichen Folgen des Ausbleibens in Kenntnis.

In gleicher Weise werden die im Laufe des Geschäftsjahres einzuberufenden Schöffen benachrichtigt.

§ 47. Eine Änderung in der bestimmten Reihenfolge kann auf übereinstimmenden Antrag der beteiligten Schöffen von dem Amtsrichter bewilligt werden, sofern die in den betreffenden Sitzungen zu verhandelnden Sachen noch nicht bestimmt sind. Der Antrag und die Bewilligung sind aktenkundig zu machen.

§ 48. Wenn die Geschäfte die Anberaumung außerordentlicher Sitzungen erforderlich machen, so werden die einzuberufenden Schöffen vor dem Sitzungstag nach § 45 ausgelost.

Erscheint dies wegen Dringlichkeit untunlich, so erfolgt die Auslosung durch den Amtsrichter lediglich aus der Zahl der am Sitz des Gerichts wohnenden Hilfsschöffen. Die Umstände, die den Amtsrichter hierzu veranlaßt haben, sind aktenkundig zu machen.

§ 49. Wird zu den einzelnen Sitzungen die Zuziehung anderer als der zunächst berufenen Schöffen erforderlich, so erfolgt sie aus der Zahl der Hilfsschöffen nach der Reihenfolge der Schöffenliste.

Würde durch die Berufung der Hilfsschöffen nach der Reihenfolge der Schöffenliste eine Vertagung der Verhandlung oder eine erhebliche Verzögerung ihres Beginns notwendig, so sind die nicht am Sitz des Gerichts wohnenden Hilfsschöffen zu übergehen.

§ 50. Erstreckt sich die Dauer einer Sitzung über die Zeit hinaus, für die der Schöffe zunächst einberufen ist, so hat er bis zur Beendigung der Sitzung seine Amtstätigkeit fortzusetzen.

§ 51. Die Schöffen sind bei ihrer ersten Dienstleistung in öffentlicher Sitzung zu beeidigen. Die Beeidigung gilt für die Dauer des Geschäftsjahres.

Der Vorsitzende richtet an die zu Beeidigenden die Worte: „Sie schwören bei Gott dem Allmächtigen und Allwissenden, die Pflichten eines Schöffen getreulich zu erfüllen und Ihre Stimme nach bestem Wissen und Gewissen abzugeben."

Die Schöffen leisten den Eid, indem jeder einzeln die Worte spricht: „Ich schwöre es, so wahr mir Gott helfe."

Der Schwörende soll bei der Eidesleistung die rechte Hand erheben.

Ist ein Schöffe Mitglied einer Religionsgesellschaft, der das Gesetz den Gebrauch gewisser Beteuerungsformeln an Stelle des Eides gestattet, so wird die Abgabe einer Erklärung unter der Beteuerungsformel dieser Religionsgesellschaft der Eidesleistung gleichgeachtet.

Der Eid kann auch ohne religiöse Beteuerung geleistet werden.

Über die Beeidigung wird von dem Urkundsbeamten der Geschäftsstelle ein Protokoll aufgenommen.

§ 52. Wenn die Unfähigkeit einer als Schöffe in die Schöffenliste aufgenommenen Person eintritt oder bekannt wird, so ist ihr Name von der Liste zu streichen.

Ein Schöffe, bei dem nach seiner Aufnahme in die Schöffenliste Umstände eintreten oder bekannt werden, bei deren Vorhandensein eine Berufung zum Schöffenamt nicht erfolgen soll, ist zur Dienstleistung ferner nicht heranzuziehen.

Der Amtsrichter entscheidet nach Anhörung der Staatsanwaltschaft und des beteiligten Schöffen.

Die Entscheidung ist nicht anfechtbar.

§ 53. Ablehnungsgründe sind nur zu berücksichtigen, wenn sie innerhalb einer Woche, nachdem der beteiligte Schöffe von seiner Einberufung in Kenntnis gesetzt worden ist, von ihm geltend gemacht werden. Sind sie später entstanden oder bekannt geworden, so ist die Frist erst von diesem Zeitpunkt zu berechnen.

Der Amtsrichter entscheidet über das Gesuch nach Anhörung der Staatsanwaltschaft. Die Entscheidung ist nicht anfechtbar.

§ 54. Der Amtsrichter kann einen Schöffen auf dessen Antrag wegen eingetretener Hinderungsgründe von der Dienstleistung an bestimmten Sitzungstagen entbinden.

Die Entbindung des Schöffen von der Dienstleistung kann davon abhängig gemacht werden, daß ein anderer für das Dienstjahr bestimmter Schöffe für ihn eintritt.

Der Antrag und die Bewilligung sind aktenkundig zu machen.

§ 55. Die Schöffen und Vertrauenspersonen des Ausschusses erhalten eine angemessene Entschädigung für den ihnen durch ihre Dienstleistung entstehenden Verdienstausfall und den mit der Dienstleistung verbundenen Aufwand sowie Ersatz ihrer Fahrtkosten. Ist durch die Dienstleistung eine Vertretung des zum Schöffen oder zur Vertrauensperson Berufenen notwendig geworden, so können die Kosten der Vertretung nach billigem Ermessen erstattet werden.

Die Höhe der Aufwandsentschädigung und der Fahrtkosten sowie die Höchst- und Mindestgrenzen der Entschädigung für den Verdienstausfall bestimmt der Bundesminister der Justiz mit Zustimmung des Bundesrates durch allgemeine Anordnung.

Entschädigung und Fahrtkosten werden nur auf Verlangen gewährt. Der Anspruch erlischt, wenn das Verlangen nicht binnen drei Monaten nach Beendigung der Dienstleistung bei dem Gericht, bei dem die Dienstleistung stattgefunden hat, gestellt worden ist. Beschwerden über die Höhe der Entschädigung und der Fahrtkosten werden im Aufsichtsweg entschieden.

§ 56. Schöffen und Vertrauenspersonen des Ausschusses, die sich ohne genügende Entschuldigung zu den Sitzungen nicht rechtzeitig einfinden oder sich ihren Obliegenheiten in anderer Weise entziehen, sind zu einer Ordnungsstrafe in Geld sowie in die verursachten Kosten zu verurteilen.

Die Verurteilung wird durch den Amtsrichter nach Anhörung der Staatsanwaltschaft ausgesprochen. Bei nachträglicher genügender Entschuldigung kann die Verurteilung ganz oder teilweise zurückgenommen werden. Gegen die Entscheidung ist Beschwerde des Verurteilten nach den Vorschriften der Strafprozeßordnung zulässig.

§ 57. Bis zu welchem Tag die Vorschlagslisten aufzustellen und dem Amtsrichter einzureichen sind, der Ausschuß zu berufen und die Auslosung der Schöffen zu bewirken ist, wird durch die Landesjustizverwaltung bestimmt.

§ 58. Durch Anordnung der Landesjustizverwaltung kann für den Bezirk mehrerer Amtsgerichte einem von ihnen die Entscheidung der Strafsachen ganz oder zum Teil zugewiesen werden.

Der Landgerichtspräsident bestimmt die für dieses Gericht erforderliche Zahl von Haupt- und Hilfsschöffen und die Verteilung der Zahl der Hauptschöffen auf die einzelnen Amtsgerichtsbezirke.

Die übrigen Vorschriften dieses Titels sind entsprechend anzuwenden.

Fünfter Titel

Landgerichte

§ 59. Die Landgerichte werden mit einem Präsidenten und der erforderlichen Anzahl von Direktoren und Mitgliedern besetzt. Von der Ernennung eines Direktors kann abgesehen werden, wenn der Präsident den Vorsitz in den Kammern allein führen kann.

Die Direktoren und die Mitglieder können gleichzeitig Amtsrichter im Bezirk des Landgerichts sein.

§ 60. Bei den Landgerichten werden Zivil- und Strafkammern gebildet.

§ 61. Bei den Landgerichten sind Untersuchungsrichter nach Bedürfnis zu bestellen.

Sie werden durch die Landesjustizverwaltung auf die Dauer eines Geschäftsjahres bestellt.

§ 62. Den Vorsitz in den Kammern führen der Präsident und die Direktoren. Den Vorsitz in der kleinen Strafkammer (§ 76 Abs. 2) kann auch ein ständiges

Mitglied des Landgerichts führen, das vom Präsidium für die Dauer eines Geschäftsjahres bestimmt wird.

Vor Beginn des Geschäftsjahres bestimmt der Präsident die Kammer, der er sich anschließt. Über die Verteilung des Vorsitzes in den übrigen Kammern entscheiden der Präsident und die Direktoren nach Stimmenmehrheit; bei Stimmengleichheit gibt die Stimme des Präsidenten den Ausschlag.

§ 63. Vor Beginn des Geschäftsjahres werden auf seine Dauer die Geschäfte unter die Kammern derselben Art verteilt und die ständigen Mitglieder der einzelnen Kammern sowie für den Fall ihrer Verhinderung die regelmäßigen Vertreter bestimmt. Jeder Richter kann zum Mitglied mehrerer Kammern bestimmt werden.

Die Anordnung kann im Laufe des Geschäftsjahres nur geändert werden, wenn dies wegen Überlastung einer Kammer oder infolge Wechsels oder dauernder Verhinderung einzelner Mitglieder des Gerichts erforderlich wird.

§ 64. Die in § 63 bezeichneten Anordnungen trifft das Präsidium.

Das Präsidium wird durch den Präsidenten als Vorsitzenden, die Direktoren und das dem Dienstalter nach, bei gleichem Dienstalter das der Geburt nach älteste Mitglied gebildet; ist kein Direktor ernannt, so besteht das Präsidium aus dem Präsidenten und den beiden ältesten Mitgliedern.

Sind bei einem Landgericht zu Beginn des Geschäftsjahres mehr als zehn Direktoren angestellt, so gelten folgende besondere Vorschriften: Das Präsidium wird durch den Präsidenten als Vorsitzenden, seinen ständigen Vertreter (§ 66 Abs. 2), die acht dem Dienstalter nach, bei gleichem Dienstalter der Geburt nach ältesten Direktoren und drei Mitglieder gebildet, die von der Gesamtheit der Mitglieder des Landgerichts für die Dauer des Geschäfts ahres gewählt werden.

Das Präsidium entscheidet nach Stimmenmehrheit; bei Stimmengleichheit gibt die Stimme des Präsidenten den Ausschlag.

§ 64a (weggefallen).

§ 65. Der Präsident kann bestimmen, daß einzelne Untersuchungen von dem Untersuchungsrichter, dessen Bestellung mit dem Ablauf des Geschäftsjahres erlischt, zu Ende geführt werden, sowie daß in einzelnen Sachen, in denen während des Geschäftsjahres eine Verhandlung bereits stattgefunden hat, die Kammer in ihrer früheren Zusammensetzung auch nach Ablauf des Geschäftsjahres verhandle und entscheide.

§ 66. Bei Verhinderung des ordentlichen Vorsitzenden führt den Vorsitz in der Kammer das von dem Präsidium vor Beginn des Geschäftsjahres zum regelmäßigen Vertreter bestellte Mitglied der Kammer; ist ein solcher Vertreter nicht bestellt oder ist auch er verhindert, so führt das Mitglied der Kammer, das dem Dienstalter nach oder bei gleichem Dienstalter der Geburt nach das älteste ist, den Vorsitz.

Der Präsident wird in seinen übrigen durch dieses Gesetz bestimmten Geschäften, wenn ein Direktor zu seinem ständigen Vertreter ernannt ist, durch diesen, sonst durch den Direktor vertreten, der dem Dienstalter nach und bei gleichem Dienstalter der Geburt nach der älteste ist. Ist kein Direktor ernannt, so wird der Präsident, wenn nicht ein Mitglied des Landgerichts zu seinem ständigen Vertreter ernannt ist, durch das Mitglied vertreten, das dem Dienstalter nach und bei gleichem Dienstalter der Geburt nach das älteste ist.

§ 67. Bei Verhinderung des regelmäßigen Vertreters eines Mitgliedes wird ein zeitweiliger Vertreter durch den Präsidenten bestimmt.

§ 68. Die Vorschriften der §§ 62 bis 67 sind auf die Kammern für Handelssachen nicht anzuwenden.

§ 69. Innerhalb der Kammer verteilt der Vorsitzende die Geschäfte auf die Mitglieder.

§ 70. Soweit die Vertretung eines Mitgliedes nicht durch ein Mitglied desselben Gerichts möglich ist, wird sie auf den Antrag des Präsidiums durch die Landesjustizverwaltung geordnet.

Die Beiordnung eines nicht auf Lebenszeit ernannten Richters darf, wenn sie auf eine bestimmte Zeit erfolgte, vor Ablauf dieser Zeit, wenn sie auf unbestimmte Zeit erfolgte, solange das Bedürfnis, durch das sie veranlaßt wurde, fortdauert, nicht widerrufen werden. Ist mit der Vertretung eine Entschädigung verbunden, so ist diese für die ganze Dauer im voraus festzustellen.

Unberührt bleiben die landesgesetzlichen Vorschriften, nach denen richterliche Geschäfte nur von auf Lebenszeit ernannten Richtern wahrgenommen werden können, sowie die, welche die Vertretung durch auf Lebenszeit ernannte Richter regeln.

§ 71, 72. (betr. die Zivilkammern).

§ 73. Die Strafkammern sind zuständig für die die Voruntersuchung und deren Ergebnisse betreffenden Entscheidungen, die nach den Vorschriften der Strafprozeßordnung von dem Gericht zu erlassen sind; sie entscheiden über Beschwerden gegen Verfügungen des Untersuchungsrichters und des Amtsrichters sowie gegen Entscheidungen des Amtsrichters und der Schöffengerichte.

Die Strafkammern erledigen außerdem die in der Strafprozeßordnung den Landgerichten zugewiesenen Geschäfte.

§ 73a (weggefallen).

§ 74. Die Strafkammern sind als erkennende Gerichte des ersten Rechtszuges zuständig für alle Verbrechen, die nicht zur Zuständigkeit des Amtsgerichts, des Schwurgerichts oder des Bundesgerichtshofes gehören. Sie sind auch zuständig für alle Vergehen und Verbrechen, die von der Staatsanwaltschaft bei ihnen angeklagt werden (§ 24 Nr. 2, 3) oder vom Amtsgericht an sie verwiesen sind, weil seine Strafgewalt zu ihrer Aburteilung nicht ausreicht.

Die Strafkammern sind außerdem zuständig für die Verhandlung und Entscheidung über das Rechtsmittel der Berufung gegen die Urteile des Amtsrichters und des Schöffengerichts.

§ 75. (betr. die Zivilkammern).

§ 76. Die Strafkammern entscheiden außerhalb der Hauptverhandlung in der Besetzung von drei Mitgliedern mit Einschluß des Vorsitzenden.

In der Hauptverhandlung ist die Strafkammer besetzt:

mit dem Vorsitzenden und zwei Schöffen (kleine Strafkammer), wenn sich die Berufung gegen ein Urteil des Amtsrichters richtet;

mit drei Richtern mit Einschluß des Vorsitzenden und zwei Schöffen (große Strafkammer) in allen übrigen Fällen.

§ 77. Für die Schöffen der Strafkammer gelten entsprechend die Vorschriften über die Schöffen des Schöffengerichts mit folgender Maßgabe:

Die Landesjustizverwaltung verteilt die Zahl der erforderlichen Hauptschöffen auf die zum Bezirk des Landgerichts gehörenden Amtsgerichtsbezirke. Die Hilfsschöffen wählt der Ausschuß bei dem Amtsgericht, in dessen Bezirk das Landgericht seinen Sitz hat. Hat das Landgericht seinen Sitz außerhalb seines Bezirks, so bestimmt die Landesjustizverwaltung, welcher Ausschuß der zum Bezirk des Landgerichts gehörigen Amtsgerichte die Hilfsschöffen wählt. Die Namen der gewählten Hauptschöffen und der Hilfsschöffen werden von dem Amtsrichter dem Landgerichtspräsidenten mitgeteilt. Der Landgerichtspräsident stellt die Namen der Hauptschöffen zur Schöffenliste des Landgerichts zusammen.

An die Stelle des Amtsrichters tritt für die Auslosung der Reihenfolge, in der die Hauptschöffen an den einzelnen ordentlichen Sitzungen der Strafkammer teilnehmen, und für die Streichung eines Schöffen von der Schöffenliste des Landgerichts der Landgerichtspräsident, im übrigen tritt an die Stelle des Amtsrichters der Vorsitzende der Strafkammer.

Niemand soll für dasselbe Geschäftsjahr zugleich als Schöffe für das Schöffengericht und für die Strafkammer bestimmt werden. Ist dies dennoch geschehen oder ist jemand für dasselbe Geschäftsjahr in mehreren Bezirken zu diesen Ämtern bestimmt worden, so hat der Einberufene das Amt zu übernehmen, zu dem er zuerst einberufen wird.

§ 78. Durch Anordnung der Landesjustizverwaltung kann wegen großer Entfernung des Landgerichtssitzes bei einem Amtsgericht für den Bezirk eines oder mehrerer Amtsgerichte eine Strafkammer gebildet und ihr für diesen Bezirk die gesamte Tätigkeit der Strafkammer des Landgerichts oder ein Teil dieser Tätigkeit zugewiesen werden.

Die Kammer wird aus Mitgliedern des Landgerichts oder Amtsrichtern des Bezirks besetzt, für den sie gebildet wird. Der Vorsitzende und die übrigen Mitglieder werden nach § 63 durch das Präsidium des Landgerichts bezeichnet.

Die Landesjustizverwaltung verteilt die Zahl der erforderlichen Hauptschöffen auf die zum Bezirk der Strafkammer gehörenden Amtsgerichtsbezirke. Die Hilfsschöffen wählt der Ausschuß bei dem Amtsgericht, bei dem die auswärtige Strafkammer gebildet worden ist. Die im § 77 dem Landgerichtspräsidenten zugewiesenen Geschäfte nimmt der Vorsitzende der Strafkammer wahr.

Sechster Titel

Schwurgerichte

§ 79. Für die Verhandlung und Entscheidung von Strafsachen treten bei den Landgerichten nach Bedarf Schwurgerichte zusammen.

§ 80. Die Schwurgerichte sind zuständig für die Verbrechen
der Unzucht und Notzucht mit Todesfolge (§ 178 StGB),
des Mordes (§ 211 StGB),
des Totschlags (§ 212 StGB),
der Kindestötung (§ 217 StGB),
der Aussetzung mit Todesfolge (§ 221 Abs. 3 letzter Halbsatz StGB),
der Körperverletzung mit Todesfolge (§ 226 StGB),
der Vergiftung mit Todesfolge (§ 229 Abs. 2 letzter Halbsatz StGB),
der Freiheitsberaubung mit Todesfolge (§ 239 Abs. 3 StGB),
des schweren Raubes (§ 251 StGB),
des räuberischen Diebstahls und der räuberischen Erpressung (§§ 252, 255 StGB), wenn die Strafe aus § 251 StGB zu entnehmen ist,
der besonders schweren Brandstiftung (§ 307 StGB),
der Zerstörung durch explodierende Stoffe (§ 311 StGB), wenn die Strafe aus § 307 StGB zu entnehmen ist,
der Überschwemmung mit Todesfolge (§ 312 Abs. 1 letzter Halbsatz StGB),
der Beschädigung wichtiger Bauten mit Todesfolge (§ 321 Abs. 2 letzter Halbsatz StGB),
der gemeingefährlichen Vergiftung mit Todesfolge (§ 324 letzter Halbsatz StGB),
der Freiheitsberaubung im Amt mit Todesfolge (§§ 341, 239 Abs. 3 StGB),
der Tötung durch Sprengstoffe (§ 5 Abs. 2 Halbsatz 2, Abs. 3 Sprengstoffgesetz).

§ 81. Das Schwurgericht besteht aus drei Richtern mit Einschluß des Vorsitzenden und sechs Geschworenen.

§ 82. Die Richter und die Geschworenen entscheiden über die Schuld- und Straffrage gemeinschaftlich; während der Hauptverhandlung üben die Geschworenen das Richteramt im gleichen Umfang wie die Schöffen aus.

Außerhalb der Hauptverhandlung entscheiden während der Tagung die richterlichen Mitglieder des Schwurgerichts; außerhalb der Tagung entscheidet die Strafkammer des Landgerichts.

§ 83. Vor Beginn des Geschäftsjahres ernennt der Oberlandesgerichtspräsident für jede Tagung des Schwurgerichts aus der Zahl der Mitglieder des Oberlandesgerichts oder der in seinem Bezirk angestellten Richter einen Vorsitzenden des Schwurgerichts.

In gleicher Weise ernennt der Landesgerichtspräsident für jede Tagung des Schwurgerichts aus der Zahl der Mitglieder des Landgerichts und der in seinem Bezirk angestellten Amtsrichter einen Stellvertreter des Vorsitzenden, die übrigen richterlichen Mitglieder und ihre Stellvertreter.

Wird im Laufe des Geschäftsjahres eine Schwurgerichtstagung erforderlich, für die richterliche Mitglieder nicht ernannt worden sind, so können sie nachträglich ernannt werden. Ebenso können nachträglich Stellvertreter ernannt werden, wenn eine Vertretung erforderlich wird und die regelmäßigen Vertreter verhindert sind.

Solange noch nicht bestimmt ist, wann das Schwurgericht zusammentritt, erledigt der Vorsitzende der Strafkammer des Landgerichts die in diesem Gesetz und in der Strafprozeßordnung dem Vorsitzenden zugewiesenen Geschäfte. Das gleiche gilt, nachdem die Tagung geschlossen ist.

§ 84. Für die Geschworenen gelten die Vorschriften der §§ 31 bis 57, 77 entsprechend, soweit nicht die §§ 85 bis 90 Abweichendes bestimmen.

§ 85. Die Zahl der Hauptgeschworenen ist so zu bestimmen, daß voraussichtlich jeder Hauptgeschworene nur zu einer Tagung des Schwurgerichts im Geschäftsjahr herangezogen wird.

§ 86. Die Reihenfolge, in der die Hauptgeschworenen an den Tagungen des Schwurgerichts teilnehmen, wird für das ganze Geschäftsjahr im voraus durch Auslosung bestimmt; der Landgerichtspräsident setzt die Geschworenen von der Auslosung mit dem Hinzufügen in Kenntnis, daß ihnen darüber, ob und zu welchem Tage sie einberufen werden, eine weitere Nachricht zugehen werde.

§ 87. Der Landgerichtspräsident bestimmt, wann das Schwurgericht zusammentritt, und ordnet die Einberufung der Hauptgeschworenen für die einzelne Tagung nach der Reihenfolge ihrer Auslosung an. Zwischen der Zustellung der Ladung und dem Beginn der Tagung soll eine Frist von zwei Wochen liegen.

§ 88. Der Landgerichtspräsident entscheidet über die von den Geschworenen vorgebrachten Ablehnungsgründe sowie darüber, ob ein Geschworener ferner zur Dienstleistung heranzuziehen ist.

§ 89. Erstreckt sich eine Tagung des Schwurgerichts über den Endtermin des Geschäftsjahres hinaus, so bleiben die Geschworenen, die dazu einberufen sind, bis zum Schluß der Tagung zur Mitwirkung verpflichtet.

§ 90. Niemand soll für dasselbe Geschäftsjahr als Geschworener und als Schöffe bestimmt werden.

Ist dies dennoch geschehen oder ist jemand für dasselbe Geschäftsjahr in mehreren Bezirken zu diesen Ämtern bestimmt worden, so hat der Einberufene das Amt zu übernehmen, zu dem er zuerst einberufen wird.

§ 91. **Die Strafkammer des Landgerichts kann bestimmen, daß einzelne Sitzungen des Schwurgerichts nicht am Sitz des Landgerichts, sondern an einem anderen Ort innerhalb des Schwurgerichtsbezirks abzuhalten seien.**

Wird in einem solchen Fall die Zuziehung anderer als der zunächst berufenen Geschworenen erforderlich, so werden die Hilfsschöffen des für den Sitzungsort zuständigen Schöffengerichts nach § 49 herangezogen.

§ 92. Die Landesjustizverwaltung kann bestimmen, daß die Bezirke mehrerer Landgerichte zu einem Schwurgerichtsbezirk zusammengelegt und die Sitzungen des Schwurgerichts bei einem der Landgerichte abgehalten werden.

In diesem Falle hat das Landgericht, bei dem die Sitzungen des Schwurgerichts abgehalten werden, und dessen Präsident die ihnen in den §§ 82 bis 91 zugewiesenen Geschäfte für den Umfang des Schwurgerichtsbezirks wahrzunehmen.

Die Mitglieder des Schwurgerichts mit Einschluß des Stellvertreters des Vorsitzenden können aus der Zahl der in dem Bezirk des Schwurgerichts angestellten Richter bestimmt werden.

Die Zahl der erforderlichen Hauptgeschworenen wird auf sämtliche Amtsgerichte des Schwurgerichtsbezirks verteilt.

Siebenter Titel

Kammern für Handelssachen

§§ 93—114. (gelten wieder in der Fassung vom 1. Januar 1933).

Achter Titel

Oberlandesgerichte

§ 115. Die Oberlandesgerichte werden mit einem Präsidenten und der erforderlichen Anzahl von Senatspräsidenten und Räten besetzt.

§ 116. Bei den Oberlandesgerichten werden Zivil- und Strafsenate gebildet.

Durch Anordnung der Landesjustizverwaltung können außerhalb des Sitzes des Oberlandesgerichts für den Bezirk eines oder mehrerer Landgerichte Zivil- oder Strafsenate gebildet und ihnen für diesen Bezirk die gesamte Tätigkeit des Zivil- oder Strafsenats des Oberlandesgerichts oder ein Teil dieser Tätigkeit zugewiesen werden.

§ 117. Die Vorschriften der §§ 62 bis 69 und des § 70 Abs. 1 sind mit der Maßgabe anzuwenden, daß zu dem Präsidium stets die beiden ältesten Mitglieder des Gerichts zuzuziehen sind.

§ 118. Zu Hilfsrichtern dürfen nur auf Lebenszeit ernannte Richter berufen werden.

§ 119. Die Oberlandesgerichte sind in bürgerlichen Rechtsstreitigkeiten zuständig für die Verhandlung und Entscheidung über die Rechtsmittel:
1. der Berufung gegen die Endurteile der Landgerichte,
2. der Beschwerde gegen Entscheidungen der Landgerichte.

§ 120. Die Oberlandesgerichte sind zur Verhandlung und Entscheidung in erster und letzter Instanz in den Strafsachen zuständig, die gemäß § 134 Abs. 2 von dem Oberbundesanwalt an die Landesstaatsanwaltschaft abgegeben werden, oder in denen der Bundesgerichtshof gemäß § 134 Abs. 3 bei Eröffnung des Hauptverfahrens die Verhandlung und Entscheidung dem Oberlandesgericht überweist. In den von dem Oberbundesanwalt an die Landesstaatsanwaltschaft abgegebenen Sachen trifft das Oberlandesgericht auch die im § 73 Abs. 1 bezeichneten Entscheidungen.

Für den Gerichtsstand gelten in diesen Fällen die allgemeinen Vorschriften. Sind jedoch in einem Land mehrere Oberlandesgerichte errichtet, so können die im Abs. 1 den Oberlandesgerichten zugewiesenen Aufgaben durch die Landesjustizverwaltung einem oder einigen der Oberlandesgerichte oder dem Obersten Landesgericht übertragen werden. Durch Vereinbarung der beteiligten Länder können diese Aufgaben dem hiernach zuständigen Gericht eines Landes auch für das Gebiet eines anderen Landes übertragen werden.

§ 121. Die Oberlandesgerichte sind in Strafsachen ferner zuständig für die Verhandlung und Entscheidung über die Rechtsmittel:
1. der Revision gegen
   a) die mit der Berufung nicht anfechtbaren Urteile des Amtsrichters;
   b) die Berufungsurteile der kleinen und großen Strafkammer;
   c) die Urteile der großen Strafkammer und des Schwurgerichts, wenn die Revision ausschließlich auf die Verletzung einer in den Landesgesetzen enthaltenen Rechtsnorm gestützt wird;
2. der Beschwerde gegen strafrichterliche Entscheidungen, soweit nicht die Zuständigkeit der Strafkammer oder des Bundesgerichtshofes begründet ist.

Will ein Oberlandesgericht bei seiner Entscheidung nach Abs. 1 Nr. 1a oder b von einer nach dem 1. April 1950 ergangenen Entscheidung eines anderen Oberlandesgerichts oder von einer Entscheidung des Bundesgerichtshofes abweichen, so hat es die Sache diesem vorzulegen.

§ 122. Die Senate der Oberlandesgerichte entscheiden, soweit nicht nach den Vorschriften der Prozeßgesetze an Stelle des Senats der Einzelrichter zu entscheiden hat, in der Besetzung von drei Mitgliedern mit Einschluß des Vorsitzenden.

Die Strafsenate sind in der Hauptverhandlung des ersten Rechtszuges mit fünf Mitgliedern einschließlich des Vorsitzenden zu besetzen.

Neunter Titel

Bundesgerichtshof

§ 123. Sitz des Bundesgerichtshofes ist Karlsruhe.

§ 124. Der Bundesgerichtshof wird mit einem Präsidenten und der erforderlichen Zahl von Senatspräsidenten und Bundesrichtern besetzt.

§ 125. Die Mitglieder des Bundesgerichtshofes werden durch den Bundesminister der Justiz gemeinsam mit dem Richterwahlausschuß gemäß dem Richterwahlgesetz berufen und vom Bundespräsidenten ernannt.

Zum Mitglied des Bundesgerichtshofes kann nur berufen werden, wer die Fähigkeit zum Richteramt in einem deutschen Land erlangt und das fünfunddreißigste Lebensjahr vollendet hat.

§§ 126—129 (weggefallen).

§ 130. Bei dem Bundesgerichtshof werden Zivil- und Strafsenate gebildet. Ihre Zahl bestimmt der Bundesminister der Justiz.

Der Bundesminister der Justiz wird ermächtigt, Zivil- und Strafsenate auch außerhalb des Sitzes des Bundesgerichtshofes zu bilden.

§ 131. Die Vorschriften der §§ 62 bis 69 sind mit der Maßgabe anzuwenden, daß das Präsidium aus dem Präsidenten, den Senatspräsidenten und den vier dem Dienstalter nach, bei gleichem Dienstalter der Geburt nach ältesten Mitgliedern des Gerichts besteht.

§ 131 a (weggefallen).

§ 132. Beim Bundesgerichtshof wird ein Großer Senat für Zivilsachen und ein Großer Senat für Strafsachen gebildet.

Jeder Große Senat besteht aus dem Präsidenten und acht Mitgliedern. Die Mitglieder und ihre Vertreter werden durch das Präsidium des Bundesgerichtshofes für die Dauer von zwei Geschäftsjahren bestellt.

Die Vereinigten Großen Senate bestehen aus dem Präsidenten und sämtlichen Mitgliedern der Großen Senate.

Den Vorsitz in den Großen Senaten und den Vereinigten Großen Senaten führt der Präsident des Bundesgerichtshofes, im Falle seiner Verhinderung sein Vertreter. In den Fällen des § 136 können die Präsidenten der beteiligten Senate, in den Fällen des § 137 der Präsident des erkennenden Senats oder ein von ihnen bestimmtes Mitglied ihres Senats an den Sitzungen des Großen Senats oder der Vereinigten Großen Senate mit den Befugnissen eines Mitgliedes teilnehmen. Bei Stimmengleichheit gibt die Stimme des Vorsitzenden den Ausschlag.

§ 133. In bürgerlichen Rechtsstreitigkeiten ist der Bundesgerichtshof zuständig für die Verhandlung und Entscheidung über die Rechtsmittel:

1. der Revision gegen die Endurteile der Oberlandesgerichte sowie gegen die Endurteile der Landgerichte im Falle des § 566a der Zivilprozeßordnung.

2. der Beschwerde gegen Entscheidungen der Oberlandesgerichte in den Fällen des § 519b Abs. 2 der Zivilprozeßordnung.

§ 134. In Strafsachen ist der Bundesgerichtshof zuständig für die Untersuchung und Entscheidung in erster und letzter Instanz in Fällen des Hochverrats und der Parlamentssprengung. In diesen Sachen trifft der Bundesgerichtshof auch die in § 73 Abs. 1 bezeichneten Entscheidungen.

Verfahren wegen Hochverrats, der sich gegen die verfassungsmäßige Ordnung eines Landes richtet, soll der Oberbundesanwalt an die Landesstaatsanwaltschaft abgeben, sofern nicht besondere Umstände entgegenstehen.

Der Bundesgerichtshof kann in den im Abs. 2 bezeichneten Sachen bei der Eröffnung des Hauptverfahrens die Verhandlung und Entscheidung dem Oberlandesgericht überweisen.

Auf Verlangen eines Landes hat der Oberbundesanwalt wegen Hochverrats, der sich gegen die verfassungsmäßige Ordnung dieses Landes richtet, Anklage beim Bundesgerichtshof zu erheben.

§ 135. In Strafsachen ist der Bundesgerichtshof ferner zuständig zur Verhandlung und Entscheidung über das Rechtsmittel der Revision gegen die Urteile der Schwurgerichte und die Urteile der Großen Strafkammern im ersten Rechtszuge, soweit nicht die Zuständigkeit der Oberlandesgerichte begründet ist.

§ 136. Will in einer Rechtsfrage ein Zivilsenat von der Entscheidung eines anderen Zivilsenats oder des Großen Senats für Zivilsachen oder ein Strafsenat von der Entscheidung eines anderen Strafsenats oder des Großen Senats für Strafsachen abweichen, so entscheidet im ersten Fall der Große Senat für Zivilsachen, im zweiten Fall der Große Senat für Strafsachen.

Die Vereinigten Großen Senate entscheiden, wenn ein Zivilsenat von der Entscheidung eines Strafsenats oder des Großen Senats für Strafsachen, oder ein Strafsenat von der Entscheidung eines Zivilsenats oder des Großen Senats für Zivilsachen oder ein Senat von der früher eingeholten Entscheidung der Vereinigten Großen Senate abweichen will.

§ 137. Der erkennende Senat kann in einer Frage von grundsätzlicher Bedeutung die Entscheidung des Großen Senats herbeiführen, wenn nach seiner Auffassung die Fortbildung des Rechts oder die Sicherung einer einheitlichen Rechtsprechung es erfordert.

§ 138. Die Großen Senate und die Vereinigten Großen Senate entscheiden ohne mündliche Verhandlung nur über die Rechtsfrage.

Vor der Entscheidung des Großen Senats für Strafsachen oder der Vereinigten Großen Senate sowie in Ehe- und Entmündigungssachen und in Rechtsstreitigkeiten, welche die Feststellung des Rechtsverhältnisses zwischen Eltern und Kindern oder die Anfechtung einer Todeserklärung zum Gegenstand haben, ist der Oberbundesanwalt zu hören. Der Oberbundesanwalt kann auch in der Sitzung seine Auffassung darlegen.

Die Entscheidung ist in der vorliegenden Sache für den erkennenden Senat bindend.

Erfordert die Entscheidung der Sache eine erneute mündliche Verhandlung vor dem erkennenden Senat, so sind die Beteiligten unter Mitteilung der ergangenen Entscheidung der Rechtsfrage zu der Verhandlung zu laden.

§ 139. Die Senate des Bundesgerichtshofes entscheiden in der Besetzung von fünf Mitgliedern mit Einschluß des Vorsitzenden.

§ 140. Der Geschäftsgang wird durch eine Geschäftsordnung geregelt, die das Plenum beschließt; sie bedarf der Bestätigung durch den Bundesrat.

Zehnter Titel

Staatsanwaltschaft

§ 141. Bei jedem Gericht soll eine Staatsanwaltschaft bestehen.

§ 142. Das Amt der Staatsanwaltschaft wird ausgeübt:

1. bei dem Bundesgerichtshof durch einen Oberbundesanwalt und durch einen oder mehrere Bundesanwälte;
2. bei den Oberlandesgerichten und den Landgerichten durch einen oder mehrere Staatsanwälte;
3. bei den Amtsgerichten durch einen oder mehrere Staatsanwälte oder Amtsanwälte.

Die Zuständigkeit der Amtsanwälte erstreckt sich nicht auf das amtsrichterliche Verfahren zur Vorbereitung der öffentlichen Klage in den Strafsachen, die zur Zuständigkeit anderer Gerichte als der Amtsgerichte gehören.

§ 143. Die örtliche Zuständigkeit der Beamten der Staatsanwaltschaft wird durch die örtliche Zuständigkeit des Gerichts bestimmt, für das sie bestellt ist.

Ein unzuständiger Beamter der Staatsanwaltschaft hat sich den innerhalb seines Bezirks vorzunehmenden Amtshandlungen zu unterziehen, bei denen Gefahr im Verzug ist.

Können die Beamten der Staatsanwaltschaft verschiedener Länder sich nicht darüber einigen, wer von ihnen die Verfolgung zu übernehmen hat, so entscheidet der ihnen gemeinsam vorgesetzte Beamte der Staatsanwaltschaft, sonst der Oberbundesanwalt.

§ 144. Besteht die Staatsanwaltschaft eines Gerichts aus mehreren Beamten, so handeln die dem ersten Beamten beigeordneten Personen als dessen Vertreter; sie sind, wenn sie für ihn auftreten, zu allen Amtsverrichtungen desselben ohne den Nachweis eines besonderen Auftrags berechtigt.

§ 145. Die ersten Beamten der Staatsanwaltschaft bei den Oberlandesgerichten und den Landgerichten sind befugt, bei allen Gerichten ihres Bezirks die Amtsverrichtungen der Staatsanwaltschaft selbst zu übernehmen oder mit ihrer Wahrnehmung einen anderen als den zunächst zuständigen Beamten zu beauftragen.

Amtsanwälte können das Amt der Staatsanwaltschaft nur bei den Amtsgerichten versehen.

§ 145 a (weggefallen).

§ 146. Die Beamten der Staatsanwaltschaft haben den dienstlichen Anweisungen ihres Vorgesetzten nachzukommen.

§ 147. Das Recht der Aufsicht und Leitung steht zu:

1. dem Bundesminister der Justiz hinsichtlich des Oberbundesanwalts und der Bundesanwälte;
2. der Landesjustizverwaltung hinsichtlich aller staatsanwaltschaftlichen Beamten des betreffenden Landes;
3. dem ersten Beamten der Staatsanwaltschaft bei den Oberlandesgerichten und den Landgerichten hinsichtlich aller Beamten der Staatsanwaltschaft ihres Bezirks.

§ 148. Der Oberbundesanwalt und die Bundesanwälte sind nichtrichterliche Beamte.

Zu diesen Ämtern sowie zu dem Amt eines Staatsanwalts können nur zum Richteramt befähigte Personen ernannt werden.

§ 149. Der Oberbundesanwalt und die Bundesanwälte werden auf Vorschlag des Bundesministers der Justiz, der der Zustimmung des Bundesrates bedarf, vom Bundespräsidenten ernannt.

§ 150. Die Staatsanwaltschaft ist in ihren amtlichen Verrichtungen von den Gerichten unabhängig.

§ 151. Die Staatsanwälte dürfen richterliche Geschäfte nicht wahrnehmen. Auch darf ihnen eine Dienstaufsicht über die Richter nicht übertragen werden.

§ 152. Die Hilfsbeamten der Staatsanwaltschaft sind in dieser Eigenschaft verpflichtet, den Anordnungen der Staatsanwaltschaft ihres Bezirks und der dieser vorgesetzten Beamten Folge zu leisten.

Die Landesregierung bezeichnet im Einvernehmen mit der Landesjustizverwaltung die Beamtenklassen, auf die diese Vorschrift anzuwenden ist.

Elfter Titel

Geschäftsstelle

§ 153. Bei jedem Gericht wird eine Geschäftsstelle eingerichtet, die mit der erforderlichen Zahl von Urkundsbeamten besetzt wird. Die Geschäftseinrichtung bei dem Bundesgerichtshof wird durch den Bundesminister der Justiz, bei den Landesgerichten durch die Landesjustizverwaltung bestimmt.

Zwölfter Titel

Zustellungs- und Vollstreckungsbeamte

§ 154. Die Dienst- und Geschäftsverhältnisse der mit den Zustellungen, Ladungen und Vollstreckungen zu betrauenden Beamten (Gerichtsvollzieher) werden bei dem Bundesgerichtshof durch den Bundesminister der Justiz, bei den Landesgerichten durch die Landesjustizverwaltung bestimmt.

§ 155. Der Gerichtsvollzieher ist von der Ausübung seines Amtes kraft Gesetzes ausgeschlossen:

I. in bürgerlichen Rechtsstreitigkeiten:

1. . . .
2. . . .
3. wenn eine Person Partei ist, mit der er in gerader Linie verwandt, verschwägert oder durch Annahme an Kindes Statt verbunden, in der Seitenlinie bis zum dritten Grad verwandt oder bis zum zweiten Grad verschwägert ist, auch wenn die Ehe, durch welche die Schwägerschaft begründet ist, nicht mehr besteht;

II. in Strafsachen:

1. wenn er selbst durch die strafbare Handlung verletzt ist;
2. wenn er der Ehegatte des Beschuldigten oder Verletzten ist oder gewesen ist;
3. wenn er mit dem Beschuldigten oder Verletzten in dem unter Nr. I 3 bezeichneten Verwandtschafts- oder Schwägerschaftsverhältnis steht.

Dreizehnter Titel

Rechtshilfe

§ 156. Die Gerichte haben sich in bürgerlichen Rechtsstreitigkeiten und in Strafsachen Rechtshilfe zu leisten.

§ 157. Das Ersuchen um Rechtshilfe ist an das Amtsgericht zu richten, in dessen Bezirk die Amtshandlung vorgenommen werden soll.

§ 158. Das Ersuchen darf nicht abgelehnt werden.

Das Ersuchen eines nicht im Rechtszuge vorgesetzten Gerichts ist jedoch abzulehnen, wenn die vorzunehmende Handlung nach dem Recht des ersuchten Gerichts verboten ist. Ist das ersuchte Gericht örtlich nicht zuständig, so gibt es das Ersuchen an das zuständige Gericht ab.

§ 159. Wird das Ersuchen abgelehnt oder wird der Vorschrift des § 158 Abs. 2 zuwider dem Ersuchen stattgegeben, so entscheidet das Oberlandesgericht, zu dessen Bezirk das ersuchte Gericht gehört. Die Entscheidung ist nur anfechtbar, wenn sie die Rechtshilfe für unzulässig erklärt und das ersuchende und das ersuchte Gericht den Bezirken verschiedener Oberlandesgerichte angehören. Über die Beschwerde entscheidet der Bundesgerichtshof.

Die Entscheidungen ergehen auf Antrag der Beteiligten oder des ersuchenden Gerichts ohne mündliche Verhandlung.

§ 160. Vollstreckungen, Ladungen und Zustellungen werden nach Vorschrift der Prozeßordnungen bewirkt ohne Rücksicht darauf, ob sie in dem Land, dem das Prozeßgericht angehört, oder in einem anderen deutschen Land vorzunehmen sind.

§ 161. Gerichte, Staatsanwaltschaften und Geschäftsstellen der Gerichte können wegen Erteilung eines Auftrags an einen Gerichtsvollzieher die Mitwirkung der Geschäftsstelle des Amtsgerichts in Anspruch nehmen, in dessen Bezirk der Auftrag ausgeführt werden soll. Der von der Geschäftsstelle beauftragte Gerichtsvollzieher gilt als unmittelbar beauftragt.

§ 162. Hält sich ein zu einer Freiheitsstrafe Verurteilter außerhalb des Bezirks der Strafvollstreckungsbehörde auf, so kann diese Behörde die Staatsanwaltschaft des Landgerichts, in dessen Bezirk sich der Verurteilte befindet, um die Vollstreckung der Strafe ersuchen.

§ 163. Soll eine Freiheitsstrafe in dem Bezirk eines anderen Gerichts vollstreckt oder ein in dem Bezirk eines anderen Gerichts befindlicher Verurteilter zum Zwecke der Strafverbüßung ergriffen und abgeliefert werden, so ist die Staatsanwaltschaft bei dem Landgericht des Bezirks um die Ausführung zu ersuchen.

§ 164. Kosten und Auslagen der Rechtshilfe werden von der ersuchenden Behörde nicht erstattet.

Gebühren oder andere öffentliche Abgaben, denen die von der ersuchenden Behörde übersendeten Schriftstücke (Urkunden, Protokolle) nach dem Recht der ersuchten Behörde unterliegen, bleiben außer Ansatz.

§ 165. Für die Höhe der den geladenen Zeugen und Sachverständigen gebührenden Beträge sind die Vorschriften maßgebend, die bei dem Gericht gelten, vor das geladen wird.

Sind die Beträge nach dem Recht des Aufenthaltsorts der geladenen Personen höher, so können die höheren Beträge gefordert werden.

Bei weiterer Entfernung des Aufenthaltsorts der geladenen Personen ist ihnen auf Antrag ein Vorschuß zu bewilligen.

§ 166. Ein Gericht darf Amtshandlungen außerhalb seines Bezirks ohne Zustimmung des Amtsgerichts des Ortes nur vornehmen, wenn Gefahr im Verzug ist. In diesem Falle ist dem Amtsgericht des Ortes Anzeige zu machen.

§ 167. Die Polizeibeamten eines deutschen Landes sind ermächtigt, die Verfolgung eines Flüchtigen auf das Gebiet eines anderen deutschen Landes fortzusetzen und den Flüchtigen dort zu ergreifen.

Der Ergriffene ist unverzüglich an das nächste Gericht oder die nächste Polizeibehörde des Landes, in dem er ergriffen wurde, abzuführen.

§ 168. Die in einem deutschen Land bestehenden Vorschriften über die Mitteilung von Akten einer öffentlichen Behörde an ein Gericht dieses Landes sind auch dann anzuwenden, wenn das ersuchende Gericht einem anderen deutschen Land angehört.

Vierzehnter Titel

Öffentlichkeit und Sitzungspolizei

§ 169. Die Verhandlung vor dem erkennenden Gericht, einschließlich der Verkündung der Urteile und Beschlüsse, ist öffentlich.

§ 170. (betr. Ehesachen).

§ 171. (betr. Entmündigungssachen).

§ 171a. Die Öffentlichkeit kann für die Hauptverhandlung oder für einen Teil davon ausgeschlossen werden, wenn das Verfahren die Unterbringung des Beschuldigten in einer Heil- oder Pflegeanstalt neben einer Strafe oder ausschließlich zum Gegenstand hat.

§ 172. In allen Sachen kann durch das Gericht für die Verhandlung oder für einen Teil davon die Öffentlichkeit ausgeschlossen werden, wenn sie eine Gefährdung der öffentlichen Ordnung, insbesondere der Staatssicherheit, eine Gefährdung der Sittlichkeit oder die Gefährdung eines wichtigen Geschäfts- oder Betriebsgeheimnisses besorgen läßt.

§ 173. Die Verkündung des Urteils erfolgt in jedem Falle öffentlich.

Durch einen besonderen Beschluß des Gerichts kann unter den Voraussetzungen des § 172 auch für die Verkündung der Urteilsgründe oder eines Teiles davon die Öffentlichkeit ausgeschlossen werden.

§ 174. Über die Ausschließung der Öffentlichkeit ist in nicht öffentlicher Sitzung zu verhandeln, wenn ein Beteiligter es beantragt oder das Gericht es für angemessen erachtet. Der Beschluß, der die Öffentlichkeit ausschließt, muß öffentlich verkündet werden. Bei der Verkündung ist in den Fällen der §§ 172, 173 anzugeben, aus welchem Grund die Öffentlichkeit ausgeschlossen worden ist.

Ist die Öffentlichkeit wegen Gefährdung der Staatssicherheit oder eines Geschäfts- oder Betriebsgeheimnisses ausgeschlossen, so kann das Gericht den anwesenden Personen die Geheimhaltung von Tatsachen, die durch die Verhandlung, durch die Anklageschrift oder durch andere amtliche Schriftstücke des Prozesses zu ihrer Kenntnis gelangen, zur Pflicht machen. Der Beschluß ist in das Sitzungsprotokoll aufzunehmen. Er ist anfechtbar. Die Beschwerde hat keine aufschiebende Wirkung.

§ 175. Der Zutritt zu öffentlichen Verhandlungen kann unerwachsenen und solchen Personen versagt werden, die sich nicht im Besitz der bürgerlichen Ehrenrechte befinden, oder die in einer der Würde des Gerichts nicht entsprechenden Weise erscheinen.

Zu nicht öffentlichen Verhandlungen kann der Zutritt einzelnen Personen vom Gericht gestattet werden. Einer Anhörung der Beteiligten bedarf es nicht.

Die Ausschließung der Öffentlichkeit steht der Anwesenheit der die Dienstaufsicht führenden Beamten der Justizverwaltung bei den Verhandlungen vor dem erkennenden Gericht nicht entgegen.

§ 176. Die Aufrechthaltung der Ordnung in der Sitzung obliegt dem Vorsitzenden.

§ 177. Parteien, Beschuldigte, Zeugen, Sachverständige oder bei der Verhandlung nicht beteiligte Personen, die den zur Aufrechthaltung der Ordnung erlassenen Befehlen nicht gehorchen, können auf Beschluß des Gerichts aus dem Sitzungszimmer entfernt, auch zur Haft abgeführt und während einer in dem Beschluß zu bestimmenden Zeit, die vierundzwanzig Stunden nicht übersteigen darf, festgehalten werden.

§ 178. Das Gericht kann gegen Parteien, Beschuldigte, Zeugen, Sachverständige oder bei der Verhandlung nicht beteiligte Personen, die sich in der Sitzung einer Ungebühr schuldig machen, vorbehaltlich der strafgerichtlichen Verfolgung, eine Ordnungsstrafe in Geld oder bis zu drei Tagen Haft festsetzen und sofort vollstrecken lassen.

§ 179. Die Vollstreckung der vorstehend bezeichneten Ordnungsstrafen hat der Vorsitzende unmittelbar zu veranlassen.

§ 180. Die in den §§ 176 bis 179 bezeichneten Befugnisse stehen auch einem einzelnen Richter bei der Vornahme von Amtshandlungen außerhalb der Sitzung zu.

§ 181. Ist in den Fällen der §§ 178, 180 eine Ordnungsstrafe festgesetzt, so kann gegen die Entscheidung binnen der Frist von einer Woche nach ihrer Bekanntmachung Beschwerde eingelegt werden, sofern sie nicht von dem Bundesgerichtshof oder einem Oberlandesgericht getroffen ist.

Die Beschwerde hat in dem Falle des § 178 keine aufschiebende Wirkung, in dem Falle des § 180 aufschiebende Wirkung.

Über die Beschwerde entscheidet das Oberlandesgericht.

§ 182. Ist eine Ordnungsstrafe wegen Ungebühr festgesetzt oder eine Person zur Haft abgeführt oder eine bei der Verhandlung beteiligte Person entfernt worden, so ist der Beschluß des Gerichts und dessen Veranlassung in das Protokoll aufzunehmen.

§ 183. Wird eine strafbare Handlung in der Sitzung begangen, so hat das Gericht den Tatbestand festzustellen und der zuständigen Behörde das darüber aufgenommene Protokoll mitzuteilen. In geeigneten Fällen ist die vorläufige Festnahme des Täters zu verfügen.

Fünfzehnter Titel

Gerichtssprache

§ 184. Die Gerichtssprache ist deutsch.

§ 185. Wird unter Beteiligung von Personen verhandelt, die der deutschen Sprache nicht mächtig sind, so ist ein Dolmetscher zuzuziehen. Ein Nebenprotokoll in der fremden Sprache wird nicht geführt; jedoch sollen Aussagen und Erklärungen in fremder Sprache, wenn und soweit der Richter dies mit Rücksicht auf die Wichtigkeit der Sache für erforderlich erachtet, auch in der fremden Sprache in das Protokoll oder in eine Anlage niedergeschrieben werden. In den dazu geeigneten Fällen soll dem Protokoll eine durch den Dolmetscher zu beglaubigende Übersetzung beigefügt werden.

Die Zuziehung eines Dolmetschers kann unterbleiben, wenn die beteiligten Personen sämtlich der fremden Sprache mächtig sind.

§ 186. Zur Verhandlung mit tauben oder stummen Personen ist, sofern nicht eine schriftliche Verständigung erfolgt, eine Person als Dolmetscher zuzuziehen, mit deren Hilfe die Verständigung in anderer Weise erfolgen kann.

§ 187. Ob einer Partei, die taub ist, bei der mündlichen Verhandlung der Vortrag zu gestatten sei, bleibt dem Ermessen des Gerichts überlassen.

Dasselbe gilt in Anwaltsprozessen von einer Partei, die der deutschen Sprache nicht mächtig ist.

§ 188. Personen, die der deutschen Sprache nicht mächtig sind, leisten Eide in der ihnen geläufigen Sprache.

§ 189. Der Dolmetscher hat einen Eid dahin zu leisten:

daß er treu und gewissenhaft übertragen werde.

Ist der Dolmetscher für Übertragungen der betreffenden Art im allgemeinen beeidigt, so genügt die Berufung auf den geleisteten Eid.

§ 190. Der Dienst des Dolmetschers kann von dem Urkundsbeamten der Geschäftsstelle wahrgenommen werden. Einer besonderen Beeidigung bedarf es nicht.

§ 191. Auf den Dolmetscher sind die Vorschriften über Ausschließung und Ablehnung der Sachverständigen entsprechend anzuwenden. Es entscheidet das Gericht oder der Richter, von dem der Dolmetscher zugezogen ist.

Sechzehnter Titel

Beratung und Abstimmung

§ 192. Bei Entscheidungen dürfen Richter nur in der gesetzlich bestimmten Anzahl mitwirken.

Bei Verhandlungen von längerer Dauer kann der Vorsitzende die Zuziehung von Ergänzungsrichtern anordnen, die der Verhandlung beizuwohnen und im Falle der Verhinderung eines Richters für ihn einzutreten haben.

Diese Vorschriften sind auch auf Schöffen und Geschworene anzuwenden.

§ 193. Bei der Beratung und Abstimmung dürfen außer den zur Entscheidung berufenen Richtern nur die bei demselben Gericht zu ihrer juristischen Ausbildung beschäftigten Personen zugegen sein, soweit der Vorsitzende deren Anwesenheit gestattet.

§ 194. Der Vorsitzende leitet die Beratung, stellt die Fragen und sammelt die Stimmen.

Meinungsverschiedenheiten über den Gegenstand, die Fassung und die Reihenfolge der Fragen oder über das Ergebnis der Abstimmung entscheidet das Gericht.

§ 195. Kein Richter, Schöffe oder Geschworener darf die Abstimmung über eine Frage verweigern, weil er bei der Abstimmung über eine vorhergegangene Frage in der Minderheit geblieben ist.

§ 196. Das Gericht entscheidet, soweit das Gesetz nicht ein anderes bestimmt, mit der absoluten Mehrheit der Stimmen.

Bilden sich in Beziehung auf Summen, über die zu entscheiden ist, mehr als zwei Meinungen, deren keine die Mehrheit für sich hat, so werden die für die größte Summe abgegebenen Stimmen den für die zunächst geringere abgegebenen so lange hinzugerechnet, bis sich eine Mehrheit ergibt.

Bilden sich in einer Strafsache, von der Schuldfrage abgesehen, mehr als zwei Meinungen, deren keine die erforderliche Mehrheit für sich hat, so werden die dem Beschuldigten nachteiligsten Stimmen den zunächst minder nachteiligen so lange hinzugerechnet, bis sich die erforderliche Mehrheit ergibt. Bilden sich in der Straffrage zwei Meinungen, ohne daß eine die erforderliche Mehrheit für sich hat, so gilt die mildere Meinung.

§ 197. Die Richter stimmen nach dem Dienstalter, bei gleichem Dienstalter nach dem Lebensalter, Handelsrichter, Schöffen und Geschworene nach dem Lebensalter; der jüngere stimmt vor dem älteren. Die Schöffen und Geschworenen stimmen vor den Richtern. Wenn ein Berichterstatter ernannt ist, so stimmt er zuerst. Zuletzt stimmt der Vorsitzende.

§ 198. Schöffen und Geschworene sind verpflichtet, über den Hergang bei der Beratung und Abstimmung Stillschweigen zu bewahren.

Siebzehnter Titel

Gerichtsferien

§ 199. Die Gerichtsferien beginnen am 15. Juli und enden am 15. September.

§ 200. Während der Ferien werden nur in Feriensachen Termine abgehalten und Entscheidungen erlassen.

Feriensachen sind:

1. Strafsachen;

2.—8. . . .

§ 201. Zur Erledigung der Feriensachen können bei den Landgerichten Ferienkammern, bei den Oberlandesgerichten und dem Bundesgerichtshof Feriensenate gebildet werden.

§ 202. (betr. Zivilsachen).

Einführungsgesetz zum Gerichtsverfassungsgesetz

Vom 27. Januar 1877 in der neuen Fassung

§ 1. Das Gerichtsverfassungsgesetz tritt im ganzen Umfange des Reichs an einem durch Kaiserliche Verordnung mit Zustimmung des Bundesrats festzusetzenden Tage, spätestens am 1. Oktober 1879, gleichzeitig mit der im § 2 des Einführungsgesetzes der Zivilprozeßordnung vorgesehenen Gebührenordnung in Kraft.

§ 2. Die Vorschriften des Gerichtsverfassungsgesetzes finden nur auf die ordentliche streitige Gerichtsbarkeit und deren Ausübung Anwendung.

§ 3. (betr. Zivilsachen).

§ 4. Durch die Vorschriften des Gerichtsverfassungsgesetzes über die Zuständigkeit der Behörden wird die Landesgesetzgebung nicht gehindert, den betreffenden Landesbehörden jede andere Art der Gerichtsbarkeit, sowie Geschäfte der Justizverwaltung zu übertragen. Andere Gegenstände der Verwaltung dürfen den ordentlichen Gerichten nicht übertragen werden.

§ 5. (Gegenstandslos.)

§ 6. (Aufgehoben.)

§ 7. (Gegenstandslos.)

§ 8. Durch die Gesetzgebung eines Landes, in dem mehrere Oberlandesgerichte errichtet werden, kann die Verhandlung und Entscheidung der zur Zuständigkeit des Bundesgerichtshofes gehörenden Revisionen in bürgerlichen Rechtsstreitigkeiten einem obersten Landesgericht zugewiesen werden.

Diese Vorschrift findet jedoch auf bürgerliche Rechtsstreitigkeiten, in denen für die Entscheidung Bundesrecht in Betracht kommt, keine Anwendung, es sei denn, daß es sich im wesentlichen um Rechtsnormen handelt, die in den Landesgesetzen enthalten sind.

§ 9. Durch die Gesetzgebung eines Landes, in dem mehrere Oberlandesgerichte errichtet werden, können die zur Zuständigkeit der Oberlandesgerichte gehörenden Entscheidungen in Strafsachen ausschließlich einem der mehreren Oberlandesgerichte oder an Stelle eines solchen Oberlandesgerichts dem Obersten Landesgericht zugewiesen werden.

§ 10. Die allgemeinen sowie die in den §§ 124, 130, 131 und 181 Abs. 1 enthaltenen besonderen Vorschriften des Gerichtsverfassungsgesetzes finden auf die obersten Landesgerichte als Behörde der ordentlichen Gerichtsbarkeit entsprechende Anwendung; ferner sind die Vorschriften der §§ 132, 136 bis 138 des Gerichtsverfassungsgesetzes mit der Maßgabe entsprechend anzuwenden, daß durch Landesgesetz die Bildung eines einzigen großen Senats angeordnet werden kann, der aus dem Präsidenten und mindestens acht Mitgliedern zu bestehen hat und an die Stelle der Großen Senate für Zivilsachen und für Strafsachen sowie der Vereinigten Großen Senate tritt.

Die Besetzung der Senate bestimmt sich in Strafsachen, in Grundbuchsachen und in Angelegenheiten der freiwilligen Gerichtsbarkeit nach den Vorschriften über die Oberlandesgerichte, im übrigen nach den Vorschriften über den Bundesgerichtshof.

§ 11. Die landesgesetzlichen Bestimmungen, durch welche die strafrechtliche oder zivilrechtliche Verfolgung öffentlicher Beamten wegen der in Ausübung oder in Veranlassung der Ausübung ihres Amts vorgenommenen Handlungen an besondere Voraussetzungen gebunden ist, treten außer Kraft.

III.

Strafprozeßordnung

Vom 1. Februar 1877 in der neuen Fassung

Erstes Buch

Allgemeine Vorschriften

Erster Abschnitt

Sachliche Zuständigkeit der Gerichte

§ 1. Die sachliche Zuständigkeit der Gerichte wird durch das Gesetz über die Gerichtsverfassung bestimmt.

§ 2. Zusammenhängende Strafsachen, die einzeln zur Zuständigkeit von Gerichten verschiedener Ordnung gehören würden, können verbunden bei dem Gericht anhängig gemacht werden, dem die höhere Zuständigkeit beiwohnt.

Aus Gründen der Zweckmäßigkeit kann durch Beschluß dieses Gerichts die Trennung der verbundenen Strafsachen angeordnet werden.

§ 3. Ein Zusammenhang ist vorhanden, wenn eine Person mehrerer strafbarer Handlungen beschuldigt wird, oder wenn bei einer strafbaren Handlung mehrere Personen als Täter, Teilnehmer, Begünstiger oder Hehler beschuldigt werden.

§ 4. Eine Verbindung zusammenhängender oder eine Trennung verbundener Strafsachen kann auch nach Eröffnung der Voruntersuchung oder des Hauptverfahrens auf Antrag der Staatsanwaltschaft oder des Angeschuldigten oder von Amts wegen durch gerichtlichen Beschluß angeordnet werden.

Zuständig für den Beschluß ist das Gericht, zu dessen Bezirk die übrigen Gerichte gehören; fehlt ein solches Gericht, so entscheidet das gemeinschaftliche obere Gericht.

§ 5. Für die Dauer der Verbindung ist der Straffall, der zur Zuständigkeit des Gerichts höherer Ordnung gehört, für das Verfahren maßgebend.

§ 6. Das Gericht hat seine sachliche Zuständigkeit in jeder Lage des Verfahrens von Amts wegen zu prüfen.

Zweiter Abschnitt

Gerichtsstand

§ 7. Der Gerichtsstand ist bei dem Gericht begründet, in dessen Bezirk die strafbare Handlung begangen ist.

Wird der Tatbestand der strafbaren Handlung durch den Inhalt einer im Inland erschienenen Druckschrift begründet, so ist als das nach Abs. 1 zuständige Gericht nur das Gericht anzusehen, in dessen Bezirk die Druckschrift erschienen ist. Jedoch ist in den Fällen der Beleidigung, sofern die Verfolgung im Wege der Privatklage stattfindet, auch das Gericht, in dessen Bezirk die Druckschrift verbreitet worden ist, zuständig, wenn in diesem Bezirk die beleidigte Person ihren Wohnsitz oder gewöhnlichen Aufenthalt hat.

§ 8. Der Gerichtsstand ist auch bei dem Gericht begründet, in dessen Bezirk der Angeschuldigte zur Zeit der Erhebung der Klage seinen Wohnsitz hat.

Hat der Angeschuldigte keinen Wohnsitz im Geltungsbereich dieses Bundesgesetzes, so wird der Gerichtsstand auch durch den gewöhnlichen Aufenthaltsort und, wenn ein solcher nicht bekannt ist, durch den letzten Wohnsitz bestimmt.

§ 9. Wenn die strafbare Handlung außerhalb des Geltungsbereiches dieses Bundesgesetzes begangen und ein Gerichtsstand gemäß § 8 nicht begründet ist, so ist das Gericht zuständig, in dessen Bezirk die Ergreifung erfolgt. Hat eine Ergreifung nicht stattgefunden, so wird das zuständige Gericht vom Bundesgerichtshof bestimmt.

Gleiches gilt, wenn eine strafbare Handlung im Geltungsbereich dieses Bundesgesetzes begangen ist, jedoch weder der Gerichtsstand der begangenen Tat noch der Gerichtsstand des Wohnsitzes ermittelt ist.

§ 10. Ist die strafbare Handlung auf einem deutschen Schiff außerhalb des Geltungsbereiches dieses Bundesgesetzes oder in offener See begangen, so ist das Gericht zuständig, in dessen Bezirk der Heimathafen oder der Hafen im Geltungsbereich dieses Gesetzes liegt, den das Schiff nach der Tat zuerst erreicht.

§ 11. Deutsche, die das Recht der Exterritorialität genießen, sowie die im Ausland angestellten Beamten des Bundes oder eines deutschen Landes behalten hinsichtlich des Gerichtsstandes den Wohnsitz, den sie im Inland hatten. Wenn sie einen solchen Wohnsitz nicht hatten, so gilt der Sitz der Bundesregierung als ihr Wohnsitz.

Auf Wahlkonsuln sind diese Vorschriften nicht anzuwenden.

§ 12. Unter mehreren nach den Vorschriften der §§ 7 bis 11 zuständigen Gerichten gebührt dem der Vorzug, das die Untersuchung zuerst eröffnet hat.

Jedoch kann die Untersuchung und Entscheidung einem anderen der zuständigen Gerichte durch das gemeinschaftliche obere Gericht übertragen werden.

§ 13. Für zusammenhängende Strafsachen, die einzeln nach den Vorschriften der §§ 7 bis 11 zur Zuständigkeit verschiedener Gerichte gehören würden, ist ein Gerichtsstand bei jedem Gericht begründet, das für eine der Strafsachen zuständig ist.

Sind mehrere zusammenhängende Strafsachen bei verschiedenen Gerichten anhängig gemacht worden, so können sie sämtlich oder zum Teil durch eine den Anträgen der Staatsanwaltschaft entsprechende Vereinbarung dieser Gerichte bei einem unter ihnen verbunden werden. Kommt eine solche Vereinbarung nicht zustande, so entscheidet, wenn die Staatsanwaltschaft oder ein Angeschuldigter hierauf anträgt, das gemeinschaftliche obere Gericht darüber, ob und bei welchem Gericht die Verbindung einzutreten hat.

In gleicher Weise kann die Verbindung wieder aufgehoben werden.

§ 14. Besteht zwischen mehreren Gerichten Streit über die Zuständigkeit, so bestimmt das gemeinschaftliche obere Gericht das Gericht, das sich der Untersuchung und Entscheidung zu unterziehen hat.

§ 15. Ist das an sich zuständige Gericht in einem einzelnen Falle an der Ausübung des Richteramtes rechtlich oder tatsächlich verhindert oder ist von der Verhandlung vor diesem Gericht eine Gefährdung der öffentlichen Sicherheit zu besorgen, so hat das zunächst obere Gericht die Untersuchung und Entscheidung dem gleichstehenden Gericht eines anderen Bezirks zu übertragen.

§ 16. Der Angeschuldigte muß den Einwand der Unzuständigkeit bis zum Schluß der Voruntersuchung geltend machen; hat keine Voruntersuchung stattgefunden, so kann er den Einwand noch in der Hauptverhandlung geltend machen, solange mit der Verlesung des Beschlusses über die Eröffnung des Hauptverfahrens nicht begonnen ist.

§ 17. Durch eine Entscheidung, welche die Zuständigkeit für die Voruntersuchung feststellt, wird die Zuständigkeit auch für das Hauptverfahren festgestellt.

§ 18. Nach Eröffnung des Hauptverfahrens darf das Gericht seine Unzuständigkeit nur auf Einwand des Angeklagten aussprechen.

§ 19. Haben mehrere Gerichte, von denen eines das zuständige ist, durch Entscheidungen, die nicht mehr anfechtbar sind, ihre Unzuständigkeit ausgesprochen, so bezeichnet das gemeinschaftliche obere Gericht das zuständige Gericht.

§ 20. Die einzelnen Untersuchungshandlungen eines unzuständigen Gerichts sind nicht schon dieser Unzuständigkeit wegen ungültig.

§ 21. Ein unzuständiges Gericht hat sich den innerhalb seines Bezirks vorzunehmenden Untersuchungshandlungen zu unterziehen, bei denen Gefahr im Verzug ist.

Dritter Abschnitt

Ausschließung und Ablehnung der Gerichtspersonen

§ 22. Ein Richter ist von der Ausübung des Richteramtes kraft Gesetzes ausgeschlossen:

1. wenn er selbst durch die strafbare Handlung verletzt ist;
2. wenn er Ehegatte oder Vormund des Beschuldigten oder des Verletzten ist oder gewesen ist;
3. wenn er mit dem Beschuldigten oder mit dem Verletzten in gerader Linie verwandt, verschwägert oder durch Annahme an Kindes Statt verbunden, in der Seitenlinie bis zum dritten Grade verwandt oder bis zum zweiten Grade verschwägert ist, auch wenn die Ehe, durch welche die Schwägerschaft begründet ist, nicht mehr besteht;
4. wenn er in der Sache als Beamter der Staatsanwaltschaft, als Polizeibeamter, als Anwalt des Verletzten oder als Verteidiger tätig gewesen ist;
5. wenn er in der Sache als Zeuge oder Sachverständiger vernommen ist.

§ 23. Ein Richter, der bei einer durch ein Rechtsmittel angefochtenen Entscheidung mitgewirkt hat, ist von der Mitwirkung bei der Entscheidung in einem höheren Rechtszuge kraft Gesetzes ausgeschlossen.

Der Untersuchungsrichter darf in den Sachen, in denen er die Voruntersuchung geführt hat, nicht Mitglied des erkennenden Gerichts sein, auch nicht bei einer außerhalb der Hauptverhandlung ergehenden Entscheidung der Strafkammer mitwirken.

§ 24. Ein Richter kann sowohl in den Fällen, in denen er von der Ausübung des Richteramtes kraft Gesetzes ausgeschlossen ist, als auch wegen Besorgnis der Befangenheit abgelehnt werden.

Wegen Besorgnis der Befangenheit findet die Ablehnung statt, wenn ein Grund vorliegt, der geeignet ist, Mißtrauen gegen die Unparteilichkeit eines Richters zu rechtfertigen.

Das Ablehnungsrecht steht der Staatsanwaltschaft, dem Privatkläger und dem Beschuldigten zu. Den zur Ablehnung Berechtigten sind auf Verlangen die zur Mitwirkung bei der Entscheidung berufenen Gerichtspersonen namhaft zu machen.

§ 25. Die Ablehnung eines Richters wegen Besorgnis der Befangenheit ist bis zum Beginn des an die Vernehmung des Angeklagten zur Sache anschließenden Teiles der Hauptverhandlung zulässig.

§ 26. Das Ablehnungsgesuch ist bei dem Gericht, dem der Richter angehört, anzubringen; es kann vor der Geschäftsstelle zu Protokoll erklärt werden.

Der Ablehnungsgrund ist glaubhaft zu machen; der Eid ist als Mittel der Glaubhaftmachung ausgeschlossen. Zur Glaubhaftmachung kann auf das Zeugnis des abgelehnten Richters Bezug genommen werden.

Der abgelehnte Richter hat sich über den Ablehnungsgrund dienstlich zu äußern.

§ 27. Über das Ablehnungsgesuch entscheidet das Gericht, dem der Abgelehnte angehört.

Wird ein richterliches Mitglied der erkennenden Strafkammer abgelehnt, so entscheidet die Strafkammer in der für Entscheidungen außerhalb der Hauptverhandlung vorgeschriebenen Besetzung. Wird ein richterliches Mitglied des Schwurgerichts abgelehnt, so entscheiden während der Tagung die richterlichen Mitglieder des Schwurgerichts; außerhalb der Tagung entscheidet die Strafkammer.

Wird ein Untersuchungsrichter oder ein Amtsrichter abgelehnt, so entscheidet das Landgericht. Einer Entscheidung bedarf es nicht, wenn der Abgelehnte das Ablehnungsgesuch für begründet hält.

Wird das zur Entscheidung berufene Gericht durch Ausscheiden des abgelehnten Mitglieds beschlußunfähig, so entscheidet das zunächst obere Gericht.

§ 28. Der Beschluß, der die Ablehnung für begründet erklärt, ist nicht anfechtbar; gegen den Beschluß, der die Ablehnung für unbegründet erklärt, ist sofortige Beschwerde zulässig.

Der Beschluß, der ein gegen einen erkennenden Richter angebrachtes Ablehnungsgesuch für unbegründet erklärt, kann nicht für sich allein, sondern nur mit dem Urteil angefochten werden.

§ 29. Ein abgelehnter Richter hat vor Erledigung des Ablehnungsgesuchs nur solche Handlungen vorzunehmen, die keinen Aufschub gestatten.

§ 30. Das für die Erledigung eines Ablehnungsgesuchs zuständige Gericht hat auch dann zu entscheiden, wenn ein solches Gesuch nicht angebracht ist, ein Richter aber von einem Verhältnis Anzeige macht, das seine Ablehnung rechtfertigen könnte, oder wenn aus anderer Veranlassung Zweifel darüber entstehen, ob ein Richter kraft Gesetzes ausgeschlossen ist.

§ 31. Die Vorschriften dieses Abschnitts gelten für Schöffen und Geschworene sowie für Urkundsbeamte der Geschäftsstelle und andere als Protokollführer zugezogene Personen entsprechend.

Die Entscheidung trifft der Vorsitzende. Bei der großen Strafkammer und beim Schwurgericht entscheiden die richterlichen Mitglieder. Ist der Protokollführer einem Richter beigegeben, so entscheidet dieser über die Ablehnung oder Ausschließung.

§ 32. (weggefallen.)

Vierter Abschnitt

Gerichtliche Entscheidungen und ihre Bekanntmachung

§ 33. Die Entscheidungen des Gerichts werden, wenn sie im Laufe einer Hauptverhandlung ergehen, nach Anhörung der Beteiligten, wenn sie außerhalb einer Hauptverhandlung ergehen, nach schriftlicher oder mündlicher Erklärung der Staatsanwaltschaft erlassen.

§ 34. Die durch ein Rechtsmittel anfechtbaren Entscheidungen sowie die, durch welche ein Antrag abgelehnt wird, sind mit Gründen zu versehen.

§ 35. Entscheidungen, die in Anwesenheit der davon betroffenen Person ergehen, werden ihr durch Verkündung bekanntgemacht. Auf Verlangen ist ihr eine Abschrift zu erteilen.

Andere Entscheidungen werden durch Zustellung bekanntgemacht. Wird durch die Bekanntmachung der Entscheidung keine Frist in Lauf gesetzt, so genügt formlose Mitteilung; dies gilt nicht für die Mitteilung von Urteilen.

Dem nicht auf freiem Fuß Befindlichen ist das zugestellte Schriftstück auf Verlangen vorzulesen.

§ 36. Entscheidungen, die einer Zustellung oder Vollstreckung bedürfen, sind der Staatsanwaltschaft zu übergeben, die das Erforderliche zu veranlassen hat. Für Entscheidungen, die lediglich den inneren Dienst der Gerichte oder die Ordnung in den Sitzungen betreffen, gilt diese Vorschrift nicht.

Der Untersuchungsrichter und der Vorsitzende des Gerichts können Zustellungen sowie die Vollstreckung von Beschlüssen und Verfügungen auch unmittelbar veranlassen.

§ 37. Für das Verfahren bei Zustellungen gelten die Vorschriften der Zivilprozeßordnung entsprechend.

§ 38. Die bei dem Strafverfahren beteiligten Personen, denen die Befugnis beigelegt ist, Zeugen und Sachverständige unmittelbar zu laden, haben mit der Zustellung der Ladung den Gerichtsvollzieher zu beauftragen.

§ 39. Für das die öfffentliche Klage vorbereitende Verfahren, für die Voruntersuchung und für das Verfahren bei der Strafvollstreckung können durch Anordnung der Landesjustizverwaltung einfachere Formen für den Nachweis der Zustellung zugelassen werden.

§ 40. Kann eine Zustellung an einen Beschuldigten, dem eine Ladung zur Hauptverhandlung noch nicht zugestellt war, nicht in der vorgeschriebenen Weise im Inland bewirkt werden, und erscheint die Befolgung der für Zustellungen im Ausland bestehenden Vorschriften unausführbar oder voraussichtlich erfolglos, so gilt die Zustellung als erfolgt, wenn der Inhalt des zuzustellenden Schriftstücks durch ein deutsches oder ausländisches Blatt bekanntgemacht worden ist und seit dem Erscheinen dieses Blattes zwei Wochen verflossen sind oder wenn das zuzustellende Schriftstück zwei Wochen an der Gerichtstafel des Gerichts des ersten Rechtszuges angeheftet gewesen ist. Die Auswahl des Blattes steht dem die Zustellung veranlassenden Beamten zu.

War die Ladung zur Hauptverhandlung dem Angeklagten schon vorher zugestellt, so gilt eine weitere Zustellung an ihn, wenn sie nicht in der vorgeschriebenen Weise im Inland bewirkt werden kann, als erfolgt, sobald das zuzustellende Schriftstück zwei Wochen an der Gerichtstafel des Gerichts des ersten Rechtszuges angeheftet gewesen ist. Von Urteilen und Beschlüssen wird nur der entscheidende Teil angeheftet.

§ 41. Zustellungen an die Staatsanwaltschaft erfolgen durch Vorlegung der Urschrift des zuzustellenden Schriftstücks. Wenn mit der Zustellung der Lauf einer Frist beginnt, so ist der Tag der Vorlegung von der Staatsanwaltschaft auf der Urschrift zu vermerken.

Fünfter Abschnitt

Fristen und Wiedereinsetzung in den vorigen Stand

§ 42. Bei der Berechnung einer Frist, die nach Tagen bestimmt ist, wird der Tag nicht mitgerechnet, auf den der Zeitpunkt oder das Ereignis fällt, nach dem der Anfang der Frist sich richten soll.

§ 43. Eine Frist, die nach Wochen oder Monaten bestimmt ist, endigt mit Ablauf des Tages der letzten Woche oder des letzten Monats, der durch seine Benennung oder Zahl dem Tag entspricht, an dem die Frist begonnen hat; fehlt dieser Tag in dem letzten Monat, so endigt die Frist mit dem Ablauf des letzten Tages dieses Monats.

Fällt das Ende einer Frist auf einen Sonntag oder allgemeinen Feiertag, so endigt die Frist mit Ablauf des nächstfolgenden Werktags.

§ 44. Gegen die Versäumung einer Frist kann die Wiedereinsetzung in den vorigen Stand beansprucht werden, wenn der Antragsteller durch Naturereignisse oder andere unabwendbare Zufälle an der Einhaltung der Frist verhindert worden ist. Als unabwendbarer Zufall ist es anzusehen, wenn der Antragsteller von einer Zustellung ohne sein Verschulden keine Kenntnis erlangt hat.

§ 45. Das Gesuch um Wiedereinsetzung in den vorigen Stand muß binnen einer Woche nach Beseitigung des Hindernisses bei dem Gericht, bei dem die Frist wahrzunehmen gewesen wäre, unter Angabe und Glaubhaftmachung der Versäumungsgründe angebracht werden.

Mit dem Gesuch ist zugleich die versäumte Handlung selbst nachzuholen.

§ 46. Über das Gesuch entscheidet das Gericht, das bei rechtzeitiger Handlung zur Entscheidung in der Sache selbst berufen gewesen wäre.

Die dem Gesuch stattgebende Entscheidung unterliegt keiner Anfechtung.

Gegen die das Gesuch verwerfende Entscheidung ist sofortige Beschwerde zulässig.

§ 47. Durch das Gesuch um Wiedereinsetzung in den vorigen Stand wird die Vollstreckung einer gerichtlichen Entscheidung nicht gehemmt.

Das Gericht kann jedoch einen Aufschub der Vollstreckung anordnen.

Sechster Abschnitt

Zeugen

§ 48. Die Ladung der Zeugen geschieht unter Hinweis auf die gesetzlichen Folgen des Ausbleibens.

§ 49. Der Bundespräsident ist in seiner Wohnung zu vernehmen. Zur Hauptverhandlung wird er nicht geladen. Das Protokoll über seine gerichtliche Vernehmung ist in der Hauptverhandlung zu verlesen.

§ 50. Die Mitglieder des Bundestages, des Bundesrates, eines Landtages oder einer zweiten Kammer sind während ihres Aufenthaltes am Sitz der Versammlung dort zu vernehmen.

Die Mitglieder der Bundesregierung oder einer Landesregierung sind an ihrem Amtssitz oder, wenn sie sich außerhalb ihres Amtssitzes aufhalten, an ihrem Aufenthaltsort zu vernehmen.

Zu einer Abweichung von den vorstehenden Vorschriften bedarf es:

für die Mitglieder eines in Abs. 1 genannten Organs der Genehmigung dieses Organs,

für die Mitglieder der Bundesregierung der Genehmigung der Bundesregierung,

für die Mitglieder einer Landesregierung der Genehmigung der Landesregierung.

Die Mitglieder der in Abs. 1 genannten Organe der Gesetzgebung und die Mitglieder der Bundesregierung oder einer Landesregierung werden, wenn sie außerhalb der Hauptverhandlung vernommen worden sind, zu dieser nicht geladen. Das Protokoll über ihre richterliche Vernehmung ist in der Hauptverhandlung zu verlesen.

§ 51. Ein ordnungsmäßig geladener Zeuge, der nicht erscheint, ist in die durch das Ausbleiben verursachten Kosten sowie zu einer Ordnungsstrafe in Geld und für den Fall, daß diese nicht beigetrieben werden kann, zur Strafe der Haft bis zu sechs Wochen zu verurteilen. Auch ist die zwangsweise Vorführung des Zeugen zulässig. Im Falle wiederholten Ausbleibens kann auf die Strafe noch einmal erkannt werden.

Die Verurteilung zu Strafe und Kosten unterbleibt, wenn das Ausbleiben des Zeugen genügend entschuldigt ist. Wird der Zeuge nachträglich genügend entschuldigt, so werden die getroffenen Anordnungen wieder aufgehoben.

Die Befugnis zu diesen Maßregeln steht auch dem Untersuchungsrichter, dem Amtsrichter im Vorverfahren sowie dem beauftragten und ersuchten Richter zu.

§ 52. Zur Verweigerung des Zeugnisses sind berechtigt:

1. der Verlobte des Beschuldigten;
2. der Ehegatte des Beschuldigten, auch wenn die Ehe nicht mehr besteht;
3. wer mit dem Beschuldigten in gerader Linie verwandt, verschwägert oder durch Annahme an Kindes Statt verbunden oder in der Seitenlinie bis zum dritten Grade verwandt oder bis zum zweiten Grade verschwägert ist, auch wenn die Ehe, durch welche die Schwägerschaft begründet ist, nicht mehr besteht.

Die bezeichneten Personen sind vor jeder Vernehmung über ihr Recht zur Verweigerung des Zeugnisses zu belehren. Sie können den Verzicht auf dieses Recht auch während der Vernehmung widerrufen.

§ 53. Zur Verweigerung des Zeugnisses sind ferner berechtigt:

1. Geistliche über das, was ihnen bei Ausübung der Seelsorge anvertraut ist;
2. Verteidiger des Beschuldigten über das, was ihnen in dieser Eigenschaft anvertraut ist;
3. Rechtsanwälte und Ärzte über das, was ihnen bei Ausübung ihres Berufs anvertraut ist;
4. Redakteure, Verleger und Drucker einer periodischen Druckschrift sowie die bei der technischen Herstellung der Druckschrift beschäftigten Personen über die Person des Verfassers oder Einsenders einer Veröffentlichung strafbaren Inhalts, wenn ein Redakteur der Druckschrift wegen dieser Veröffentlichung bestraft ist oder seiner Bestrafung kein rechtliches Hindernis entgegensteht.

Die unter Nr. 2 und 3 bezeichneten Personen dürfen das Zeugnis nicht verweigern, wenn sie von der Verpflichtung zur Verschwiegenheit entbunden sind.

§ 54. Für die Vernehmung von Richtern, Beamten und anderen Personen des öffentlichen Dienstes als Zeugen über Umstände, auf die sich ihre Pflicht zur Amtsverschwiegenheit bezieht, und die Genehmigung zur Aussage gelten die besonderen beamtenrechtlichen Vorschriften.

Für die Mitglieder der Bundes- oder einer Landesregierung gelten die für sie maßgebenden besonderen Vorschriften.

Der Bundespräsident kann das Zeugnis verweigern, wenn die Ablegung des Zeugnisses dem Wohl des Bundes oder eines deutschen Landes Nachteile bereiten würde.

Diese Vorschriften gelten auch, wenn die vorgenannten Personen nicht mehr im öffentlichen Dienst sind, soweit es sich um Tatsachen handelt, die sich während ihrer Dienstzeit ereignet haben oder ihnen während ihrer Dienstzeit zur Kenntnis gelangt sind.

§ 55. Jeder Zeuge kann die Auskunft auf solche Fragen verweigern, deren Beantwortung ihm selbst oder einem der im § 52 Abs. 1 bezeichneten Angehörigen die Gefahr strafgerichtlicher Verfolgung zuziehen würde.

Der Zeuge ist über sein Recht zur Verweigerung der Auskunft zu belehren.

§ 56. Die Tatsache, auf die der Zeuge die Verweigerung des Zeugnisses in den Fällen der §§ 52, 53 und 55 stützt, ist auf Verlangen glaubhaft zu machen. Es genügt die eidliche Versicherung des Zeugen.

§ 57. Vor der Vernehmung sind die Zeugen zur Wahrheit zu ermahnen und darauf hinzuweisen, daß sie ihre Aussage zu beeiden haben, wenn keine im Gesetz bestimmte oder zugelassene Ausnahme vorliegt. Hierbei sind sie über die Bedeutung des Eides und die strafrechtlichen Folgen einer unrichtigen oder unvollständigen Aussage zu belehren.

§ 58. Die Zeugen sind einzeln und in Abwesenheit der später abzuhörenden Zeugen zu vernehmen.

Eine Gegenüberstellung mit anderen Zeugen oder mit dem Beschuldigten im Vorverfahren ist zulässig, wenn es für das weitere Verfahren geboten erscheint.

§ 59. Die Zeugen sind einzeln und nach ihrer Vernehmung zu vereidigen. Die Vereidigung erfolgt, soweit nicht anderes bestimmt ist, in der Hauptverhandlung.

§ 60. Von der Vereidigung ist abzusehen:

1. bei Personen, die zur Zeit der Vernehmung das sechzehnte Lebensjahr noch nicht vollendet haben oder die wegen mangelnder Verstandesreife oder wegen Verstandesschwäche vom Wesen und der Bedeutung des Eides keine genügende Vorstellung haben;
2. bei Personen, die nach den Vorschriften der Strafgesetze unfähig sind, als Zeugen eidlich vernommen zu werden;
3. bei Personen, die der Tat, welche den Gegenstand der Untersuchung bildet, oder der Beteiligung an ihr oder der Begünstigung oder Hehlerei verdächtig oder deswegen bereits verurteilt sind.

§ 61. Von der Vereidigung kann nach dem Ermessen des Gerichts abgesehen werden:

1. bei Personen, die zur Zeit der Vernehmung das sechzehnte, aber noch nicht das achtzehnte Lebensjahr vollendet haben;
2. beim Verletzten sowie bei Personen, die im Sinne des § 52 Abs. 1 Angehörige des Verletzten oder des Beschuldigten sind;
3. wenn das Gericht der Aussage keine wesentliche Bedeutung beimißt und nach seiner Überzeugung auch unter Eid keine wesentliche Aussage zu erwarten ist.

§ 62. Im Verfahren wegen einer Übertretung und im Privatklageverfahren werden Zeugen nur vereidigt, wenn es das Gericht wegen der ausschlaggebenden Bedeutung der Aussage oder zur Herbeiführung einer wahren Aussage für notwendig hält.

§ 63. Die in § 52 Abs. 1 bezeichneten Angehörigen des Beschuldigten haben das Recht, die Beeidigung des Zeugnisses zu verweigern; darüber sind sie zu belehren.

§ 64. Unterbleibt die Vereidigung eines Zeugen, so ist der Grund dafür im Protokoll anzugeben.

§ 65. Im vorbereitenden Verfahren ist die Vereidigung nur zulässig, wenn Gefahr im Verzug ist, oder wenn der Eid als Mittel zur Herbeiführung einer wahren Aussage über einen für das weitere Verfahren erheblichen Punkt erforderlich erscheint.

Im vorbereitenden Verfahren wegen einer Übertretung ist die Vereidigung unzulässig.

§ 66. In der Voruntersuchung ist die Vereidigung nur zulässig, wenn
1. Gefahr im Verzug ist oder
2. der Eid als Mittel zur Herbeiführung einer wahren Aussage über einen für das weitere Verfahren erheblichen Punkt erforderlich erscheint oder
3. der Zeuge voraussichtlich am Erscheinen in der Hauptverhandlung verhindert sein wird oder
4. dem Zeugen das Erscheinen in der Hauptverhandlung wegen großer Entfernung nicht zugemutet werden kann.

§ 66a. Wird ein Zeuge außerhalb der Hauptverhandlung vereidigt, so ist der Grund der Vereidigung im Protokoll anzugeben.

§ 66b. Wird ein Zeuge durch einen beauftragten oder ersuchten Richter vernommen, so entscheidet zunächst dieser über die Vereidigung.

Die Vereidigung muß, soweit sie zulässig ist, erfolgen, wenn es in dem Auftrag oder in dem Ersuchen des Gerichts verlangt wird. Der vernehmende Richter kann die Vereidigung aussetzen und einer neuen Entschließung des beauftragenden oder ersuchenden Gerichts vorbehalten, wenn bei der Vernehmung Tatsachen hervortreten, die zu uneidlicher Vernehmung berechtigen würden. Diese Tatsachen sind in das Protokoll aufzunehmen.

Die Vereidigung darf nicht erfolgen, wenn die uneidliche Vernehmung verlangt wird.

§ 66c. Die Vereidigung erfolgt in der Weise, daß der Richter an den Zeugen die Worte richtet:

„Sie schwören bei Gott dem Allmächtigen und Allwissenden, daß Sie nach bestem Wissen die reine Wahrheit gesagt und nichts verschwiegen haben"

und der Zeuge hierauf die Worte spricht:

„Ich schwöre es, so wahr mir Gott helfe".

Der Eid kann auch ohne religiöse Beteuerung geleistet werden.

Der Schwörende soll bei der Eidesleistung die rechte Hand erheben.

§ 66d. Stumme leisten den Eid in der Weise, daß sie die Worte:

„Ich schwöre bei Gott dem Allmächtigen und Allwissenden, daß ich nach bestem Wissen die reine Wahrheit gesagt und nichts verschwiegen habe" niederschreiben und unterschreiben. Stumme, die nicht schreiben können, leisten den Eid mit Hilfe eines Dolmetschers durch Zeichen.

Die Vorschrift des § 66c Abs. 2 gilt entsprechend.

§ 66e. Gibt ein Zeuge an, daß er Mitglied einer Religionsgesellschaft sei, der das Gesetz den Gebrauch gewisser Beteuerungsformeln an Stelle des Eides gestattet, so steht eine unter der Beteuerungsformel dieser Religionsgesellschaft abgegebene Erklärung der Eidesleistung gleich.

§ 67. Wird der Zeuge, nachdem er eidlich vernommen worden ist, in demselben Vorverfahren oder in demselben Hauptverfahren nochmals vernommen, so kann der Richter statt der nochmaligen Vereidigung den Zeugen die Richtigkeit seiner Aussage unter Berufung auf den früher geleisteten Eid versichern lassen.

§ 68. Die Vernehmung beginnt damit, daß der Zeuge über Vornamen und Zunamen, Alter, Stand oder Gewerbe und Wohnort befragt wird. Erforderlichenfalls sind dem Zeugen Fragen über solche Umstände, die seine Glaubwürdigkeit in der vorliegenden Sache betreffen, insbesondere über seine Beziehungen zu dem Beschuldigten oder dem Verletzten, vorzulegen.

§ 68a. Fragen nach Tatsachen, die dem Zeugen oder einer Person, die im Sinne des § 52 Abs. 1 sein Angehöriger ist, zur Unehre gereichen können, sollen nur gestellt werden, wenn es unerläßlich ist.

Der Zeuge soll nach Vorstrafen nur gefragt werden, wenn ihre Feststellung notwendig ist, um über das Vorliegen der Voraussetzungen des § 60 Nr. 2 oder 3 zu entscheiden oder um seine Glaubwürdigkeit zu beurteilen.

§ 69. Der Zeuge ist zu veranlassen, das, was ihm von dem Gegenstand seiner Vernehmung bekannt ist, im Zusammenhang anzugeben. Vor seiner Vernehmung ist dem Zeugen der Gegenstand der Untersuchung und die Person des Beschuldigten, sofern ein solcher vorhanden ist, zu bezeichnen.

Zur Aufklärung und zur Vervollständigung der Aussage sowie zur Erforschung des Grundes, auf dem das Wissen des Zeugen beruht, sind nötigenfalls weitere Fragen zu stellen.

Die Vorschrift des § 136a gilt für die Vernehmung des Zeugen entsprechend.

§ 70. Wird das Zeugnis oder die Eidesleistung ohne gesetzlichen Grund verweigert, so ist der Zeuge in die durch die Weigerung verursachten Kosten sowie zu einer Ordnungsstrafe in Geld und für den Fall, daß diese nicht beigetrieben werden kann, zur Strafe der Haft bis zu sechs Wochen zu verurteilen.

Auch kann zur Erzwingung des Zeugnisses die Haft angeordnet werden, jedoch nicht über die Zeit der Beendigung des Verfahrens in dem Rechtszug, auch nicht über die Zeit von sechs Monaten, und bei Übertretungen nicht über die Zeit von sechs Wochen hinaus.

Die Befugnis zu diesen Maßregeln steht auch dem Untersuchungsrichter, dem Amtsrichter im Vorverfahren sowie dem beauftragten und ersuchten Richter zu.

Sind die Maßregeln erschöpft, so können sie in demselben oder in einem anderen Verfahren, das dieselbe Tat zum Gegenstand hat, nicht wiederholt werden.

§ 71. Jeder von dem Richter oder der Staatsanwaltschaft geladene Zeuge hat nach Maßgabe der Gebührenordnung Anspruch auf Entschädigung aus der Staatskasse für Zeitversäumnis und, wenn sein Erscheinen eine Reise erforderlich macht, auf Erstattung der Kosten, die durch die Reise und den Aufenthalt am Ort der Vernehmung verursacht werden.

Siebenter Abschnitt

Sachverständige und Augenschein

§ 72. Auf Sachverständige ist der sechste Abschnitt über Zeugen entsprechend anzuwenden, soweit nicht in den nachfolgenden Paragraphen abweichende Vorschriften getroffen sind.

§ 73. Die Auswahl der zuzuziehenden Sachverständigen und die Bestimmung ihrer Anzahl erfolgt durch den Richter.

Sind für gewisse Arten von Gutachten Sachverständige öffentlich bestellt, so sollen andere Personen nur dann gewählt werden, wenn besondere Umstände es fordern.

§ 74. Ein Sachverständiger kann aus denselben Gründen, die zur Ablehnung eines Richters berechtigen, abgelehnt werden. Ein Ablehnungsgrund kann jedoch nicht daraus entnommen werden, daß der Sachverständige als Zeuge vernommen worden ist.

Das Ablehnungsrecht steht der Staatsanwaltschaft, dem Privatkläger und dem Beschuldigten zu. Die ernannten Sachverständigen sind den zur Ablehnung Berechtigten namhaft zu machen, wenn nicht besondere Umstände entgegenstehen.

Der Ablehnungsgrund ist glaubhaft zu machen; der Eid ist als Mittel der Glaubhaftmachung ausgeschlossen.

§ 75. Der zum Sachverständigen Ernannte hat der Ernennung Folge zu leisten, wenn er zur Erstattung von Gutachten der erforderten Art öffentlich bestellt ist, oder wenn er die Wissenschaft, die Kunst oder das Gewerbe, deren

Kenntnis Voraussetzung der Begutachtung ist, öffentlich zum Erwerb ausübt, oder wenn er zu ihrer Ausübung öffentlich bestellt oder ermächtigt ist.

Zur Erstattung des Gutachtens ist auch der verpflichtet, welcher sich hierzu vor Gericht bereit erklärt hat.

§ 76. Dieselben Gründe, die einen Zeugen berechtigen, das Zeugnis zu verweigern, berechtigen einen Sachverständigen zur Verweigerung des Gutachtens. Auch aus anderen Gründen kann ein Sachverständiger von der Verpflichtung zur Erstattung des Gutachtens entbunden werden.

Für die Vernehmung von Richtern, Beamten und anderen Personen des öffentlichen Dienstes als Sachverständige gelten die besonderen beamtenrechtlichen Vorschriften. Für die Mitglieder der Bundes- oder einer Landesregierung gelten die für sie maßgebenden besonderen Vorschriften.

§ 77. Im Falle des Nichterscheinens oder der Weigerung eines zur Erstattung des Gutachtens verpflichteten Sachverständigen wird dieser zum Ersatz der Kosten und zu einer Ordnungsstrafe in Geld verurteilt. Im Falle wiederholten Ungehorsams kann neben der Verurteilung in die Kosten noch einmal auf eine Ordnungsstrafe erkannt werden.

§ 78. Der Richter hat, soweit ihm dies erforderlich erscheint, die Tätigkeit der Sachverständigen zu leiten.

§ 79. Der Sachverständige kann nach dem Ermessen des Gerichts vereidigt werden. Auf Antrag der Staatsanwaltschaft, des Angeklagten oder des Verteidigers ist er zu vereidigen.

Der Eid ist nach Erstattung des Gutachtens zu leisten; er geht dahin, daß der Sachverständige das Gutachten unparteiisch und nach bestem Wissen und Gewissen erstattet habe.

Ist der Sachverständige für die Erstattung von Gutachten der betreffenden Art im allgemeinen vereidigt, so genügt die Berufung auf den geleisteten Eid.

§ 80. Dem Sachverständigen kann auf sein Verlangen zur Vorbereitung des Gutachtens durch Vernehmung von Zeugen oder des Beschuldigten weitere Aufklärung verschafft werden.

Zu demselben Zweck kann ihm gestattet werden, die Akten einzusehen, der Vernehmung von Zeugen oder des Beschuldigten beizuwohnen und an sie unmittelbar Fragen zu stellen.

§ 80a. Ist damit zu rechnen, daß die Unterbringung des Beschuldigten in einer Heil- oder Pflegeanstalt, einer Trinkerheilanstalt oder einer Entziehungsanstalt angeordnet werden wird, so soll schon im Vorverfahren einem Sachverständigen Gelegenheit zur Vorbereitung des in der Hauptverhandlung zu erstattenden Gutachtens gegeben werden.

§ 81. Zur Vorbereitung eines Gutachtens über den Geisteszustand des Beschuldigten kann das Gericht nach Anhörung eines Sachverständigen und des

Verteidigers anordnen, daß der Beschuldigte in eine öffentliche Heil- oder Pflegeanstalt gebracht und dort beobachtet wird. Im vorbereitenden Verfahren entscheidet das Gericht, das für die Eröffnung des Hauptverfahrens zuständig wäre.

Dem Beschuldigten, der keinen Verteidiger hat, ist ein solcher zu bestellen.

Gegen den Beschluß ist sofortige Beschwerde zulässig. Sie hat aufschiebende Wirkung.

Die Verwahrung in der Anstalt darf die Dauer von sechs Wochen nicht überschreiten.

§ 81a. Eine körperliche Untersuchung des Beschuldigten darf zur Feststellung von Tatsachen angeordnet werden, die für das Verfahren von Bedeutung sind. Zu diesem Zweck sind körperliche Eingriffe, die von einem Arzt nach den Regeln der ärztlichen Kunst zu Untersuchungszwecken vorgenommen werden, sowie die Entnahme von Blutproben ohne Einwilligung des Beschuldigten zulässig, wenn kein Nachteil für seine Gesundheit zu besorgen ist.

Die Anordnung steht dem Richter, bei Gefährdung des Untersuchungserfolges durch Verzögerung auch der Staatsanwaltschaft und ihren Hilfsbeamten (§ 152 des Gerichtsverfassungsgesetzes) zu.

§ 81b. Soweit es für die Zwecke der Durchführung des Strafverfahrens oder für die Zwecke des Erkennungsdienstes notwendig ist, dürfen Lichtbilder und Fingerabdrücke des Beschuldigten auch gegen seinen Willen aufgenommen und Messungen und ähnliche Maßnahmen an ihm vorgenommen werden.

§ 81c. Andere Personen als Beschuldigte dürfen, wenn sie als Zeugen in Betracht kommen, ohne ihre Einwilligung nur untersucht werden, soweit zur Erforschung der Wahrheit festgestellt werden muß, ob sich an ihrem Körper eine bestimmte Spur oder Folge einer strafbaren Handlung befindet. Die Untersuchung kann aus den gleichen Gründen wie das Zeugnis verweigert werden. Die Untersuchung ist unzulässig, wenn sie dem Betroffenen bei Würdigung aller Umstände nicht zugemutet werden kann.

Zu dem in Abs. 1 bezeichneten Zweck ist die Entnahme von Blutproben ohne Einwilligung des zu Untersuchenden zulässig, wenn kein Nachteil für seine Gesundheit zu besorgen und der Eingriff zur Erforschung der Wahrheit unerläßlich ist.

Die Anordnung steht dem Richter, bei Gefährdung des Untersuchungserfolges durch Verzögerung auch der Staatsanwaltschaft und ihren Hilfsbeamten (§ 152 des Gerichtsverfassungsgesetzes) zu.

Bei Weigerung des Betroffenen gilt die Vorschrift des § 70 entsprechend. Unmittelbarer Zwang darf nur auf besondere Anordnung des Richters angewandt werden. Die Anordnung setzt voraus, daß derBetroffene trotz Auferlegung einer Ordnungsstrafe bei der Weigerung beharrt oder daß Gefahr im Verzug ist.

§ 81d. Kann die körperliche Untersuchung einer Frau das Schamgefühl verletzen, so wird sie einer Frau oder einem Arzt übertragen. Auf Verlangen der zu untersuchenden Frau soll eine andere Frau oder ein Angehöriger zugelassen werden.

Diese Vorschriften gelten auch dann, wenn die zu untersuchende Frau in die Untersuchung einwilligt.

§ 82. Im Vorverfahren hängt es von der Anordnung des Richters ab, ob die Sachverständigen ihr Gutachten schriftlich oder mündlich zu erstatten haben.

§ 83. Der Richter kann eine neue Begutachtung durch dieselben oder durch andere Sachverständige anordnen, wenn er das Gutachten für ungenügend erachtet.

Der Richter kann die Begutachtung durch einen anderen Sachverständigen anordnen, wenn ein Sachverständiger nach Erstattung des Gutachtens mit Erfolg abgelehnt ist.

In wichtigeren Fällen kann das Gutachten einer Fachbehörde eingeholt werden.

§ 84. Der Sachverständige hat nach Maßgabe der Gebührenordnung Anspruch auf Entschädigung für Zeitversäumnis, auf Erstattung der ihm verursachten Kosten und außerdem auf angemessene Vergütung für seine Mühewaltung.

§ 85. Soweit zum Beweis vergangener Tatsachen oder Zustände, zu deren Wahrnehmung eine besondere Sachkunde erforderlich war, sachkundige Personen zu vernehmen sind, gelten die Vorschriften über den Zeugenbeweis.

§ 86. Findet die Einnahme eines richterlichen Augenscheins statt, so ist im Protokoll der vorgefundene Sachbestand festzustellen und darüber Auskunft zu geben, welche Spuren oder Merkmale, deren Vorhandensein nach der besonderen Beschaffenheit des Falles vermutet werden konnte, gefehlt haben.

§ 87. Die richterliche Leichenschau wird unter Zuziehung eines Arztes, die Leichenöffnung im Beisein des Richters von zwei Ärzten, unter denen sich ein Gerichtsarzt befinden muß, vorgenommen. Dem Arzt, welcher den Verstorbenen in der dem Tode unmittelbar vorausgegangenen Krankheit behandelt hat, ist die Leichenöffnung nicht zu übertragen. Er kann jedoch aufgefordert werden, der Leichenöffnung beizuwohnen, um aus der Krankheitsgeschichte Aufschlüsse zu geben.

Die Zuziehung eines Arztes kann bei der Leichenschau unterbleiben, wenn sie nach dem Ermessen des Richters entbehrlich ist.

Zur Besichtigung oder Öffnung einer schon beerdigten Leiche ist ihre Ausgrabung statthaft.

§ 88. Vor der Leichenöffnung ist, wenn nicht besondere Hindernisse entgegenstehen, die Persönlichkeit des Verstorbenen, insbesondere durch Befragung von Personen, die den Verstorbenen gekannt haben, festzustellen.

Ist ein Beschuldigter vorhanden, so ist ihm die Leiche zur Anerkennung vorzuzeigen.

§ 89. Die Leichenöffnung muß sich, soweit der Zustand der Leiche dies gestattet, stets auf die Öffnung der Kopf-, Brust- und Bauchhöhle erstrecken.

§ 90. Bei Öffnung der Leiche eines neugeborenen Kindes ist die Untersuchung insbesondere auch darauf zu richten, ob es nach oder während der Geburt gelebt hat, und ob es reif oder wenigstens fähig gewesen ist, das Leben außerhalb des Mutterleibes fortzusetzen.

§ 91. Liegt der Verdacht einer Vergiftung vor, so ist die Untersuchung der in der Leiche oder sonst gefundenen verdächtigen Stoffe durch einen Chemiker oder durch eine für solche Untersuchungen bestehende Fachbehörde vorzunehmen.

Der Richter kann anordnen, daß diese Untersuchung unter Mitwirkung oder Leitung eines Arztes stattzufinden hat.

§ 92. Bei Münzverbrechen und Münzvergehen sind die Münzen oder Papiere erforderlichenfalls der Behörde vorzulegen, von der echte Münzen oder Papiere dieser Art in Umlauf gesetzt werden. Das Gutachten dieser Behörde ist über die Unechtheit oder Verfälschung sowie darüber einzuholen, in welcher Art die Fälschung mutmaßlich begangen worden ist.

Handelt es sich um ausländische Münzen oder Papiere, so kann an Stelle des Gutachtens der ausländischen Behörde das einer deutschen erfordert werden.

§ 93. Zur Ermittlung der Echtheit oder Unechtheit eines Schriftstücks sowie zur Ermittlung seines Urhebers kann eine Schriftvergleichung unter Zuziehung von Sachverständigen vorgenommen werden.

Achter Abschnitt

Beschlagnahme und Durchsuchung

§ 94. Gegenstände, die als Beweismittel für die Untersuchung von Bedeutung sein können oder der Einziehung unterliegen, sind in Verwahrung zu nehmen oder in anderer Weise sicherzustellen.

Befinden sich die Gegenstände in dem Gewahrsam einer Person und werden sie nicht freiwillig herausgegeben, so bedarf es der Beschlagnahme.

§ 95. Wer einen Gegenstand der vorbezeichneten Art in seinem Gewahrsam hat, ist verpflichtet, ihn auf Erfordern vorzulegen und auszuliefern.

Er kann im Falle der Weigerung durch die im § 70 bestimmten Zwangsmittel hierzu angehalten werden. Gegen Personen, die zur Verweigerung des Zeugnisses berechtigt sind, werden diese Zwangsmittel nicht angewandt.

§ 96. Die Vorlegung oder Auslieferung von Akten oder anderen in amtlicher Verwahrung befindlichen Schriftstücken durch Behörden und öffentliche Beamte darf nicht gefordert werden, wenn deren oberste Dienstbehörde erklärt, daß das Bekanntwerden des Inhalts dieser Akten oder Schriftstücke dem Wohl des Bundes oder eines deutschen Landes Nachteile bereiten würde.

§ 97. Schriftliche Mitteilungen zwischen dem Beschuldigten und den Personen, die wegen ihres Verhältnisses zu ihm nach den §§ 52 oder 53 zur Verweigerung des Zeugnisses berechtigt sind, unterliegen der Beschlagnahme nicht, falls sie sich in den Händen der letzteren Personen befinden und diese nicht einer Teilnahme, Begünstigung oder Hehlerei verdächtigt sind.

§ 98. Beschlagnahmen dürfen nur durch den Richter, bei Gefahr im Verzug auch durch die Staatsanwaltschaft und ihre Hilfsbeamten (§ 152 des Gerichtsverfassungsgesetzes) angeordnet werden.

Der Beamte, der einen Gegenstand ohne richterliche Anordnung beschlagnahmt hat, soll binnen drei Tagen die richterliche Bestätigung nachsuchen, wenn bei der Beschlagnahme weder der davon Betroffene noch ein erwachsener Angehöriger anwesend war, oder wenn der Betroffene und im Falle seiner Abwesenheit ein erwachsener Angehöriger des Betroffenen gegen die Beschlagnahme ausdrücklichen Widerspruch erhoben hat. Der Betroffene kann jederzeit die richterliche Entscheidung nachsuchen. Solange die öffentliche Klage noch nicht erhoben ist, entscheidet der Amtsrichter, in dessen Bezirk die Beschlagnahme stattgefunden hat.

Ist nach erhobener öffentlicher Klage die Beschlagnahme durch die Staatsanwaltschaft oder einen ihrer Hilfsbeamten erfolgt, so ist binnen drei Tagen dem Richter von der Beschlagnahme Anzeige zu machen; die beschlagnahmten Gegenstände sind ihm zur Verfügung zu stellen.

§ 99. Zulässig ist die Beschlagnahme der an den Beschuldigten gerichteten Briefe und Sendungen auf der Post sowie der an ihn gerichteten Telegramme auf den Telegraphenanstalten; ebenso ist zulässig an den bezeichneten Orten die Beschlagnahme solcher Briefe, Sendungen und Telegramme, bei denen Tatsachen vorliegen, aus welchen zu schließen ist, daß sie von dem Beschuldigten herrühren oder für ihn bestimmt sind, und daß ihr Inhalt für die Untersuchung Bedeutung hat.

§ 100. Zu der Beschlagnahme (§ 99) ist nur der Richter, bei Gefahr im Verzug und, wenn die Untersuchung nicht nur eine Übertretung betrifft, auch die Staatsanwaltschaft befugt. Die letztere muß jedoch den ihr ausgelieferten Gegenstand sofort, und zwar Briefe und andere Postsendungen uneröffnet, dem Richter vorlegen.

Die von der Staatsanwaltschaft verfügte Beschlagnahme tritt, auch wenn sie eine Auslieferung noch nicht zur Folge gehabt hat, außer Kraft, wenn sie nicht binnen drei Tagen von dem Richter bestätigt wird.

Über eine von der Staatsanwaltschaft verfügte Beschlagnahme sowie über die Eröffnung eines ausgelieferten Briefes oder einer anderen Postsendung entscheidet der zuständige Richter (§ 98).

§ 101. Von den getroffenen Maßregeln (§§ 99, 100) sind die Beteiligten zu benachrichtigen, sobald dies ohne Gefährdung des Untersuchungszwecks geschehen kann.

Sendungen, deren Eröffnung nicht angeordnet worden ist, sind dem Beteiligten sofort auszuhändigen. Dasselbe gilt, soweit nach der Eröffnung die Zurückbehaltung nicht erforderlich ist.

Der Teil eines zurückbehaltenen Briefes, dessen Vorenthaltung nicht durch die Rücksicht auf die Untersuchung geboten erscheint, ist dem Empfangsberechtigten abschriftlich mitzuteilen.

§ 102. Bei dem, welcher als Täter oder Teilnehmer einer strafbaren Handlung oder als Begünstiger oder Hehler verdächtig ist, kann eine Durchsuchung der Wohnung und anderer Räume sowie seiner Person und der ihm gehörigen Sachen sowohl zum Zweck seiner Ergreifung als auch dann vorgenommen werden, wenn zu vermuten ist, daß die Durchsuchung zur Auffindung von Beweismitteln führen werde.

§ 103. Bei anderen Personen sind Durchsuchungen nur zur Ergreifung des Beschuldigten oder zur Verfolgung von Spuren einer strafbaren Handlung oder zur Beschlagnahme bestimmter Gegenstände und nur dann zulässig, wenn Tatsachen vorliegen, aus denen zu schließen ist, daß die gesuchte Person, Spur oder Sache sich in den zu durchsuchenden Räumen befindet.

Diese Beschränkung gilt nicht für Räume, in denen der Beschuldigte ergriffen worden ist, oder die er während der Verfolgung betreten hat, oder in denen eine unter Polizeiaufsicht stehende Person wohnt oder sich aufhält.

§ 104. Zur Nachtzeit dürfen die Wohnung, die Geschäftsräume und das befriedete Besitztum nur bei Verfolgung auf frischer Tat. oder bei Gefahr im Verzug, oder dann durchsucht werden, wenn es sich um die Wiederergreifung eines entwichenen Gefangenen handelt.

Diese Beschränkung gilt nicht für Wohnungen von Personen, die unter Polizeiaufsicht stehen, sowie für Räume, die zur Nachtzeit jedermann zugänglich, oder die der Polizei als Herbergen oder Versammlungsorte bestrafter Personen, als Niederlagen von Sachen, die mittels strafbarer Handlungen erlangt sind, oder als Schlupfwinkel des Glücksspiels oder gewerbsmäßiger Unzucht bekannt sind.

Die Nachtzeit umfaßt in dem Zeitraum vom ersten April bis dreißigsten September die Stunden von neun Uhr abends bis vier Uhr morgens und in dem Zeitraum vom ersten Oktober bis einunddreißigsten März die Stunden von neun Uhr abends bis sechs Uhr morgens.

§ 105. Durchsuchungen dürfen nur durch den Richter, bei Gefahr im Verzug auch durch die Staatsanwaltschaft und ihre Hilfsbeamten (§ 152 des Gerichtsverfassungsgesetzes) angeordnet werden.

Wenn eine Durchsuchung der Wohnung, der Geschäftsräume oder des befriedeten Besitztums ohne Beisein des Richters oder des Staatsanwalts stattfindet, so sind, wenn dies möglich, ein Gemeindebeamter oder zwei Mitglieder der Gemeinde, in deren Bezirk die Durchsuchung erfolgt, zuzuziehen. Die als Gemeindemitglieder zugezogenen Personen dürfen nicht Polizeibeamte oder Hilfsbeamte der Staatsanwaltschaft sein.

Die in den vorstehenden Absätzen angeordneten Beschränkungen der Durchsuchung gelten nicht für die im § 104 Abs. 2 bezeichneten Wohnungen und Räume.

§ 106. Der Inhaber der zu durchsuchenden Räume oder Gegenstände darf der Durchsuchung beiwohnen. Ist er abwesend, so ist, wenn dies möglich, sein Vertreter oder ein erwachsener Angehöriger, Hausgenosse oder Nachbar zuzuziehen.

Dem Inhaber oder der in dessen Abwesenheit zugezogenen Person ist in den Fällen des § 103 Abs. 1 der Zweck der Durchsuchung vor deren Beginn bekanntzumachen. Diese Vorschrift gilt nicht für die Inhaber der im § 104 Abs. 2 bezeichneten Räume.

§ 107. Dem von der Durchsuchung Betroffenen ist nach deren Beendigung auf Verlangen eine schriftliche Mitteilung zu machen, die den Grund der Durchsuchung (§§ 102, 103) sowie im Falle des § 102 die strafbare Handlung bezeichnen muß. Auch ist ihm auf Verlangen ein Verzeichnis der in Verwahrung oder in Beschlag genommenen Gegenstände, falls aber nichts Verdächtiges gefunden wird, eine Bescheinigung hierüber zu geben.

§ 108. Werden bei Gelegenheit einer Durchsuchung Gegenstände gefunden, die zwar in keiner Beziehung zu der Untersuchung stehen, aber auf die Verübung einer anderen strafbaren Handlung hindeuten, so sind sie einstweilen in Beschlag zu nehmen. Der Staatsanwaltschaft ist hiervon Kenntnis zu geben.

§ 109. Die in Verwahrung oder in Beschlag genommenen Gegenstände sind genau zu verzeichnen und zur Verhütung von Verwechselungen durch amtliche Siegel oder in sonst geeigneter Weise kenntlich zu machen.

§ 110. Eine Durchsicht der Papiere des von der Durchsuchung Betroffenen steht nur dem Richter zu.

Andere Beamte sind zur Durchsicht der aufgefundenen Papiere nur dann befugt, wenn der Inhaber die Durchsicht genehmigt. Anderenfalls haben sie die Papiere, deren Durchsicht sie für geboten erachten, in einem Umschlag, der in Gegenwart des Inhabers mit dem Amtssiegel zu verschließen ist, an den Richter abzuliefern.

Dem Inhaber der Papiere oder dessen Vertreter ist die Beidrückung seines Siegels gestattet; auch ist er, falls demnächst die Entsiegelung und Durchsicht der Papiere angeordnet wird, wenn möglich, zur Teilnahme aufzufordern.

Der Richter hat die zu einer strafbaren Handlung in Beziehung stehenden Papiere der Staatsanwaltschaft mitzuteilen.

§ 111. Gegenstände, die durch die strafbare Handlung dem Verletzten entzogen wurden, sind, falls nicht Ansprüche Dritter entgegenstehen, nach Beendigung der Untersuchung und geeignetenfalls schon vorher von Amts wegen dem Verletzten zurückzugeben, ohne daß es eines Urteils hierüber bedarf.

Dem Beteiligten bleibt vorbehalten, seine Rechte im Zivilverfahren geltend zu machen.

Neunter Abschnitt

Verhaftung und vorläufige Festnahme

§ 112. Gegen den Angeschuldigten darf nur dann Untersuchungshaft angeordnet werden, wenn er der Tat dringend verdächtig ist und wenn

1. er flüchtig ist oder sich verborgen hält, oder wenn bei Würdigung der Umstände des Einzelfalles, insbesondere der Verhältnisse des Angeschuldigten und der Umstände, die einer Flucht entgegenstehen, die Befürchtung begründet ist, daß sich der Angeschuldigte dem Strafverfahren entziehen werde, oder
2. bestimmte Tatsachen vorliegen, welche die Gefahr begründen, daß der Angeschuldigte durch Vernichtung von Spuren der Tat oder von anderen Beweismitteln oder durch Beeinflussung von Zeugen oder Mitschuldigen die Ermittlung der Wahrheit erschweren werde.

Die Tatsachen, die den Fluchtverdacht oder die Verdunkelungsgefahr begründen, sind aktenkundig zu machen. Der Verdacht der Flucht bedarf keiner weiteren Begründung, wenn

1. ein Verbrechen den Gegenstand der Untersuchung bildet oder
2. der Angeschuldigte im Geltungsbereich dieses Bundesgesetzes keinen festen Wohnsitz oder Aufenthalt hat, insbesondere wenn er ein Landstreicher ist, oder wenn er sich über seine Person nicht ausweisen kann.

§ 113. Ist die Tat nur mit Haft oder mit Geldstrafe bedroht, so darf die Untersuchungshaft nur wegen Verdachts der Flucht und nur dann verhängt werden, wenn der Angeschuldigte zu den im § 112 Abs. 2 Nr. 2 bezeichneten Personen gehört, oder wenn er unter Polizeiaufsicht steht, oder wenn es sich um eine Übertretung handelt, wegen deren die Unterbringung in einem Arbeitshaus angeordnet werden kann.

§ 114. Die Verhaftung erfolgt auf Grund eines schriftlichen Haftbefehls des Richters.

In dem Haftbefehl ist der Angeschuldigte genau zu bezeichnen und die ihm zur Last gelegte strafbare Handlung sowie der Grund der Verhaftung anzugeben.

Der Haftbefehl ist dem Angeschuldigten, wenn möglich, bei der Verhaftung bekanntzumachen. Geschieht dies durch Verkündung, so ist der Angeschuldigte darauf hinzuweisen, daß ihm auf Verlangen eine Abschrift erteilt wird. Ist die Bekanntmachung bei der Verhaftung nicht erfolgt, so ist dem Angeschuldigten vorläufig mitzuteilen, welcher strafbaren Handlung er verdächtig ist. Die Bekanntmachung ist in diesem Falle unverzüglich nachzuholen.

§ 114a. Von der Verhaftung und jeder weiteren Entscheidung über die Fortdauer der Haft ist von Amts wegen unverzüglich ein Angehöriger des Verhafteten oder eine Person seines Vertrauens zu benachrichtigen.

Außerdem ist dem Verhafteten selbst Gelegenheit zu geben, einen Angehörigen oder eine Person seines Vertrauens von der Verhaftung zu benachrichtigen, sofern der Zweck der Untersuchung dadurch nicht gefährdet wird.

§ 114b. Wird der Angeschuldigte auf Grund des Haftbefehls ergriffen, so ist er unverzüglich, spätestens am Tage nach der Ergreifung, dem zuständigen Richter vorzuführen.

Der Richter hat den Angeschuldigten unverzüglich, spätestens am nächsten Tage, über den Gegenstand der Beschuldigung zu vernehmen.

Bei der Vernehmung ist der Angeschuldigte auf die ihn belastenden Umstände hinzuweisen. Die Vernehmung soll ihm Gelegenheit geben, die Verdachtsgründe zu beseitigen und die Tatsachen geltend zu machen, die zu seinen Gunsten sprechen.

§ 114c. Kann der Angeschuldigte nicht spätestens am Tage nach der Ergreifung vor den zuständigen Richter gestellt werden, so ist er auf sein Verlangen unverzüglich, spätestens am Tage nach der Ergreifung, dem nächsten Amtsrichter vorzuführen.

§ 114b Abs. 2 und 3 gilt entsprechend.

Ergibt sich bei der Vernehmung, daß der Haftbefehl aufgehoben oder der Ergriffene nicht die in dem Haftbefehl bezeichnete Person ist, so ist der Ergriffene freizulassen.

§ 114d. Befindet sich der Angeschuldigte auf Grund eines Haftbefehls, der wegen eines Verbrechens oder Vergehens erlassen ist, in Haft, so wird auf seinen Antrag nach mündlicher Verhandlung darüber entschieden, ob der Haftbefehl aufrechtzuerhalten oder aufzuheben, oder ob eine Anordnung gemäß § 117 zu treffen ist.

Der Termin zur mündlichen Verhandlung darf ohne Zustimmung des Angeschuldigten nicht über eine Woche nach dem Eingang des Antrags hinaus anberaumt werden.

Hat bereits eine mündliche Verhandlung nach Abs. 1 oder 2 oder nach § 115a stattgefunden, so entscheidet das Gericht über Anträge auf nochmalige mündliche Verhandlung nach freiem Ermessen.

§ 115. Bei der Bekanntmachung des Haftbefehls ist der Angeschuldigte darauf hinzuweisen, daß er gegen den Haftbefehl Beschwerde einlegen kann. Ist der Haftbefehl wegen eines Verbrechens oder Vergehens erlassen, so ist der Angeschuldigte ferner darauf hinzuweisen, daß er, statt Beschwerde einzulegen, eine mündliche Verhandlung gemäß § 114d beantragen kann.

§ 115a. Solange der Angeschuldigte sich in Untersuchungshaft befindet, hat das Gericht innerhalb bestimmter Fristen von Amts wegen zu prüfen, ob die Haft aufrechtzuerhalten ist (Haftprüfungsverfahren).

Die Prüfung findet zum ersten Male statt, wenn die Untersuchungshaft einen Monat gedauert hat.

Läßt das Gericht den Angeschuldigten nicht frei, so bestimmt es zugleich, wann das Haftprüfungsverfahren zu wiederholen ist; die Frist soll in der Regel mindestens drei Wochen und darf nicht mehr als drei Monate betragen. Dasselbe gilt bei jeder Wiederholung des Haftprüfungsverfahrens.

Auf Antrag des Angeschuldigten wird im Haftprüfungsverfahren nach mündlicher Verhandlung entschieden; auf dieses Recht ist der Angeschuldigte hinzuweisen. Stellt der Angeschuldigte den Antrag nicht, so ist er vor der Entscheidung zu hören; hat er einen Verteidiger, so ist auch der Verteidiger zu hören.

Hatte der Angeschuldigte während des Laufes der im Abs. 2 bestimmten Frist gegen den Haftbefehl Beschwerde erhoben oder gemäß § 114d mündliche Verhandlung beantragt, oder ist gemäß § 207 Abs. 2 die Fortdauer der Untersuchungshaft angeordnet worden, so beginnt die Frist mit der Bekanntmachung der Entscheidung, in der die Haft aufrechterhalten wird, an den Angeschuldigten von neuem zu laufen. Ergeht eine solche Entscheidung während des Laufes einer gemäß Abs. 3 vom Gericht bestimmten Frist, so hat das Gericht eine neue Frist zu bestimmen.

§ 115b. Nach der Eröffnung des Hauptverfahrens findet eine mündliche Verhandlung über den Haftbefehl nicht mehr statt.

§ 115c. Für den Antrag auf mündliche Verhandlung gelten die für Rechtsmittel gegebenen Vorschriften der §§ 297 bis 300 und § 302 Abs. 2 entsprechend.

Neben einem Antrag auf mündliche Verhandlung ist eine Beschwerde über den Haftbefehl nicht zulässig. Eine bereits eingelegte Beschwerde gilt mit der Anberaumung des Termins zur mündlichen Verhandlung als zurückgenommen.

§ 115d. Von Ort und Zeit der mündlichen Verhandlung sind die Staatsanwaltschaft sowie der Angeschuldigte und der Verteidiger zu benachrichtigen.

Der Angeschuldigte ist zu der Verhandlung vorzuführen, es sei denn, daß er auf die Anwesenheit in der Verhandlung verzichtet hat, oder daß der Vorführung weite Entfernung oder Krankheit des Angeschuldigten oder andere nicht zu beseitigende Hindernisse entgegenstehen. Wird der Angeschuldigte zur mündlichen Verhandlung nicht vorgeführt, so muß ein Verteidiger seine Rechte in der Verhandlung wahrnehmen.

Hat bis zum Beginn der mündlichen Verhandlung die Untersuchungshaft des Angeschuldigten seit der Verhaftung drei Monate gedauert, so ist ein Verteidiger zu der Verhandlung auch zuzuziehen, wenn der Angeschuldigte dazu vorgeführt wird.

Hat der Angeschuldigte noch keinen Verteidiger gewählt, so ist ihm ein Verteidiger zu bestellen. Die Vorschriften der §§ 142, 143 und 145 gelten entsprechend.

In der mündlichen Verhandlung sind die anwesenden Beteiligten zu hören. Art und Umfang der Beweisaufnahme bestimmt das Gericht. Über die Verhandlung ist ein Protokoll aufzunehmen; die Vorschriften der §§ 271 bis 273 sind entsprechend anzuwenden.

Die Entscheidung ist am Schluß der mündlichen Verhandlung zu verkünden. Ist dies nicht möglich, so ist die Entscheidung spätestens binnen einer Woche zu erlassen.

§ 116. Der Verhaftete soll, soweit möglich, von anderen gesondert und nicht in demselben Raum mit Strafgefangenen verwahrt werden. Mit seiner Zustimmung kann von dieser Vorschrift abgesehen werden.

Dem Verhafteten dürfen nur solche Beschränkungen auferlegt werden, die zur Sicherung des Zwecks der Haft oder zur Aufrechterhaltung der Ordnung im Gefängnis notwendig sind.

Bequemlichkeiten und Beschäftigungen darf er sich auf seine Kosten verschaffen, soweit sie mit dem Zweck der Haft vereinbar sind und weder die Ordnung im Gefängnis stören noch die Sicherheit gefährden.

Fesseln dürfen im Gefängnis dem Verhafteten nur dann angelegt werden, wenn es wegen besonderer Gefährlichkeit seiner Person, namentlich zur Sicherung anderer, erforderlich erscheint, oder wenn er einen Selbstentleibungs- oder Entweichungsversuch gemacht oder vorbereitet hat. Bei der Hauptverhandlung soll er ungefesselt sein.

Die nach Maßgabe vorstehender Bestimmungen erforderlichen Verfügungen hat der Richter zu treffen. Die in dringenden Fällen von anderen Beamten getroffenen Anordnungen unterliegen der Genehmigung des Richters.

§ 117. Ein Angeschuldigter, dessen Verhaftung lediglich wegen des Verdachts der Flucht angeordnet ist, kann gegen Sicherheitsleistung mit der Untersuchungshaft verschont werden.

§ 118. Die Sicherheitsleistung ist durch Hinterlegung in barem Geld, in Wertpapieren, durch Pfandbestellung oder mittels Bürgschaft geeigneter Personen zu bewirken.

Die Höhe und die Art der zu leistenden Sicherheit wird vom Richter nach freiem Ermessen festgesetzt.

§ 119. Der Angeschuldigte, der seine Freilassung gegen Sicherheitsleistung beantragt, ist, wenn er nicht im Inland wohnt, verpflichtet, eine im Bezirk des zuständigen Gerichts wohnhafte Person zur Empfangnahme von Zustellungen zu bevollmächtigen.

§ 120. Der Sicherheitsleistung ungeachtet ist der Angeschuldigte zur Haft zu bringen, wenn er Anstalten zur Flucht trifft, wenn er auf ergangene Ladung ohne genügende Entschuldigung ausbleibt, oder wenn neu hervorgetretene Umstände seine Verhaftung erforderlich machen.

§ 121. Eine noch nicht verfallene Sicherheit wird frei, wenn der Angeschuldigte zur Haft gebracht, oder wenn der Haftbefehl aufgehoben worden ist, oder wenn der Antritt der erkannten Freiheitsstrafe erfolgt.

Diejenigen, welche für den Angeschuldigten Sicherheit geleistet haben, können ihre Befreiung dadurch herbeiführen, daß sie entweder binnen einer vom Gericht zu bestimmenden Frist die Gestellung des Angeschuldigten bewirken, oder von den Tatsachen, die den Verdacht einer vom Angeschuldigten beabsichtigten Flucht begründen, rechtzeitig dergestalt Anzeige machen, daß die Verhaftung bewirkt werden kann.

§ 122. Eine noch nicht frei gewordene Sicherheit verfällt der Staatskasse, wenn der Angeschuldigte sich der Untersuchung oder dem Antritt der erkannten Freiheitsstrafe entzieht.

Vor der Entscheidung sind der Angeschuldigte sowie die, welche für den Angeschuldigten Sicherheit geleistet haben, zu einer Erklärung aufzufordern. Gegen die Entscheidung steht ihnen nur sofortige Beschwerde zu. Vor der Entscheidung über die Beschwerde ist den Beteiligten und der Staatsanwaltschaft Gelegenheit zur mündlichen Begründung ihrer Anträge sowie zur Erörterung über stattgehabte Ermittlungen zu geben.

Die den Verfall aussprechende Entscheidung hat gegen die, welche für den Angeschuldigten Sicherheit geleistet haben, die Wirkungen eines von dem Zivilrichter erlassenen, für vorläufig vollstreckbar erklärten Endurteils und nach Ablauf der Beschwerdefrist die Wirkungen eines rechtskräftigen Zivilendurteils.

§ 123. Der Haftbefehl ist aufzuheben, wenn der in ihm angegebene Grund der Verhaftung weggefallen ist, oder wenn der Angeschuldigte freigesprochen oder außer Verfolgung gesetzt wird.

Durch Einlegung eines Rechtsmittels darf die Freilassung des Angeschuldigten nicht verzögert werden.

§ 124. Die auf die Untersuchungshaft, einschließlich der Sicherheitsleistung, bezüglichen Entscheidungen werden von dem zuständigen Gericht erlassen.

In der Voruntersuchung ist der Untersuchungsrichter zum Erlaß des Haftbefehls und mit Zustimmung der Staatsanwaltschaft auch zur Aufhebung eines solchen sowie zur Freilassung des Angeschuldigten gegen Sicherheitsleistung befugt. Versagt die Staatsanwaltschaft diese Zustimmung, so hat der Untersuchungsrichter, wenn er die beanstandete Maßregel anordnen will, unverzüglich, spätestens binnen vierundzwanzig Stunden, die Entscheidung des Gerichts nachzusuchen.

Die gleiche Befugnis hat nach Eröffnung des Hauptverfahrens in dringenden Fällen der Vorsitzende des erkennenden Gerichts.

Auch die mündliche Verhandlung über den Haftbefehl (§§ 114d, 115a) findet vor dem zuständigen Gericht statt. In der Voruntersuchung entscheidet im Falle des § 114d der Untersuchungsrichter, ohne an die Stellungnahme der Staatsanwaltschaft gebunden zu sein; in den Fällen des § 115a entscheidet nicht der Untersuchungsrichter, sondern das Gericht.

§ 125. Auch vor Erhebung der öffentlichen Klage kann, wenn ein zum Erlaß eines Haftbefehls berechtigender Grund vorhanden ist, vom Amtsrichter auf Antrag der Staatsanwaltschaft oder bei Gefahr im Verzug von Amts wegen ein Haftbefehl erlassen werden.

Zum Erlaß dieses Haftbefehls und der auf die Untersuchungshaft, einschließlich der Sicherheitsleistung, bezüglichen Entscheidungen ist jeder Amtsrichter befugt, in dessen Bezirk ein Gerichtsstand für die Sache begründet ist oder der zu Verhaftende betroffen wird.

Die Vorschriften der §§ 114 bis 123 gelten entsprechend.

§ 126. Ist die öffentliche Klage noch nicht erhoben, so ist der Haftbefehl aufzuheben, wenn die Staatsanwaltschaft es beantragt. Gleichzeitig mit dem Antrag kann sie anordnen, daß der Beschuldigte freigelassen wird.

§ 126a. Sind dringende Gründe für die Annahme vorhanden, daß jemand eine mit Strafe bedrohte Handlung im Zustand der Zurechnungsunfähigkeit oder der verminderten Zurechnungsfähigkeit begangen hat und daß seine Unterbringung in einer Heil- oder Pflegeanstalt angeordnet werden wird, so kann das Gericht durch Unterbringungsbefehl seine einstweilige Unterbringung anordnen, wenn die öffentliche Sicherheit es fordert. Die Tatsachen, die diese Annahme rechtfertigen, sind aktenkundig zu machen.

Für die einstweilige Unterbringung gelten die §§ 114 bis 116, 124 bis 126 entsprechend. Hat der Unterzubringende einen gesetzlichen Vertreter, so ist der Beschluß auch diesem bekanntzumachen. Die Freilassung gegen Sicherheitsleistung ist unzulässig.

Der Unterbringungsbefehl ist aufzuheben, wenn der in ihm angegebene Grund der Unterbringung weggefallen ist oder wenn das Gericht im Urteil die Unterbringung in einer Heil- oder Pflegeanstalt nicht anordnet. Durch Einlegung eines Rechtsmittels darf die Freilassung nicht verzögert werden.

§ 127. Wird jemand auf frischer Tat betroffen oder verfolgt, so ist, wenn er der Flucht verdächtig ist oder seine Persönlichkeit nicht sofort festgestellt werden kann, jedermann befugt, ihn auch ohne richterlichen Befehl vorläufig festzunehmen.

Die Staatsanwaltschaft und die Polizeibeamten sind bei Gefahr im Verzug auch dann zur vorläufigen Festnahme befugt, wenn die Voraussetzungen eines Haftbefehls oder eines Unterbringungsbefehls vorliegen.

Bei strafbaren Handlungen, deren Verfolgung nur auf Antrag eintritt, ist die vorläufige Festnahme von der Stellung eines solchen Antrags nicht abhängig.

§ 128. Der Festgenommene ist, sofern er nicht wieder in Freiheit gesetzt wird, unverzüglich, spätestens am Tage nach der Festnahme, dem Amtsrichter des Bezirks, in dem er festgenommen worden ist, vorzuführen; dieser hat dem Vorgeführten die Gründe der Festnahme mitzuteilen, ihn zu vernehmen und ihm Gelegenheit zu Einwendungen zu geben.

Hält der Amtsrichter die Festnahme nicht für gerechtfertigt oder ihre Gründe für beseitigt, so ordnet er die Freilassung an. Anderenfalls erläßt er einen Haftbefehl oder einen Unterbringungsbefehl, für den die Vorschrift des § 126 gilt.

§ 129. Ist gegen den Festgenommenen bereits die öffentliche Klage erhoben, so ist er entweder sofort oder auf Verfügung des Amtsrichters, dem er zunächst vorgeführt worden ist, dem zuständigen Gericht oder dem Untersuchungsrichter vorzuführen; diese haben spätestens am Tage nach der Festnahme über Freilassung, Verhaftung oder einstweilige Unterbringung des Festgenommenen zu entscheiden.

§ 130. Wird wegen Verdachts einer strafbaren Handlung, die nur auf Antrag verfolgt wird, ein Haftbefehl erlassen, bevor der Antrag gestellt ist, so ist der Antragsberechtigte, von mehreren wenigstens einer, sofort von dem Erlaß des Haftbefehls in Kenntnis zu setzen. Auf den Haftbefehl ist die Vorschrift des § 126 anzuwenden.

§ 131. Auf Grund eines Haftbefehls oder eines Unterbringungsbefehls können die Staatsanwaltschaft oder der Richter einen Steckbrief erlassen, wenn der Beschuldigte flüchtig ist oder sich verborgen hält.

Ohne Haft- oder Unterbringungsbefehl ist eine steckbriefliche Verfolgung nur zulässig, wenn ein Festgenommener entweicht oder sich sonst der Bewachung entzieht. In diesen Fällen kann auch die Polizeibehörde einen Steckbrief erlassen.

In dem Steckbrief ist der Verfolgte zu bezeichnen und soweit möglich zu beschreiben. Die Tat, deren er verdächtig ist, sowie Ort und Zeit ihrer Begehung sind anzugeben.

Die §§ 114b und 114c gelten entsprechend.

§ 132. (weggefallen.)

Zehnter Abschnitt

Vernehmung des Beschuldigten

§ 133. Der Beschuldigte ist zur Vernehmung schriftlich zu laden.

Die Ladung kann unter der Androhung geschehen, daß im Falle des Ausbleibens seine Vorführung erfolgen werde.

§ 134. Die sofortige Vorführung des Beschuldigten kann verfügt werden, wenn Gründe vorliegen, die den Erlaß eines Haftbefehls rechtfertigen würden.

In dem Vorführungsbefehl ist der Beschuldigte genau zu bezeichnen und die ihm zur Last gelegte strafbare Handlung sowie der Grund der Vorführung anzugeben.

§ 135. Der Vorgeführte ist sofort von dem Richter zu vernehmen. Ist dies nicht ausführbar, so kann er bis zu seiner Vernehmung, jedoch nicht über den nächstfolgenden Tag hinaus, festgehalten werden.

§ 136. Bei Beginn der ersten Vernehmung ist dem Beschuldigten zu eröffnen, welche strafbare Handlung ihm zur Last gelegt wird. Der Beschuldigte ist zu befragen, ob er etwas auf die Beschuldigung erwidern wolle.

Die Vernehmung soll dem Beschuldigten Gelegenheit geben, die gegen ihn vorliegenden Verdachtsgründe zu beseitigen und die zu seinen Gunsten sprechenden Tatsachen geltend zu machen.

Bei der ersten Vernehmung des Beschuldigten ist zugleich auf die Ermittlung seiner persönlichen Verhältnisse Bedacht zu nehmen.

§ 136a. Die Freiheit der Willensentschließung und der Willensbetätigung des Beschuldigten darf nicht beeinträchtigt werden durch Mißhandlung, durch Ermüdung, durch körperlichen Eingriff, durch Verabreichung von Mitteln, durch Quälerei, durch Täuschung oder durch Hypnose. Zwang darf nur angewandt werden, soweit das Strafverfahrensrecht dies zuläßt. Die Drohung mit einer nach seinen Vorschriften unzulässigen Maßnahme und das Versprechen eines gesetzlich nicht vorgesehenen Vorteils sind verboten.

Maßnahmen, die das Erinnerungsvermögen oder die Einsichtsfähigkeit des Beschuldigten beeinträchtigen, sind nicht gestattet.

Das Verbot der Abs. 1 und 2 gilt ohne Rücksicht auf die Einwilligung des Beschuldigten. Aussagen, die unter Verletzung dieses Verbots zustande gekommen sind, dürfen auch dann nicht verwertet werden, wenn der Beschuldigte der Verwertung zustimmt.

Elfter Abschnitt

Verteidigung

§ 137. Der Beschuldigte kann sich in jeder Lage des Verfahrens des Beistandes eines Verteidigers bedienen.

Hat der Beschuldigte einen gesetzlichen Vertreter, so kann auch dieser selbständig einen Verteidiger wählen.

§ 138. Zu Verteidigern können die bei einem deutschen Gericht zugelassenen Rechtsanwälte sowie die Rechtslehrer an deutschen Hochschulen gewählt werden.

Andere Personen können nur mit Genehmigung des Gerichts und, wenn der Fall einer notwendigen Verteidigung vorliegt und der Gewählte nicht zu den Personen gehört, die zu Verteidigern bestellt werden dürfen, nur in Gemeinschaft mit einer solchen als Wahlverteidiger zugelassen werden.

§ 139. Der als Verteidiger gewählte Rechtsanwalt kann mit Zustimmung des Angeklagten die Verteidigung einem Rechtskundigen, der die erste Prüfung für den Justizdienst bestanden hat und darin seit mindestens einem Jahr und drei Monaten beschäftigt ist, übertragen.

§ 140. Die Mitwirkung eines Verteidigers ist notwendig, wenn

1. die Hauptverhandlung vor dem Bundesgerichtshof oder dem Oberlandesgericht im ersten Rechtszug oder vor dem Schwurgericht stattfindet;
2. eine Tat in Frage kommt, die nicht nur wegen Rückfalls ein Verbrechen ist, und die Staatsanwaltschaft oder der Beschuldigte oder sein gesetzlicher Vertreter die Bestellung eines Verteidigers beantragt;
3. das Verfahren zur Anordnung der Sicherungsverwahrung oder zur Unterbringung in einer Heil- oder Pflegeanstalt oder zur Untersagung der Berufsausübung führen kann;
4. der Beschuldigte taub oder stumm ist;
5. sich der Beschuldigte bis zur Hauptverhandlung in Haft befunden, diese länger als drei Monate gedauert hat und die Staatsanwaltschaft oder der Beschuldigte oder sein gesetzlicher Vertreter die Bestellung eines Verteidigers beantragt;
6. zur Vorbereitung eines Gutachtens über den Geisteszustand des Beschuldigten seine Unterbringung in einer öffentlichen Heil- oder Pflegeanstalt in Frage kommt;
7. die Hauptverhandlung gegen einen Abwesenden stattfindet (§ 277).

In anderen Fällen bestellt der Vorsitzende auf Antrag oder von Amts wegen einen Verteidiger, wenn wegen der Schwere der Tat oder wegen der Schwierigkeit der Sach- oder Rechtslage die Mitwirkung eines Verteidigers geboten erscheint, oder wenn ersichtlich ist, daß sich der Beschuldigte nicht selbst verteidigen kann.

Der Antrag nach Abs. 1 Nr. 2 und 5 ist binnen einer Frist von einer Woche zu stellen, nachdem der Angeschuldigte gemäß § 201 zur Erklärung über die Anklageschrift aufgefordert und auf sein Recht, binnen einer Woche die Bestellung eines Verteidigers zu beantragen, hingewiesen worden ist.

§ 141. In den Fällen des § 140 Abs. 1 und 2 wird dem Angeschuldigten, der noch keinen Verteidiger gewählt hat, ein Verteidiger bestellt, sobald er gemäß § 201 zur Erklärung über die Anklageschrift aufgefordert worden ist, oder wenn eine solche Aufforderung nicht vorgeschrieben ist, sobald dem Angeschuldigten der Eröffnungsbeschluß zugestellt worden ist. Der Verteidiger kann auch schon während des Vorverfahrens bestellt werden.

Ergibt sich erst später, daß ein Verteidiger notwendig ist, so wird er sofort bestellt.

Zur Bestellung ist der Vorsitzende des Gerichts zuständig, bei dem das Verfahren anhängig ist. Im Vorverfahren entscheidet der Vorsitzende des Gerichts, das für das Hauptverfahren zuständig wäre.

§ 142. Der zu bestellende Verteidiger wird durch den Vorsitzenden des Gerichts möglichst aus der Zahl der bei einem Gericht des Gerichtsbezirks zugelassenen Rechtsanwälte ausgewählt.

Auch Justizbeamte, die nicht als Richter angestellt sind, sowie Rechtskundige, welche die vorgeschriebene erste Prüfung für den Justizdienst bestanden haben, können als Verteidiger bestellt werden.

§ 143. Die Bestellung ist zurückzunehmen, wenn demnächst ein anderer Verteidiger gewählt wird und dieser die Wahl annimmt.

§ 144. (weggefallen.)

§ 145. Wenn in einem Falle, in dem die Verteidigung notwendig ist, der Verteidiger in der Hauptverhandlung ausbleibt, sich unzeitig entfernt oder sich weigert, die Verteidigung zu führen, so hat der Vorsitzende dem Angeklagten sogleich einen anderen Verteidiger zu bestellen. Das Gericht kann jedoch auch eine Aussetzung der Verhandlung beschließen.

Wird der notwendige Verteidiger gemäß § 141 Abs. 2 erst im Laufe der Hauptverhandlung bestellt, so kann das Gericht eine Aussetzung der Verhandlung beschließen.

Erklärt der neu bestellte Verteidiger, daß ihm die zur Vorbereitung der Verteidigung erforderliche Zeit nicht verbleiben würde, so ist die Verhandlung zu unterbrechen oder auszusetzen.

Wird durch die Schuld des Verteidigers eine Aussetzung erforderlich, so sind ihm die hierdurch verursachten Kosten aufzuerlegen.

§ 146. Die Verteidigung mehrerer Beschuldigter kann, sofern dies der Aufgabe der Verteidigung nicht widerstreitet, durch einen gemeinschaftlichen Verteidiger geführt werden.

Ist in einem Fall, in dem ein Verteidiger die Verteidigung mehrerer Beschuldigter führt, eine Zustellung von Schriftstücken an den Verteidiger vorzunehmen, so bedarf es auch in Angelegenheiten, die alle oder mehrere der Beschuldigten betreffen, nur einer Zustellung. Eine der Zahl der Beschuldigten entsprechende Anzahl der Schriftstücke soll der Zustellung beigefügt oder formlos mitgeteilt werden.

§ 147. Der Verteidiger ist nach dem Schluß der Voruntersuchung und, wenn eine solche nicht stattgefunden hat, nach Einreichung der Anklageschrift zur Einsicht der dem Gericht vorliegenden Akten befugt. Im beschleunigten Verfahren kann der Verteidiger die Akten von dem Zeitpunkt an einsehen, in dem die Staatsanwaltschaft bei Gericht den Antrag auf Aburteilung im beschleunigten Verfahren stellt.

Schon vor diesem Zeitpunkt ist ihm die Einsicht der gerichtlichen Untersuchungsakten insoweit zu gestatten, als dies ohne Gefährdung des Untersuchungszwecks geschehen kann.

Die Einsicht der Protokolle über die Vernehmung des Beschuldigten, der Gutachten der Sachverständigen und der Protokolle über die gerichtlichen Handlungen, denen der Verteidiger beizuwohnen befugt ist, darf ihm keinesfalls verweigert werden.

Nach dem Ermessen des Vorsitzenden können die Akten mit Ausnahme der Überführungsstücke dem Verteidiger zur Mitnahme in seine Wohnung oder in seine Geschäftsräume übergeben werden.

§ 148. Dem verhafteten oder einstweilig untergebrachten Beschuldigten ist schriftlicher und mündlicher Verkehr mit dem Verteidiger gestattet.

Solange das Hauptverfahren nicht eröffnet ist, kann der Richter schriftliche Mitteilungen zurückweisen, falls deren Einsicht ihm nicht gestattet wird.

Bis zu demselben Zeitpunkt kann der Richter, sofern die Verhaftung nicht lediglich wegen Verdachts der Flucht gerechtfertigt ist, anordnen, daß Unterredungen mit dem Verteidiger in seiner Gegenwart oder in Gegenwart eines beauftragten oder ersuchten Richters stattfinden.

Im beschleunigten Verfahren ist dem verhafteten Beschuldigten schriftlicher und mündlicher Verkehr mit dem Verteidiger ohne die in Abs. 2 und 3 vorgesehenen Beschränkungen von dem Zeitpunkt an gestattet, in dem die Staatsanwaltschaft bei dem Gericht den Antrag auf Aburteilung im beschleunigten Verfahren stellt.

§ 149. Der Ehegatte eines Angeklagten ist in der Hauptverhandlung als Beistand zuzulassen und auf sein Verlangen zu hören. Zeit und Ort der Hauptverhandlung sollen ihm rechtzeitig mitgeteilt werden.

Dasselbe gilt von dem gesetzlichen Vertreter eines Angeklagten.

Im Vorverfahren unterliegt die Zulassung solcher Beistände dem richterlichen Ermessen.

§ 150. Dem zum Verteidiger bestellten Rechtsanwalt sind für die geführte Verteidigung die Gebühren nach Maßgabe der Gebührenordnung aus der Staatskasse zu bezahlen.

Der Rückgriff gegen den in die Kosten verurteilten Angeklagten bleibt vorbehalten.

Zweites Buch

Verfahren im ersten Rechtszug

Erster Abschnitt

Öffentliche Klage

§ 151. Die Eröffnung einer gerichtlichen Untersuchung ist durch die Erhebung einer Klage bedingt.

§ 152. Zur Erhebung der öffentlichen Klage ist die Staatsanwaltschaft berufen.

Sie ist, soweit nicht gesetzlich ein anderes bestimmt ist, verpflichtet, wegen aller gerichtlich strafbaren und verfolgbaren Handlungen einzuschreiten, sofern zureichende tatsächliche Anhaltspunkte vorliegen.

Hängt die Erhebung der öffentlichen Klage wegen eines Vergehens von der Beurteilung einer Frage ab, die nach bürgerlichem Recht oder nach Verwaltungsrecht zu beurteilen ist, so kann die Staatsanwaltschaft zur Austragung der Frage im bürgerlichen Streitverfahren oder im Verwaltungsstreitverfahren eine Frist bestimmen. Hiervon ist der Anzeigende zu benachrichtigen. Nach fruchtlosem Ablauf der Frist kann die Staatsanwaltschaft das Verfahren einstellen.

§ 153. Übertretungen werden nicht verfolgt, wenn die Schuld des Täters gering ist und die Folgen der Tat unbedeutend sind, es sei denn, daß ein öffentliches Interesse an der Herbeiführung einer gerichtlichen Entscheidung besteht.

Ist bei einem Vergehen die Schuld des Täters gering und sind die Folgen der Tat unbedeutend, so kann die Staatsanwaltschaft mit Zustimmung des Amtsrichters von der Erhebung der öffentlichen Klage absehen.

Ist die Klage bereits erhoben, so kann das Gericht mit Zustimmung der Staatsanwaltschaft das Verfahren einstellen; der Beschluß kann nicht angefochten werden.

§ 153a. Die Staatsanwaltschaft kann von der Verfolgung einer Tat absehen,

1. die ein deutscher Staatsangehöriger im Ausland begangen hat,
2. die ein Ausländer im Ausland oder die er im Inland auf einem ausländischen Schiff oder Luftfahrzeug begangen hat,
3. wenn wegen der Tat im Ausland schon eine Strafe gegen den Beschuldigten vollstreckt worden ist und die im Inland zu erwartende Strafe nach Anrechnung der ausländischen nicht ins Gewicht fiele.

§ 154. Von der Erhebung der öffentlichen Klage kann abgesehen werden, wenn die Strafe oder die Maßregel der Sicherung und Besserung, zu der die Verfolgung führen kann, neben einer Strafe oder Maßregel der Sicherung und Besserung, die gegen den Beschuldigten wegen einer anderen Tat rechtskräftig verhängt worden ist oder die er wegen einer anderen Tat zu erwarten hat, nicht ins Gewicht fällt.

Ist die öffentliche Klage bereits erhoben, so kann das Gericht auf Antrag der Staatsanwaltschaft das Verfahren vorläufig einstellen.

Ist das Verfahren mit Rücksicht auf eine wegen einer anderen Tat bereits rechtskräftig erkannte Strafe oder Maßregel der Sicherung und Besserung vorläufig eingestellt worden, so kann es, falls nicht inzwischen Verjährung eingetreten ist, wieder aufgenommen werden, wenn die rechtskräftig erkannte Strafe oder Maßregel der Sicherung und Besserung nachträglich wegfällt.

Ist das Verfahren mit Rücksicht auf eine wegen einer anderen Tat zu erwartende Strafe oder Maßregel der Sicherung und Besserung vorläufig eingestellt worden, so kann es, falls nicht inzwischen Verjährung eingetreten ist, binnen drei Monaten nach Rechtskraft des wegen der anderen Tat ergehenden Urteils wieder aufgenommen werden.

Hat das Gericht das Verfahren vorläufig eingestellt, so bedarf es zur Wiederaufnahme eines Gerichtsbeschlusses.

§ 154a. Von der Erhebung der öffentlichen Klage kann abgesehen werden, wenn der Beschuldigte wegen der Tat einer ausländischen Regierung ausgeliefert wird.

Dasselbe gilt, wenn er wegen einer anderen Tat einer ausländischen Regierung ausgeliefert wird und die Strafe oder die Maßregel der Sicherung und Besserung, zu der die inländische Verfolgung führen kann, neben der Strafe oder der Maßregel der Sicherung und Besserung, die gegen ihn im Ausland rechtskräftig verhängt worden ist oder die er im Ausland zu erwarten hat, nicht ins Gewicht fällt.

Von der Erhebung der öffentlichen Klage kann auch abgesehen werden, wenn der Beschuldigte aus dem Geltungsbereich dieses Bundesgesetzes ausgewiesen wird.

Ist in den Fällen der Abs. 1 bis 3 die öffentliche Klage bereits erhoben, so stellt das Gericht auf Antrag der Staatsanwaltschaft das Verfahren vorläufig ein. § 154 Abs. 3 bis 5 gilt mit der Maßgabe entsprechend, daß die Frist im Abs. 4 ein Jahr beträgt.

§ 154b. Ist eine Nötigung oder Erpressung durch die Drohung begangen worden, eine Straftat zu offenbaren, so kann die Staatsanwaltschaft von der Verfolgung der Tat, deren Offenbarung angedroht worden ist, absehen, wenn nicht wegen der Schwere der Tat eine Sühne unerläßlich ist.

§ 155. Die Untersuchung und Entscheidung erstreckt sich nur auf die in der Klage bezeichnete Tat und auf die durch die Klage beschuldigten Personen.

Innerhalb dieser Grenzen sind die Gerichte zu einer selbständigen Tätigkeit berechtigt und verpflichtet; insbesondere sind sie bei Anwendung des Strafgesetzes an die gestellten Anträge nicht gebunden.

§ 156. Die öffentliche Klage kann nach Eröffnung der Voruntersuchung oder des Hauptverfahrens nicht zurückgenommen werden.

§ 157. Im Sinne des Gesetzes ist:
Angeschuldigter der Beschuldigte, gegen den die öffentliche Klage erhoben ist,
Angeklagter der Beschuldigte oder Angeschuldigte, gegen den die Eröffnung des Hauptverfahrens beschlossen ist.

Zweiter Abschnitt

Vorbereitung der öffentlichen Klage

§ 158. Anzeigen strafbarer Handlungen oder Anträge auf Strafverfolgung können bei der Staatsanwaltschaft, den Behörden und Beamten des Polizeidienstes und den Amtsgerichten mündlich oder schriftlich angebracht werden. Die mündliche Anzeige ist zu beurkunden.

Bei strafbaren Handlungen, deren Verfolgung nur auf Antrag eintritt, muß der Antrag bei einem Gericht oder der Staatsanwaltschaft schriftlich oder zu Protokoll, bei einer anderen Behörde schriftlich angebracht werden.

§ 159. Sind Anhaltspunkte dafür vorhanden, daß jemand eines nicht natürlichen Todes gestorben ist, oder wird der Leichnam eines Unbekannten gefunden, so sind die Polizei- und Gemeindebehörden zur sofortigen Anzeige an die Staatsanwaltschaft oder an den Amtsrichter verpflichtet.

Zur Bestattung ist die schriftliche Genehmigung der Staatsanwaltschaft oder des Amtsrichters erforderlich.

§ 160. Sobald die Staatsanwaltschaft durch eine Anzeige oder auf anderem Wege von dem Verdacht einer strafbaren Handlung Kenntnis erhält, hat sie zu ihrer Entschließung darüber, ob die öffentliche Klage zu erheben ist, den Sachverhalt zu erforschen.

Die Staatsanwaltschaft hat nicht nur die zur Belastung, sondern auch die zur Entlastung dienenden Umstände zu ermitteln und für die Erhebung der Beweise Sorge zu tragen, deren Verlust zu besorgen steht.

Die Ermittlungen der Staatsanwaltschaft sollen sich auch auf die Umstände erstrecken, die für die Strafbemessung und für die Anordnung von Maßregeln der Sicherung und Besserung von Bedeutung sind.

§ 161. Zu dem im vorstehenden Paragraphen bezeichneten Zweck kann die Staatsanwaltschaft von allen öffentlichen Behörden Auskunft verlangen und Ermittlungen jeder Art, mit Ausschluß eidlicher Vernehmungen, entweder selbst vornehmen oder durch die Behörden und Beamten des Polizeidienstes vornehmen lassen. Die Behörden und Beamten des Polizeidienstes sind verpflichtet, dem Ersuchen oder Auftrag der Staatsanwaltschaft zu genügen.

Die Vorschriften der §§ 136a und 69 Abs. 3 sind anzuwenden.

§ 162. Erachtet die Staatsanwaltschaft die Vornahme einer richterlichen Untersuchungshandlung für erforderlich, so stellt sie ihre Anträge bei dem Amtsrichter des Bezirks, in dem diese Handlung vorzunehmen ist.

Der Amtsrichter hat zu prüfen, ob die beantragte Handlung nach den Umständen des Falles gesetzlich zulässig ist.

§ 163. Die Behörden und Beamten des Polizeidienstes haben strafbare Handlungen zu erforschen und alle keinen Aufschub gestattenden Anordnungen zu treffen, um die Verdunkelung der Sache zu verhüten.

Die Vorschriften der §§ 136a und 69 Abs. 3 sind anzuwenden.

Die Behörden und Beamten des Polizeidienstes übersenden ihre Verhandlungen ohne Verzug der Staatsanwaltschaft. Erscheint die schleunige Vornahme richterlicher Untersuchungshandlungen erforderlich, so kann die Übersendung unmittelbar an den Amtsrichter erfolgen.

§ 164. Bei Amtshandlungen an Ort und Stelle ist der Beamte, der sie leitet, befugt, Personen, die seine amtliche Tätigkeit vorsätzlich stören oder sich den von ihm innerhalb seiner Zuständigkeit getroffenen Anordnungen widersetzen, festnehmen und bis zur Beendigung seiner Amtsverrichtungen, jedoch nicht über den nächstfolgenden Tag hinaus, festhalten zu lassen.

§ 165. Bei Gefahr im Verzug hat der Amtsrichter die erforderlichen Untersuchungshandlungen von Amts wegen vorzunehmen.

§ 166. Wird der Beschuldigte von dem Amtsrichter vernommen, und beantragt er bei dieser Vernehmung zu seiner Entlastung einzelne Beweiserhebungen, so hat der Amtsrichter diese, soweit er sie für erheblich erachtet, vorzunehmen, wenn der Verlust der Beweise zu besorgen ist oder die Beweiserhebung die Freilassung des Beschuldigten begründen kann.

Der Richter kann, wenn die Beweiserhebung in einem anderen Amtsbezirk vorzunehmen ist, den Amtsrichter des letzteren um ihre Vornahme ersuchen.

§ 167. In den Fällen der §§ 165 und 166 gebührt der Staatsanwaltschaft die weitere Verfügung.

§ 168. Die Beurkundung der von dem Amtsrichter vorzunehmenden Untersuchungshandlungen und die Zuziehung eines Urkundsbeamten der Geschäftsstelle oder eines sonstigen Protokollführers erfolgt nach den für die Voruntersuchung geltenden Vorschriften.

§ 169. Für die Teilnahme der Staatsanwaltschaft an den richterlichen Verhandlungen sind die für die Voruntersuchung geltenden Vorschriften anzuwenden.

Das gleiche gilt für den Beschuldigten, seinen Verteidiger und die von ihm benannten Sachverständigen, wenn der Beschuldigte als solcher vom Richter vernommen ist oder sich in Untersuchungshaft befindet.

§ 170. Bieten die Ermittlungen genügenden Anlaß zur Erhebung der öffentlichen Klage, so erhebt die Staatsanwaltschaft sie entweder durch einen Antrag auf gerichtliche Voruntersuchung oder durch Einreichung einer Anklageschrift bei dem zuständigen Gericht.

Andernfalls verfügt die Staatsanwaltschaft die Einstellung des Verfahrens und setzt hiervon den Beschuldigten in Kenntnis, wenn er als solcher vom Richter vernommen oder ein Haftbefehl gegen ihn erlassen war.

§ 171. Gibt die Staatsanwaltschaft einem Antrag auf Erhebung der öffentlichen Klage keine Folge, oder verfügt sie nach dem Abschluß der Ermittlungen die Einstellung des Verfahrens, so hat sie den Antragsteller unter Angabe der Gründe zu bescheiden.

§ 172. Ist der Antragsteller zugleich der Verletzte, so steht ihm gegen diesen Bescheid binnen zwei Wochen nach der Bekanntmachung die Beschwerde an den vorgesetzten Beamten der Staatsanwaltschaft und gegen dessen ablehnenden Bescheid binnen eines Monats nach der Bekanntmachung der Antrag auf gerichtliche Entscheidung zu.

Der Antrag muß die Tatsachen, welche die Erhebung der öffentlichen Klage begründen sollen, und die Beweismittel angeben, auch von einem Rechtsanwalt unterzeichnet sein. Der Antrag ist bei dem für die Entscheidung zuständigen Gericht einzureichen.

Zur Entscheidung ist in den zur Zuständigkeit des Bundesgerichtshofes gehörenden Sachen der Bundesgerichtshof, in anderen Sachen das Oberlandesgericht zuständig.

§ 173. Auf Verlangen des Gerichts hat ihm die Staatsanwaltschaft die bisher von ihr geführten Verhandlungen vorzulegen.

Das Gericht kann den Antrag unter Bestimmung einer Frist dem Beschuldigten zur Erklärung mitteilen.

Das Gericht kann zur Vorbereitung seiner Entscheidung Ermittlungen anordnen und mit ihrer Vornahme eines seiner Mitglieder, den Untersuchungsrichter oder den Amtsrichter beauftragen.

§ 174. Ergibt sich kein genügender Anlaß zur Erhebung der öffentlichen Klage, so verwirft das Gericht den Antrag und setzt den Antragsteller, die Staatsanwaltschaft und den Beschuldigten von der Verwerfung in Kenntnis.

Ist der Antrag verworfen, so kann die öffentliche Klage nur auf Grund neuer Tatsachen oder Beweismittel erhoben werden.

§ 175. Erachtet das Gericht den Antrag für begründet, so beschließt es die Erhebung der öffentlichen Klage. Die Durchführung dieses Beschlusses liegt der Staatsanwaltschaft ob.

§ 176. Durch Beschluß des Gerichts kann dem Antragsteller vor der Entscheidung über den Antrag die Leistung einer Sicherheit für die Kosten auferlegt werden, die durch das Verfahren über den Antrag und durch die Untersuchung voraussichtlich der Staatskasse und dem Beschuldigten erwachsen. Die Sicherheitsleistung ist durch Hinterlegung in barem Geld oder in Wertpapieren zu bewirken. Die Höhe der zu leistenden Sicherheit wird vom Gericht nach freiem Ermessen festgesetzt. Es hat zugleich eine Frist zu bestimmen, binnen welcher die Sicherheit zu leisten ist.

Wird die Sicherheit in der bestimmten Frist nicht geleistet, so hat das Gericht den Antrag für zurückgenommen zu erklären.

§ 177. Die durch das Verfahren über den Antrag veranlaßten Kosten sind in dem Falle des § 174 und des § 176 Abs. 2 dem Antragsteller aufzuerlegen.

Dritter Abschnitt

Gerichtliche Voruntersuchung

§ 178. Die Voruntersuchung findet in den Strafsachen statt, die zur Zuständigkeit des Bundesgerichtshofes, des Oberlandesgerichts im ersten Rechtszuge oder des Schwurgerichts gehören. In den zur Zuständigkeit des Schwurgerichts gehörenden Sachen entfällt die Voruntersuchung, wenn der Beschuldigte durch einen Richter vernommen ist, der Tatbestand einfach liegt und die Voruntersuchung nach dem Ermessen der Staatsanwaltschaft nicht erforderlich ist. Doch kann der Angeschuldigte in der Erklärung über die Anklageschrift (§ 201) die Durchführung einer Voruntersuchung beantragen; dem Antrag ist stattzugeben.

In den zur Zuständigkeit der Strafkammer im ersten Rechtszug und zur Zuständigkeit des Schöffengerichts gehörenden Sachen findet eine Voruntersuchung statt, wenn der Angeschuldigte in der Erklärung über die Anklageschrift (§ 201) oder die Staatsanwaltschaft dies beantragt und erhebliche Gründe geltend macht, aus denen eine Voruntersuchung erforderlich erscheint.

§ 179. Der Antrag der Staatsanwaltschaft auf Eröffnung der Voruntersuchung muß den Beschuldigten und die ihm zur Last gelegte Tat bezeichnen.

§ 180. Der Antrag kann nur wegen Unzuständigkeit des Gerichts oder wegen Unzulässigkeit der Strafverfolgung oder der Voruntersuchung (§ 178), oder weil die in dem Antrag bezeichnete Tat unter kein Strafgesetz fällt, abgelehnt werden. Hierzu bedarf es eines Beschlusses des Gerichts.

Der Angeschuldigte kann vor der Beschlußfassung gehört werden.

§ 181. Gegen die Verfügung, durch die auf Antrag der Staatsanwaltschaft die Voruntersuchung eröffnet worden ist, kann der Angeschuldigte aus einem der im § 180 Abs. 1 bezeichneten Gründe Einwand erheben. Über den Einwand entscheidet das Gericht.

Diese Vorschrift gilt nicht, wenn die Voruntersuchung infolge des Beschlusses des Gerichts eröffnet und der Angeschuldigte vorher gehört worden ist.

§ 182. Gegen den Beschluß des Gerichts, durch den der von dem Angeschuldigten bei seiner Anhörung (§ 180 Abs. 2) oder in dem Fall des § 181 Abs. 1 erhobene Einwand der Unzuständigkeit (§ 16) verworfen wird, steht dem Angeschuldigten sofortige Beschwerde zu.

Im übrigen kann der Beschluß des Gerichts, durch den der Einwand des Angeschuldigten verworfen oder die Eröffnung der Voruntersuchung angeordnet worden ist, nicht angefochten werden.

§ 183. Gegen den Beschluß des Gerichts, der den Antrag der Staatsanwaltschaft oder des Angeschuldigten auf Eröffnung oder Ergänzung der Voruntersuchung ablehnt, ist sofortige Beschwerde zulässig.

§ 184. Die Voruntersuchung wird von dem Untersuchungsrichter eröffnet und geführt.

§ 185. Durch Beschluß des Landgerichts kann auf Antrag der Staatsanwaltschaft die Führung der Voruntersuchung einem Amtsrichter übertragen werden. Um die Vornahme einzelner Untersuchungshandlungen kann der Untersuchungsrichter die Amtsrichter ersuchen. Auf Amtsrichter, die mit dem Untersuchungsrichter denselben Amtssitz haben, sind diese Bestimmungen nicht anzuwenden.

§ 186. Bei dem Bundesgerichtshof wird der Untersuchungsrichter für jede Strafsache aus der Zahl der Mitglieder durch den Präsidenten bestellt.

Der Präsident kann auch jedes Mitglied eines anderen deutschen Gerichts und jeden Amtsrichter zum Untersuchungsrichter, oder für einen Teil der Geschäfte des Untersuchungsrichters zu seinem Vertreter bestellen.

Der Untersuchungsrichter und dessen Vertreter können um die Vornahme einzelner Untersuchungshandlungen die Amtsrichter ersuchen.

Für die zur Zuständigkeit der Oberlandesgerichte gehörenden Strafsachen gelten diese Vorschriften mit der Maßgabe, daß der Präsident des Oberlandesgerichts jeden Richter, der in dem dem Oberlandesgericht zugewiesenen Bezirk (§ 120 Abs. 2 des Gerichtsverfassungsgesetzes) angestellt ist, zum Untersuchungsrichter bestellen kann.

§ 187. Bei der Vernehmung des Angeschuldigten, der Zeugen und Sachverständigen sowie bei der Einnahme des Augenscheins hat der Untersuchungsrichter einen Urkundsbeamten der Geschäftsstelle zuzuziehen. In dringenden Fällen kann der Untersuchungsrichter eine von ihm zu beeidigende Person als Protokollführer zuziehen.

§ 188. Über jede Untersuchungshandlung ist ein Protokoll aufzunehmen. Das Protokoll ist von dem Untersuchungsrichter sowie dem Protokollführer zu unterschreiben.

Das Protokoll muß Ort und Tag der Verhandlung sowie die Namen der mitwirkenden oder beteiligten Personen angeben und ersehen lassen, ob die wesentlichen Förmlichkeiten des Verfahrens beobachtet sind.

Das Protokoll ist den bei der Verhandlung beteiligten Personen, soweit es sie betrifft, zur Genehmigung vorzulesen oder zur eigenen Durchlesung vorzulegen. Die Genehmigung ist zu vermerken und das Protokoll von den Beteiligten entweder zu unterschreiben oder darin anzugeben, weshalb die Unterschrift unterblieben ist.

§ 189. Die Behörden und Beamten des Polizeidienstes sind verpflichtet, Ersuchen oder Aufträgen des Untersuchungsrichters um Ausführung einzelner Maßregeln oder um Vornahme von Ermittlungen zu genügen.

§ 190. Die Voruntersuchung ist nicht weiter auszudehnen, als erforderlich ist, um eine Entscheidung darüber zu begründen, ob das Hauptverfahren zu eröffnen oder der Angeschuldigte außer Verfolgung zu setzen ist.

Auch sind Beweise, deren Verlust für die Hauptverhandlung zu besorgen ist, oder deren Aufnahme zur Vorbereitung der Verteidigung des Angeschuldigten erforderlich erscheint, in der Voruntersuchung zu erheben.

§ 191. Ergibt sich im Laufe der Voruntersuchung Anlaß zu ihrer Ausdehnung auf eine in dem Antrag der Staatsanwaltschaft nicht bezeichnete Person oder Tat, so hat der Untersuchungsrichter in dringenden Fällen die in dieser Beziehung erforderlichen Untersuchungshandlungen von Amts wegen vorzunehmen.

Die weitere Verfügung gebührt auch in solchen Fällen der Staatsanwaltschaft.

§ 192. Der Angeschuldigte ist in der Voruntersuchung zu vernehmen, auch wenn er schon vor ihrer Eröffnung vernommen worden ist. Ihm ist hierbei die Verfügung, durch welche die Voruntersuchung eröffnet worden ist, bekanntzumachen.

Die Vernehmung erfolgt in Abwesenheit der Staatsanwaltschaft und des Verteidigers.

§ 193. Findet die Einnahme eines Augenscheins statt, so ist der Staatsanwaltschaft, dem Angeschuldigten und dem Verteidiger die Anwesenheit bei der Verhandlung zu gestatten.

Dasselbe gilt, wenn ein Zeuge oder Sachverständiger vernommen werden soll, dessen Erscheinen in der Hauptverhandlung für eine längere oder ungewisse Zeit Krankheit oder Gebrechlichkeit oder andere nicht zu beseitigende Hindernisse entgegenstehen, oder dem das Erscheinen in der Hauptverhandlung wegen großer Entfernung nicht zugemutet werden kann.

Von den Terminen sind die zur Anwesenheit Berechtigten zu benachrichtigen, soweit dies ohne Aufenthalt für die Sache geschehen kann.

Einen Anspruch auf Anwesenheit hat der nicht auf freiem Fuß befindliche Angeschuldigte nur bei solchen Terminen, die an der Gerichtsstelle des Ortes abgehalten werden, wo er sich in Haft befindet.

Auf die Verlegung eines Termins wegen Verhinderung haben die zur Anwesenheit Berechtigten keinen Anspruch.

§ 194. Der Richter kann einen Angeschuldigten von der Anwesenheit bei der Verhandlung ausschließen, wenn zu befürchten ist, daß ein Zeuge in seiner Gegenwart die Wahrheit nicht sagen werde.

§ 195. Findet die Einnahme eines Augenscheins unter Zuziehung von Sachverständigen statt, so kann der Angeschuldigte beantragen, daß die von ihm für die Hauptverhandlung vorzuschlagenden Sachverständigen zu dem Termin geladen werden, und, wenn der Richter den Antrag ablehnt, sie selbst laden lassen.

Den vom Angeschuldigten benannten Sachverständigen ist die Teilnahme am Augenschein und an den erforderlichen Untersuchungen insoweit zu gestatten, als dadurch die Tätigkeit der vom Richter bestellten Sachverständigen nicht behindert wird.

§ 196. Die Staatsanwaltschaft kann stets, ohne daß jedoch das Verfahren dadurch aufgehalten werden darf, von dem Stand der Voruntersuchung durch Einsicht der Akten Kenntnis nehmen und die ihr geeignet scheinenden Anträge stellen.

§ 197. Erachtet der Untersuchungsrichter den Zweck der Voruntersuchung für erreicht, so übersendet er die Akten der Staatsanwaltschaft zur Stellung ihrer Anträge.

Beantragt die Staatsanwaltschaft eine Ergänzung der Voruntersuchung, so hat der Untersuchungsrichter, wenn er dem Antrag nicht stattgeben will, die Entscheidung des Gerichts einzuholen.

Von dem Schluß der Voruntersuchung ist der Angeschuldigte in Kenntnis zu setzen.

Vierter Abschnitt

Entscheidung über die Eröffnung des Hauptverfahrens

§ 198. Hat eine Voruntersuchung stattgefunden, so entscheiden in den zur Zuständigkeit des Bundesgerichtshofes oder der Oberlandesgerichte gehörenden Sachen diese Gerichte, sonst das Landgericht darüber, ob das Hauptverfahren zu eröffnen oder der Angeschuldigte außer Verfolgung zu setzen oder das Verfahren vorläufig einzustellen ist.

Die Staatsanwaltschaft legt zu diesem Zweck die Akten mit ihrem Antrag dem Gericht vor. Der Antrag auf Eröffnung des Hauptverfahrens erfolgt durch Einreichung einer Anklageschrift.

§ 199. Hat keine Voruntersuchung stattgefunden, so entscheidet das Gericht, das für die Hauptverhandlung zuständig ist, darüber, ob das Hauptverfahren zu eröffnen oder das Verfahren vorläufig einzustellen ist.

Die Anklageschrift enthält den Antrag, das Hauptverfahren zu eröffnen. Mit ihr werden die Akten dem Gericht vorgelegt.

§ 200. Die Anklageschrift hat die dem Angeschuldigten zur Last gelegte Tat unter Hervorhebung ihrer gesetzlichen Merkmale und des anzuwendenden

Strafgesetzes zu bezeichnen sowie die Beweismittel und das Gericht, vor dem die Hauptverhandlung stattfinden soll, anzugeben.

In der Anklageschrift wird auch das wesentliche Ergebnis der Ermittlungen dargestellt. Davon kann abgesehen werden, wenn Anklage beim Amtsrichter als Einzelrichter erhoben wird.

§ 201. Der Vorsitzende des Gerichts hat die Anklageschrift dem Angeschuldigten mitzuteilen und ihn zugleich aufzufordern, sich innerhalb einer zu bestimmenden Frist zu erklären, ob er die Vornahme einzelner Beweiserhebungen vor der Hauptverhandlung beantragen oder Einwendungen gegen die Eröffnung des Hauptverfahrens vorbringen wolle. Hat keine Voruntersuchung stattgefunden, so ist der Angeschuldigte auf sein Recht, eine Voruntersuchung zu beantragen (§ 178), hinzuweisen und zur Erklärung darüber aufzufordern, ob er eine Voruntersuchung beantragen wolle. Der Angeklagte ist auch auf sein Recht, gemäß § 140 Abs. 1 Nr. 2 oder 5 die Bestellung eines Verteidigers zu beantragen, hinzuweisen.

Über die Anträge und Einwendungen beschließt das Gericht. Beantragt der Angeschuldigte eine Voruntersuchung, so hat der Amtsrichter die Akten mit dem Antrag des Angeschuldigten durch Vermittlung der Staatsanwaltschaft dem Landgericht zur Entscheidung darüber vorzulegen, ob eine Voruntersuchung zu eröffnen ist. Eine Anfechtung der Beschlüsse findet nur nach Maßgabe der Vorschriften des § 182 Abs. 1 und des § 183 statt.

Die Vorschriften der Abs. 1 und 2 gelten nicht, wenn Anklage beim Amtsrichter als Einzelrichter erhoben worden ist.

§ 202. Zur besseren Aufklärung der Sache kann das Gericht eine Voruntersuchung oder eine Ergänzung der Voruntersuchung oder einzelne Beweiserhebungen anordnen.

Hält der Amtsrichter zur besseren Aufklärung der Sache eine Voruntersuchung für nötig, so hat er die Akten mit einer Begründung seiner Auffassung durch Vermittlung der Staatsanwaltschaft dem Landgericht zur Entscheidung darüber vorzulegen, ob eine Voruntersuchung zu eröffnen ist.

Die Beschlüsse sind nicht anfechtbar.

§ 203. Das Gericht beschließt die Eröffnung des Hauptverfahrens, wenn nach den Ergebnissen der Voruntersuchung oder, falls eine solche nicht stattgefunden hat, nach den Ergebnissen des vorbereitenden Verfahrens der Angeschuldigte einer strafbaren Handlung hinreichend verdächtig erscheint.

§ 204. Beschließt das Gericht, das Hauptverfahren nicht zu eröffnen, so muß aus dem Beschluß hervorgehen, ob er auf tatsächlichen oder auf Rechtsgründen beruht.

Hat eine Voruntersuchung stattgefunden, so ist auszusprechen, daß der Angeschuldigte außer Verfolgung zu setzen ist.

Der Beschluß ist dem Angeschuldigten bekanntzumachen.

§ 205. Steht der Hauptverhandlung für längere Zeit die Abwesenheit des Angeschuldigten oder ein anderes in seiner Person liegendes Hindernis entgegen, so kann das Gericht das Verfahren durch Beschluß vorläufig einstellen. Der Vorsitzende sichert, soweit nötig, die Beweise.

§ 206. Das Gericht ist bei der Beschlußfassung an die Anträge der Staatsanwaltschaft nicht gebunden.

§ 206a. Stellt sich nach Eröffnung des Hauptverfahrens ein Verfahrenshindernis heraus, so kann das Gericht außerhalb der Hauptverhandlung das Verfahren durch Beschluß einstellen.

Der Beschluß ist mit sofortiger Beschwerde anfechtbar.

§ 207. In dem Beschluß, durch den das Hauptverfahren eröffnet wird, ist die dem Angeklagten zur Last gelegte Tat unter Hervorhebung ihrer gesetzlichen Merkmale und des anzuwendenden Strafgesetzes sowie das Gericht zu bezeichnen, vor dem die Hauptverhandlung stattfinden soll.

Das Gericht hat zugleich von Amts wegen über die Anordnung oder Fortdauer der Untersuchungshaft oder der einstweiligen Unterbringung zu beschließen.

§ 208. Beantragt die Staatsanwaltschaft, den Angeschuldigten außer Verfolgung zu setzen, so kann das Gericht das Hauptverfahren nur eröffnen, nachdem es den Angeschuldigten aufgefordert hat, sich innerhalb einer zu bestimmenden Frist zu erklären, ob er eine Ergänzung der Voruntersuchung oder die Vornahme einzelner Beweiserhebungen vor der Hauptverhandlung beantragen oder Einwendungen gegen die Eröffnung des Hauptverfahrens vorbringen wolle. Der Angeschuldigte ist auch auf sein Recht, gemäß § 140 Abs. 1 Nr. 2 oder 5 die Bestellung eines Verteidigers zu beantragen, hinzuweisen.

Beschließt das Gericht die Eröffnung des Hauptverfahrens, so hat die Staatsanwaltschaft eine dem Beschluß entsprechende Anklageschrift einzureichen.

§ 209. Das Landgericht kann das Hauptverfahren vor den erkennenden Gerichten jeder Ordnung, nicht aber vor dem Bundesgerichtshof eröffnen. In einer Sache, in welcher die Staatsanwaltschaft gemäß § 24 Nr. 2 oder 3 des Gerichtsverfassungsgesetzes bei der Strafkammer angeklagt hat, kann das Landgericht das Hauptverfahren auch vor dem Schöffengericht eröffnen.

Erachtet das Landgericht die Zuständigkeit des Bundesgerichtshofes für begründet, so legt es die Akten durch Vermittlung der Staatsanwaltschaft diesem Gericht zur Entscheidung vor.

Der Amtsrichter, der findet, daß eine bei ihm eingereichte Sache die Zuständigkeit des Amtsgerichts übersteigt, legt die Akten durch Vermittlung der Staatsanwaltschaft dem Landgericht zur Entscheidung vor.

§ 210. Der Beschluß, durch den das Hauptverfahren eröffnet worden ist, kann von dem Angeklagten nicht angefochten werden.

Gegen den Beschluß, durch den die Eröffnung des Hauptverfahrens abgelehnt oder abweichend von dem Antrag der Staatsanwaltschaft die Verweisung an ein Gericht niederer Ordnung ausgesprochen worden ist, steht der Staatsanwaltschaft sofortige Beschwerde zu.

Gibt das Beschwerdegericht der Beschwerde statt, so kann es zugleich bestimmen, daß die Hauptverhandlung vor einer anderen Kammer des Gerichts, das den Beschluß nach Abs. 2 erlassen hat, oder vor einem zu demselben Land gehörenden benachbarten Gericht gleicher Ordnung stattzufinden hat.

§ 211. Ist die Eröffnung des Hauptverfahrens durch einen nicht mehr anfechtbaren Beschluß abgelehnt, so kann die Klage nur auf Grund neuer Tatsachen oder Beweismittel wieder aufgenommen werden.

§ 212. Im Verfahren vor dem Amtsrichter und dem Schöffengericht kann die Staatsanwaltschaft schriftlich oder mündlich den Antrag auf Aburteilung im beschleunigten Verfahren stellen, wenn der Sachverhalt einfach und die sofortige Aburteilung möglich ist.

§ 212a. Stellt die Staatsanwaltschaft den Antrag, so wird die Hauptverhandlung sofort durchgeführt oder mit kürzester Frist anberaumt, ohne daß es einer Entscheidung über die Eröffnung des Hauptverfahrens bedarf.

Der Einreichung einer Anklageschrift bedarf es nicht. Wird eine Anklageschrift nicht eingereicht, so wird die Anklage bei Beginn der Hauptverhandlung mündlich erhoben und ihr wesentlicher Inhalt in das Sitzungsprotokoll aufgenommen.

Der Ladung des Beschuldigten bedarf es nur, wenn er sich nicht freiwillig zur Hauptverhandlung stellt oder nicht dem Gericht vorgeführt wird. Mit der Ladung wird ihm mitgeteilt, was ihm zur Last gelegt wird. Die Ladungsfrist beträgt vierundzwanzig Stunden.

§ 212b. Der Amtsrichter oder das Schöffengericht lehnt die Aburteilung im beschleunigten Verfahren ab, wenn sich die Sache zur Verhandlung in diesem Verfahren nicht eignet, oder wenn eine höhere Strafe als ein Jahr Gefängnis zu erwarten ist. Zuchthaus oder eine Maßregel der Sicherung und Besserung darf in diesem Verfahren nicht verhängt werden.

Die Aburteilung im beschleunigten Verfahren kann auch in der Hauptverhandlung bis zur Verkündung des Urteils abgelehnt werden. Der Beschluß ist nicht anfechtbar.

Wird die Aburteilung im beschleunigten Verfahren abgelehnt, so bedarf es der Einreichung einer neuen Anklageschrift.

Fünfter Abschnitt

Vorbereitung der Hauptverhandlung

§ 213. Der Termin zur Hauptverhandlung wird von dem Vorsitzenden des Gerichts anberaumt.

§ 214. Die zur Hauptverhandlung erforderlichen Ladungen und die Herbeischaffung der als Beweismittel dienenden Gegenstände bewirkt die Staatsanwaltschaft. Sie können auch vom Gericht bewirkt werden.

Ist anzunehmen, daß die Hauptverhandlung sich auf längere Zeit erstreckt, so kann der Vorsitzende bestimmen, daß sämtliche oder einzelne Zeugen und Sachverständige zu einem späteren Zeitpunkt als dem Beginn der Hauptverhandlung geladen werden.

§ 215. Der Beschluß über die Eröffnung des Hauptverfahrens ist dem Angeklagten spätestens mit der Ladung zuzustellen.

§ 216. Die Ladung eines auf freiem Fuß befindlichen Angeklagten geschieht schriftlich unter der Warnung, daß im Falle seines unentschuldigten Ausbleibens seine Verhaftung oder Vorführung erfolgen werde. Die Warnung kann in den Fällen des § 232 unterbleiben.

Der nicht auf freiem Fuß befindliche Angeklagte wird durch Bekanntmachung des Termins zur Hauptverhandlung gemäß § 35 geladen. Dabei ist der Angeklagte zu befragen, ob und welche Anträge er zu seiner Verteidigung für die Hauptverhandlung zu stellen habe.

§ 217. Zwischen der Zustellung der Ladung (§ 216) und dem Tag der Hauptverhandlung muß eine Frist von mindestens einer Woche liegen.

Ist diese Frist nicht eingehalten worden, so kann der Angeklagte die Aussetzung der Verhandlung verlangen, solange mit der Verlesung des Beschlusses über die Eröffnung des Hauptverfahrens nicht begonnen ist.

Der Angeklagte kann auf die Einhaltung der Frist verzichten.

§ 218. Neben dem Angeklagten ist der bestellte Verteidiger stets, der gewählte Verteidiger dann zu laden, wenn die Wahl dem Gericht angezeigt worden ist. § 217 gilt entsprechend.

Im Falle des § 146 wird dem Verteidiger nur eine Ladung zugestellt. In der Ladung sind sämtliche Angeklagten zu bezeichnen, gegen welche die Hauptverhandlung stattfinden soll, soweit der Verteidiger für sie auftritt.

§ 219. Verlangt der Angeklagte die Ladung von Zeugen oder Sachverständigen oder die Herbeischaffung anderer Beweismittel zur Hauptverhandlung, so hat er unter Angabe der Tatsachen, über die der Beweis erhoben werden soll, seine Anträge bei dem Vorsitzenden des Gerichts zu stellen. Die hierauf ergehende Verfügung ist ihm bekanntzumachen.

Beweisanträge des Angeklagten sind, soweit ihnen stattgegeben ist, der Staatsanwaltschaft mitzuteilen.

§ 220. Lehnt der Vorsitzende den Antrag auf Ladung einer Person ab, so kann der Angeklagte sie unmittelbar laden lassen. Hierzu ist er auch ohne vorgängigen Antrag befugt.

Eine unmittelbar geladene Person ist nur dann zum Erscheinen verpflichtet, wenn ihr bei der Ladung die gesetzliche Entschädigung für Reisekosten und Versäumnis bar dargeboten oder deren Hinterlegung bei der Geschäftsstelle nachgewiesen wird.

Ergibt sich in der Hauptverhandlung, daß die Vernehmung einer unmittelbar geladenen Person zur Aufklärung der Sache dienlich war, so hat das Gericht auf Antrag anzuordnen, daß ihr die gesetzliche Entschädigung aus der Staatskasse zu gewähren ist.

§ 221. Der Vorsitzende des Gerichts kann auch von Amts wegen die Ladung von Zeugen und Sachverständigen sowie die Herbeischaffung anderer Beweismittel anordnen.

§ 222. Gericht und Staatsanwaltschaft haben, wenn sie außer den in der Anklageschrift benannten oder auf Antrag des Angeklagten geladenen Zeugen oder Sachverständigen noch andere Personen laden, dem Angeklagten diese Personen rechtzeitig namhaft zu machen und ihren Wohn- oder Aufenthaltsort anzugeben.

Der Angeklagte hat die von ihm unmittelbar geladenen oder zur Hauptverhandlung zu stellenden Zeugen und Sachverständigen rechtzeitig dem Gericht und der Staatsanwaltschaft namhaft zu machen und ihren Wohn- oder Aufenthaltsort anzugeben.

§ 223. Wenn dem Erscheinen eines Zeugen oder Sachverständigen in der Hauptverhandlung für eine längere oder ungewisse Zeit Krankheit oder Gebrechlichkeit oder andere nicht zu beseitigende Hindernisse entgegenstehen, so kann das Gericht seine Vernehmung durch einen beauftragten oder ersuchten Richter anordnen.

Dasselbe gilt, wenn einem Zeugen oder Sachverständigen das Erscheinen wegen großer Entfernung nicht zugemutet werden kann.

Die Vernehmung von Zeugen hat eidlich zu erfolgen, soweit nicht Ausnahmen vorgeschrieben oder zugelassen sind.

§ 224. Von den zum Zweck dieser Vernehmung anberaumten Terminen sind die Staatsanwaltschaft, der Angeklagte und der Verteidiger zu benachrichtigen, soweit dies nicht wegen Gefahr im Verzug untunlich ist; ihrer Anwesenheit bei der Vernehmung bedarf es nicht. Das aufgenommene Protokoll ist der Staatsanwaltschaft und dem Verteidiger vorzulegen.

Der nicht auf freiem Fuß befindliche Angeklagte hat einen Anspruch auf Anwesenheit nur bei solchen Terminen, die an der Gerichtsstelle des Ortes abgehalten werden, wo er sich in Haft befindet.

§ 225. Ist zur Vorbereitung der Hauptverhandlung noch ein richterlicher Augenschein einzunehmen, so sind die Vorschriften des § 224 anzuwenden.

Sechster Abschnitt

Hauptverhandlung

§ 226. Die Hauptverhandlung erfolgt in ununterbrochener Gegenwart der zur Urteilsfindung berufenen Personen sowie der Staatsanwaltschaft und eines Urkundsbeamten der Geschäftsstelle.

§ 227. Es können mehrere Beamte der Staatsanwaltschaft und mehrere Verteidiger in der Hauptverhandlung mitwirken und ihre Verrichtungen unter sich teilen.

§ 228. Über Anträge auf Aussetzung einer Hauptverhandlung entscheidet das Gericht. Kürzere Unterbrechungen ordnet der Vorsitzende an.

Eine Verhinderung des Verteidigers gibt, unbeschadet der Vorschrift des § 145, dem Angeklagten kein Recht, die Aussetzung der Verhandlung zu verlangen.

Ist die Frist des § 217 Abs. 1 nicht eingehalten worden, so soll der Vorsitzende den Angeklagten mit der Befugnis, Aussetzung der Verhandlung zu verlangen, bekanntmachen.

§ 229. Eine unterbrochene Hauptverhandlung muß spätestens am elften Tage nach der Unterbrechung fortgesetzt werden, widrigenfalls mit dem Verfahren von neuem zu beginnen ist.

§ 230. Gegen einen ausgebliebenen Angeklagten findet eine Hauptverhandlung nicht statt.

Ist das Ausbleiben des Angeklagten nicht genügend entschuldigt, so ist die Vorführung anzuordnen oder ein Haftbefehl zu erlassen.

§ 231. Der erschienene Angeklagte darf sich aus der Verhandlung nicht entfernen. Der Vorsitzende kann die geeigneten Maßregeln treffen, um die Entfernung zu verhindern; auch kann er den Angeklagten während einer Unterbrechung der Verhandlung in Gewahrsam halten lassen.

Entfernt der Angeklagte sich dennoch oder bleibt er bei der Fortsetzung einer unterbrochenen Hauptverhandlung aus, so kann diese in seiner Abwesenheit zu Ende geführt werden, wenn er über die Anklage schon vernommen war und das Gericht seine fernere Anwesenheit nicht für erforderlich erachtet.

§ 232. Die Hauptverhandlung kann ohne den Angeklagten durchgeführt werden, wenn er ordnungsgemäß geladen und in der Ladung darauf hingewiesen ist, daß in seiner Abwesenheit verhandelt werden kann, und wenn keine höhere Strafe als Haft, Geldstrafe oder Einziehung, allein oder in Verbindung miteinander, zu erwarten ist. Eine höhere Strafe oder eine Maßregel der Sicherung und Besserung darf in diesem Verfahren nicht verhängt werden.

Auf Grund einer Ladung durch öffentliche Bekanntmachung findet die Hauptverhandlung ohne den Angeklagten nicht statt.

Die Niederschrift über eine richterliche Vernehmung des Angeklagten wird in der Hauptverhandlung verlesen.

Das in Abwesenheit des Angeklagten ergehende Urteil muß ihm mit den Urteilsgründen durch Übergabe zugestellt werden.

§ 233. Der Angeklagte kann auf seinen Antrag von der Verpflichtung zum Erscheinen in der Hauptverhandlung entbunden werden, wenn keine höhere Strafe als Freiheitsstrafe bis zu sechs Monaten oder Geldstrafe oder Einziehung, allein oder in Verbindung miteinander, zu erwarten ist. Eine höhere Strafe oder eine Maßregel der Sicherung und Besserung darf in seiner Abwesenheit nicht verhängt werden.

Wird der Angeklagte von der Verpflichtung zum Erscheinen in der Hauptverhandlung entbunden, so muß er durch einen beauftragten oder ersuchten Richter über die Anklage vernommen und dabei über die bei Verhandlung in seiner Abwesenheit zulässigen Strafen belehrt und befragt werden, ob er seinen Antrag auf Befreiung vom Erscheinen in der Hauptverhandlung aufrecht erhält.

Von dem zum Zweck der Vernehmung anberaumten Termin sind die Staatsanwaltschaft und der Verteidiger zu benachrichtigen; ihrer Anwesenheit bei der Vernehmung bedarf es nicht. Das Protokoll über die Vernehmung ist in der Hauptverhandlung zu verlesen.

§ 234. Soweit die Hauptverhandlung ohne Anwesenheit des Angeklagten stattfinden kann, ist er befugt, sich durch einen mit schriftlicher Vollmacht versehenen Verteidiger vertreten zu lassen.

§ 235. Hat die Hauptverhandlung gemäß § 232 ohne den Angeklagten stattgefunden, so kann er gegen das Urteil binnen einer Woche nach seiner Zustellung die Wiedereinsetzung in den vorigen Stand unter den gleichen Voraussetzungen wie gegen die Versäumung einer Frist nachsuchen; hat er von der Ladung zur Hauptverhandlung keine Kenntnis erlangt, so kann er stets die Wiedereinsetzung in den vorigen Stand beanspruchen. Hierüber ist der Angeklagte bei der Zustellung des Urteils zu belehren.

§ 236. Das Gericht ist stets befugt, das persönliche Erscheinen des Angeklagten anzuordnen und durch einen Vorführungsbefehl oder Haftbefehl zu erzwingen.

§ 237. Das Gericht kann im Falle eines Zusammenhangs zwischen mehreren bei ihm anhängigen Strafsachen ihre Verbindung zum Zwecke gleichzeitiger Verhandlung anordnen, auch wenn dieser Zusammenhang nicht der im § 3 bezeichnete ist.

§ 238. Die Leitung der Verhandlung, die Vernehmung des Angeklagten und die Aufnahme des Beweises erfolgt durch den Vorsitzenden.

Wird eine auf die Sachleitung bezügliche Anordnung des Vorsitzenden von einer bei der Verhandlung beteiligten Person als unzulässig beanstandet, so entscheidet das Gericht.

§ 239. Die Vernehmung der von der Staatsanwaltschaft und dem Angeklagten benannten Zeugen und Sachverständigen ist der Staatsanwaltschaft und dem Verteidiger auf deren übereinstimmenden Antrag von dem Vorsitzenden zu überlassen. Bei den von der Staatsanwaltschaft benannten Zeugen und Sachverständigen hat diese, bei den von dem Angeklagten benannten der Verteidiger in erster Reihe das Recht zur Vernehmung.

Der Vorsitzende hat auch nach dieser Vernehmung die ihm zur weiteren Aufklärung der Sache erforderlich scheinenden Fragen an die Zeugen und Sachverständigen zu richten.

§ 240. Der Vorsitzende hat den beisitzenden Richtern auf Verlangen zu gestatten, Fragen an den Angeklagten, die Zeugen und die Sachverständigen zu stellen.

Dasselbe hat der Vorsitzende der Staatsanwaltschaft, dem Angeklagten und dem Verteidiger sowie den Geschworenen und den Schöffen zu gestatten. Die unmittelbare Befragung eines Angeklagten durch einen Mitangeklagten ist unzulässig.

§ 241. Dem, welcher im Falle des § 239 Abs. 1 die Befugnis der Vernehmung mißbraucht, kann sie von dem Vorsitzenden entzogen werden.

In den Fällen des § 239 Abs. 1 und des § 240 Abs. 2 kann der Vorsitzende ungeeignete oder nicht zur Sache gehörende Fragen zurückweisen.

§ 242. Zweifel über die Zulässigkeit einer Frage entscheidet in allen Fällen das Gericht.

§ 243. Die Hauptverhandlung beginnt mit dem Aufruf der Zeugen und Sachverständigen.

Hieran schließt sich die Vernehmung des Angeklagten über seine persönlichen Verhältnisse und die Verlesung des Beschlusses über die Eröffnung des Hauptverfahrens.

Sodann erfolgt die weitere Vernehmung des Angeklagten nach Maßgabe des § 136.

Die Verlesung des Beschlusses und die Vernehmung des Angeklagten geschieht in Abwesenheit der zu vernehmenden Zeugen.

§ 244. Nach der Vernehmung des Angeklagten folgt die Beweisaufnahme.

Das Gericht hat zur Erforschung der Wahrheit die Beweisaufnahme von Amts wegen auf alle Tatsachen und Beweismittel zu erstrecken, die für die Entscheidung von Bedeutung sind.

Ein Beweisantrag ist abzulehnen, wenn die Erhebung des Beweises unzulässig ist. Im übrigen darf ein Beweisantrag nur abgelehnt werden, wenn eine

Beweiserhebung wegen Offenkundigkeit überflüssig ist, wenn die Tatsache, die bewiesen werden soll, für die Entscheidung ohne Bedeutung oder schon erwiesen ist, wenn das Beweismittel völlig ungeeignet oder wenn es unerreichbar ist, wenn der Antrag zum Zweck der Prozeßverschleppung gestellt ist oder wenn eine erhebliche Behauptung, die zur Entlastung des Angeklagten bewiesen werden soll, so behandelt werden kann, als wäre die behauptete Tatsache wahr.

Ein Beweisantrag auf Vernehmung eines Sachverständigen kann, soweit nichts anderes bestimmt ist, auch abgelehnt werden, wenn das Gericht selbst die erforderliche Sachkunde besitzt. Die Anhörung eines weiteren Sachverständigen kann auch dann abgelehnt werden, wenn durch das frühere Gutachten das Gegenteil der behaupteten Tatsache bereits erwiesen ist; dies gilt nicht, wenn die Sachkunde des früheren Gutachters zweifelhaft ist, wenn sein Gutachten von unzutreffenden tatsächlichen Voraussetzungen ausgeht, wenn das Gutachten Widersprüche enthält oder wenn der neue Sachverständige über Forschungsmittel verfügt, die denen eines früheren Gutachters überlegen erscheinen.

Ein Beweisantrag auf Einnahme eines Augenscheins kann abgelehnt werden, wenn der Augenschein nach dem pflichtgemäßen Ermessen des Gerichts zur Erforschung der Wahrheit nicht erforderlich ist.

Die Ablehnung eines Beweisantrages bedarf eines Gerichtsbeschlusses.

§ 245. Die Beweisaufnahme ist auf die sämtlichen vorgeladenen und auch erschienenen Zeugen und Sachverständigen sowie auf die anderen herbeigeschafften Beweismittel zu erstrecken, es sei denn, daß die Beweiserhebung unzulässig oder zum Zweck der Prozeßverschleppung beantragt ist. Dies gilt auch dann, wenn die Ladung und das Erscheinen der Zeugen oder Sachverständigen oder die Herbeischaffung der anderen Beweismittel erst während der Hauptverhandlung erfolgt. Von der Erhebung einzelner Beweise kann abgesehen werden, wenn die Staatsanwaltschaft und der Angeklagte damit einverstanden sind.

§ 246. Eine Beweiserhebung darf nicht deshalb abgelehnt werden, weil das Beweismittel oder die zu beweisende Tatsache zu spät vorgebracht worden sei.

Ist jedoch ein zu vernehmender Zeuge oder Sachverständiger dem Gegner des Antragstellers so spät namhaft gemacht oder eine zu beweisende Tatsache so spät vorgebracht worden, daß es dem Gegner an der zur Einziehung von Erkundigungen erforderlichen Zeit gefehlt hat, so kann er bis zum Schluß der Beweisaufnahme die Aussetzung der Hauptverhandlung zum Zweck der Erkundigung beantragen.

Dieselbe Befugnis haben die Staatsanwaltschaft und der Angeklagte bei den auf Anordnung des Vorsitzenden oder des Gerichts geladenen Zeugen oder Sachverständigen.

Über die Anträge entscheidet das Gericht nach freiem Ermessen.

§ 246a. Ist damit zu rechnen, daß die Unterbringung des Angeklagten in einer Heil- oder Pflegeanstalt, einer Trinkerheilanstalt oder einer Entziehungsanstalt angeordnet werden wird, so ist in der Hauptverhandlung ein Arzt als Sachverständiger über den geistigen und körperlichen Zustand des Angeklagten zu vernehmen. Hat der Sachverständige den Angeklagten nicht schon früher untersucht, so soll ihm dazu vor der Hauptverhandlung Gelegenheit gegeben werden.

§ 247. Das Gericht kann den Angeklagten, wenn zu befürchten ist, daß ein Mitangeklagter oder ein Zeuge bei seiner Vernehmung in Gegenwart des Angeklagten die Wahrheit nicht sagen werde, während dieser Vernehmung aus dem Sitzungszimmer abtreten lassen. Der Vorsitzende hat jedoch den Angeklagten, sobald dieser wieder vorgelassen worden ist, von dem wesentlichen Inhalt dessen zu unterrichten, was während seiner Abwesenheit ausgesagt oder sonst verhandelt worden ist.

In gleicher Weise ist zu verfahren, wenn das Gericht wegen ordnungswidrigen Benehmens des Angeklagten zeitweise dessen Entfernung aus dem Sitzungszimmer angeordnet hat.

§ 248. Die vernommenen Zeugen und Sachverständigen dürfen sich nur mit Genehmigung oder auf Anweisung des Vorsitzenden von der Gerichtsstelle entfernen. Die Staatsanwaltschaft und der Angeklagte sind vorher zu hören.

§ 249. Urkunden und andere als Beweismittel dienende Schriftstücke werden in der Hauptverhandlung verlesen. Dies gilt insbesondere von früher ergangenen Strafurteilen, von Straflisten und von Auszügen aus Kirchenbüchern und Personenstandsregistern und findet auch Anwendung auf Protokolle über die Einnahme des richterlichen Augenscheines.

§ 250. Beruht der Beweis einer Tatsache auf der Wahrnehmung einer Person, so ist diese in der Hauptverhandlung zu vernehmen. Die Vernehmung darf nicht durch Verlesung des über eine frühere Vernehmung aufgenommenen Protokolls oder einer schriftlichen Erklärung ersetzt werden.

§ 251. Die Vernehmung eines Zeugen, Sachverständigen oder Mitbeschuldigten darf durch Verlesung der Niederschrift über seine frühere richterliche Vernehmung ersetzt werden, wenn

1. der Zeuge, Sachverständige oder Mitbeschuldigte verstorben oder in Geisteskrankheit verfallen ist oder wenn sein Aufenthalt nicht zu ermitteln ist;
2. dem Erscheinen des Zeugen, Sachverständigen oder Mitbeschuldigten in der Hauptverhandlung für eine längere oder ungewisse Zeit Krankheit, Gebrechlichkeit oder andere nicht zu beseitigende Hindernisse entgegenstehen;
3. dem Zeugen oder Sachverständigen das Erscheinen in der Hauptverhandlung wegen großer Entfernung unter Berücksichtigung der Bedeutung seiner Aussage nicht zugemutet werden kann;
4. der Staatsanwalt, der Verteidiger und der Angeklagte mit der Verlesung einverstanden sind.

Ist ein Zeuge, Sachverständiger oder Mitbeschuldigter verstorben oder kann er aus einem anderen Grund in absehbarer Zeit gerichtlich nicht vernommen werden, so dürfen auch Niederschriften über eine andere Vernehmung sowie Urkunden, die eine von ihm stammende schriftliche Äußerung enthalten, verlesen werden.

Soll die Verlesung anderen Zwecken als unmittelbar der Urteilsfindung, insbesondere zur Vorbereitung der Entscheidung darüber dienen, ob die Ladung und Vernehmung einer Person erfolgen sollen, so dürfen Vernehmungsniederschriften, Urkunden und andere als Beweismittel dienende Schriftstücke auch sonst verlesen werden.

In den Fällen der Abs. 1 und 2 beschließt das Gericht, ob die Verlesung angeordnet wird. Der Grund der Verlesung wird bekanntgegeben. Wird die Niederschrift über eine richterliche Vernehmung verlesen, so wird festgestellt, ob der Vernommene vereidigt worden ist. Die Vereidigung wird nachgeholt, wenn sie dem Gericht notwendig erscheint und noch ausführbar ist.

§ 252. Die Aussage eines vor der Hauptverhandlung vernommenen Zeugen, der erst in der Hauptverhandlung von seinem Recht, das Zeugnis zu verweigern, Gebrauch macht, darf nicht verlesen werden.

§ 253. Erklärt ein Zeuge oder Sachverständiger, daß er sich einer Tatsache nicht mehr erinnere, so kann der hierauf bezügliche Teil des Protokolls über seine frühere Vernehmung zur Unterstützung seines Gedächtnisses verlesen werden.

Dasselbe kann geschehen, wenn ein in der Vernehmung hervortretender Widerspruch mit der früheren Aussage nicht auf andere Weise ohne Unterbrechung der Hauptverhandlung festgestellt oder behoben werden kann.

§ 254. Erklärungen des Angeklagten, die in einem richterlichen Protokoll enthalten sind, können zum Zweck der Beweisaufnahme über ein Geständnis verlesen werden.

Dasselbe kann geschehen, wenn ein in der Vernehmung hervortretender Widerspruch mit der früheren Aussage nicht auf andere Weise ohne Unterbrechung der Hauptverhandlung festgestellt oder behoben werden kann.

§ 255. In den Fällen der §§ 253 und 254 ist die Verlesung und ihr Grund auf Antrag der Staatsanwaltschaft oder des Angeklagten im Protokoll zu erwähnen.

§ 256. Die ein Zeugnis oder ein Gutachten enthaltenden Erklärungen öffentlicher Behörden mit Ausschluß von Leumundszeugnissen sowie ärztliche Atteste über Körperverletzungen, die nicht zu den schweren gehören, können verlesen werden.

Ist das Gutachten einer kollegialen Fachbehörde eingeholt worden, so kann das Gericht die Behörde ersuchen, eines ihrer Mitglieder mit der Vertretung des Gutachtens in der Hauptverhandlung zu beauftragen und dem Gericht zu bezeichnen.

§ 257. Nach der Vernehmung eines jeden Zeugen, Sachverständigen oder Mitangeklagten sowie nach der Verlesung eines jeden Schriftstücks soll der Angeklagte befragt werden, ob er etwas zu erklären habe.

§ 258. Nach dem Schluß der Beweisaufnahme erhalten der Staatsanwalt und sodann der Angeklagte zu ihren Ausführungen und Anträgen das Wort.

Dem Staatsanwalt steht das Recht der Erwiderung zu; dem Angeklagten gebührt das letzte Wort.

Der Angeklagte ist, auch wenn ein Verteidiger für ihn gesprochen hat, zu befragen, ob er selbst noch etwas zu seiner Verteidigung anzuführen habe.

§ 259. Einem der Gerichtssprache nicht mächtigen Angeklagten müssen aus den Schlußvorträgen mindestens die Anträge des Staatsanwalts und des Verteidigers durch den Dolmetscher bekanntgemacht werden.

Dasselbe gilt von einem tauben Angeklagten, sofern nicht eine schriftliche Verständigung erfolgt.

§ 260. Die Hauptverhandlung schließt mit der auf die Beratung folgenden Verkündung des Urteils. Das Urteil lautet auf Freisprechung, Verurteilung, Anordnung einer Maßregel der Sicherung und Besserung oder Einstellung des Verfahrens.

Wird auf Untersagung der Berufsausübung erkannt, so ist im Urteil der Beruf, das Gewerbe oder der Gewerbezweig, dessen Ausübung untersagt wird, genau zu bezeichnen.

Die Einstellung des Verfahrens ist auszusprechen, wenn ein Verfahrenshindernis besteht.

Der Urteilsspruch gibt die rechtliche Bezeichnung der Tat an, deren der Angeklagte schuldig gesprochen wird. Strafen oder Maßregeln der Sicherung und Besserung, die neben anderen verwirkten Strafen oder Maßregeln nicht vollstreckt werden können, werden in den Urteilsspruch nicht aufgenommen; sie werden nur in den Urteilsgründen aufgeführt. Im übrigen unterliegt die Fassung des Urteilsspruchs dem Ermessen des Gerichts.

§ 261. Über das Ergebnis der Beweisaufnahme entscheidet das Gericht nach seiner freien, aus dem Inbegriff der Verhandlung geschöpften Überzeugung.

§ 262. Hängt die Strafbarkeit einer Handlung von der Beurteilung eines bürgerlichen Rechtsverhältnisses ab, so entscheidet das Strafgericht auch über dieses nach den für das Verfahren und den Beweis in Strafsachen geltenden Vorschriften.

Das Gericht ist jedoch befugt, die Untersuchung auszusetzen und einem der Beteiligten zur Erhebung der Zivilklage eine Frist zu bestimmen oder das Urteil des Zivilgerichts abzuwarten.

§ 263. Zu einer jeden dem Angeklagten nachteiligen Entscheidung, welche die Schuldfrage, die Bemessung der Strafe, die Anordnung einer Nebenstrafe oder

Nebenfolge oder die Anordnung einer Maßregel der Sicherung und Besserung betrifft, ist eine Mehrheit von zwei Dritteln der Stimmen erforderlich.

Die Schuldfrage umfaßt auch solche vom Strafgesetz besonders vorgesehene Umstände, welche die Strafbarkeit ausschließen, vermindern oder erhöhen.

Die Schuldfrage umfaßt nicht die Voraussetzungen des Rückfalls und der Verjährung.

§ 264. Gegenstand der Urteilsfindung ist die in der Anklage bezeichnete Tat, wie sie sich nach dem Ergebnis der Verhandlung darstellt.

Das Gericht ist an die Beurteilung der Tat, die dem Beschluß über die Eröffnung des Hauptverfahrens zugrunde liegt, nicht gebunden.

§ 265. Der Angeklagte darf nicht auf Grund eines anderen als des in dem Beschluß über die Eröffnung des Hauptverfahrens angeführten Strafgesetzes verurteilt werden, ohne daß er zuvor auf die Veränderung des rechtlichen Gesichtspunktes besonders hingewiesen und ihm Gelegenheit zur Verteidigung gegeben worden ist.

Ebenso ist zu verfahren, wenn sich erst in der Verhandlung vom Strafgesetz besonders vorgesehene Umstände ergeben, welche die Strafbarkeit erhöhen oder die Anordnung einer Maßregel der Sicherung und Besserung rechtfertigen.

Bestreitet der Angeklagte unter der Behauptung, auf die Verteidigung nicht genügend vorbereitet zu sein, neu hervorgetretene Umstände, welche die Anwendung eines schwereren Strafgesetzes gegen den Angeklagten zulassen als des in dem Beschluß über die Eröffnung des Hauptverfahrens angeführten, oder die zu den im zweiten Absatz bezeichneten gehören, so ist auf seinen Antrag die Hauptverhandlung auszusetzen.

Auch sonst hat das Gericht auf Antrag oder von Amts wegen die Hauptverhandlung auszusetzen, falls dies infolge der veränderten Sachlage zur genügenden Vorbereitung der Anklage oder der Verteidigung angemessen erscheint.

§ 266. Erstreckt der Staatsanwalt in der Hauptverhandlung die Anklage auf weitere Straftaten des Angeklagten, so kann das Gericht sie durch Beschluß in das Verfahren einbeziehen, wenn es für sie zuständig ist und der Angeklagte zustimmt.

Die Nachtragsanklage kann mündlich erhoben werden. Ihr Inhalt entspricht dem § 200 Abs. 1. Sie wird in die Sitzungsniederschrift aufgenommen. Der Vorsitzende gibt dem Angeklagten Gelegenheit, sich zu verteidigen.

Die Verhandlung wird unterbrochen, wenn es der Vorsitzende für erforderlich hält, oder wenn der Angeklagte es beantragt und sein Antrag nicht offenbar mutwillig oder nur zur Verzögerung des Verfahrens gestellt ist. Auf das Recht, die Unterbrechung zu beantragen, wird der Angeklagte hingewiesen.

§ 267. Wird der Angeklagte verurteilt, so müssen die Urteilsgründe die für erwiesen erachteten Tatsachen angeben, in denen die gesetzlichen Merkmale der strafbaren Handlung gefunden werden. Soweit der Beweis aus anderen Tatsachen gefolgert wird, sollen auch diese Tatsachen angegeben werden.

Waren in der Verhandlung vom Strafgesetz besonders vorgesehene Umstände behauptet worden, welche die Strafbarkeit ausschließen, vermindern oder erhöhen, so müssen die Urteilsgründe sich darüber aussprechen, ob diese Umstände für festgestellt oder für nicht festgestellt erachtet werden.

Die Gründe des Strafurteils müssen ferner das zur Anwendung gebrachte Strafgesetz bezeichnen und die Umstände anführen, die für die Zumessung der Strafe bestimmend gewesen sind. Macht das Strafgesetz die Anwendung einer geringeren Strafe von dem Vorhandensein mildernder Umstände im allgemeinen abhängig, so müssen die Urteilsgründe die hierüber getroffene Entscheidung ergeben, sofern das Vorhandensein solcher Umstände angenommen oder einem in der Verhandlung gestellten Antrag entgegen verneint wird.

Verzichten alle zur Anfechtung Berechtigten auf Rechtsmittel, so genügt die Angabe der für erwiesen erachteten Tatsachen, in denen die gesetzlichen Merkmale der strafbaren Handlung gefunden werden, und des zur Anwendung gebrachten Strafgesetzes.

Wird der Angeklagte freigesprochen, so müssen die Urteilsgründe ergeben, ob der Angeklagte für nicht überführt, oder ob und aus welchen Gründen die für erwiesen angenommene Tat für nicht strafbar erachtet worden ist.

Die Urteilsgründe müssen auch ergeben, weshalb eine Maßregel der Sicherung und Besserung angeordnet oder einem in der Verhandlung gestellten Antrag entgegen nicht angeordnet worden ist.

§ 268. Das Urteil ergeht im Namen des Volkes.

Die Verkündung des Urteils erfolgt durch Verlesung der Urteilsformel und Eröffnung der Urteilsgründe am Schluß der Verhandlung oder spätestens am vierten Tage nach dem Schluß der Verhandlung. Die Eröffnung der Urteilsgründe geschieht durch Verlesung oder durch mündliche Mitteilung ihres wesentlichen Inhalts. Die Verlesung der Urteilsformel hat in jedem Falle der Mitteilung der Urteilsgründe voranzugehen.

War die Verkündung des Urteils ausgesetzt, so sind die Urteilsgründe tunlichst vorher schriftlich festzustellen.

Ist der Angeklagte bei der Verkündung anwesend und ist gegen das Urteil ein Rechtsmittel zulässig, so soll er über die Einlegung des Rechtsmittels belehrt werden.

§ 269. Das Gericht darf sich nicht für unzuständig erklären, weil die Sache vor ein Gericht niederer Ordnung gehöre.

§ 270. Hält ein Gericht nach dem Ergebnis der Hauptverhandlung die sachliche Zuständigkeit eines Gerichts höherer Ordnung für begründet, so verweist es die Sache durch Beschluß an das zuständige Gericht.

In dem Beschluß werden die Tat, die dem Angeklagten zur Last gelegt wird, die strafbare Handlung, die sie darstellt, und die anzuwendenden Strafgesetze angeführt.

Der Beschluß hat die Wirkung eines das Hauptverfahren eröffnenden Beschlusses und muß den Erfordernissen eines solchen entsprechen. Seine Anfechtbarkeit bestimmt sich nach den Vorschriften des § 210.

Ist der Verweisungsbeschluß von einem Amtsrichter oder einem Schöffengericht ergangen, so kann der Angeklagte, falls nicht eine Voruntersuchung stattgefunden hat, innerhalb einer bei der Bekanntmachung des Beschlusses zu bestimmenden Frist die Vornahme einzelner Beweiserhebungen vor der Hauptverhandlung beantragen. Über den Antrag entscheidet der Vorsitzende des Gerichts, an das die Sache verwiesen worden ist.

§ 271. Über die Hauptverhandlung ist ein Protokoll aufzunehmen und von dem Vorsitzenden und dem Urkundsbeamten der Geschäftsstelle zu unterschreiben.

Ist der Vorsitzende verhindert, so unterschreibt für ihn der älteste beisitzende Richter. Ist der Vorsitzende das einzige richterliche Mitglied des Gerichts, so genügt bei seiner Verhinderung die Unterschrift des Urkundsbeamten der Geschäftsstelle.

§ 272. Das Protokoll über die Hauptverhandlung enthält

1. den Ort und Tag der Verhandlung;
2. die Namen der Richter, Geschworenen und Schöffen, des Beamten der Staatsanwaltschaft, des Urkundsbeamten der Geschäftsstelle und des zugezogenen Dolmetschers;
3. die Bezeichnung der strafbaren Handlung nach der Anklage;
4. die Namen der Angeklagten, ihrer Verteidiger, der Privatkläger, Nebenkläger, Verletzten, die Ansprüche aus der Straftat geltend machen, gesetzlichen Vertreter, Bevollmächtigten und Beistände;
5. die Angabe, daß öffentlich verhandelt oder die Öffentlichkeit ausgeschlossen ist.

§ 273. Das Protokoll muß den Gang und die Ergebnisse der Hauptverhandlung im wesentlichen wiedergeben und die Beobachtung aller wesentlichen Förmlichkeiten ersichtlich machen, auch die Bezeichnung der verlesenen Schriftstücke sowie die im Laufe der Verhandlungen gestellten Anträge, die ergangenen Entscheidungen und die Urteilsformel enthalten.

Aus der Hauptverhandlung vor dem Amtsrichter und dem Schöffengericht sind außerdem die wesentlichen Ergebnisse der Vernehmungen in das Protokoll aufzunehmen.

Kommt es auf die Feststellung eines Vorgangs in der Hauptverhandlung oder des Wortlauts einer Aussage oder einer Äußerung an, so hat der Vorsitzende die vollständige Niederschreibung und Verlesung anzuordnen. In dem Protokoll ist zu vermerken, daß die Verlesung geschehen und die Genehmigung erfolgt ist, oder welche Einwendungen erhoben worden sind.

§ 274. Die Beobachtung der für die Hauptverhandlung vorgeschriebenen Förmlichkeiten kann nur durch das Protokoll bewiesen werden. Gegen den diese Förmlichkeiten betreffenden Inhalt des Protokolls ist nur der Nachweis der Fälschung zulässig.

§ 275. Das Urteil mit den Gründen ist binnen einer Woche nach der Verkündung zu den Akten zu bringen, falls es nicht bereits vollständig in das Protokoll aufgenommen worden ist.

Es ist von den Richtern, die bei der Entscheidung mitgewirkt haben, zu unterschreiben. Ist ein Richter verhindert, seine Unterschrift beizufügen, so wird dies unter der Angabe des Verhinderungsgrundes von dem Vorsitzenden und bei dessen Verhinderung von dem ältesten beisitzenden Richter unter dem Urteil vermerkt. Der Unterschrift der Schöffen und der Geschworenen bedarf es nicht.

Die Bezeichnung des Tages der Sitzung sowie die Namen der Richter, der Geschworenen, der Schöffen, des Beamten der Staatsanwaltschaft und des Urkundsbeamten der Geschäftsstelle, die an der Sitzung teilgenommen haben, sind in das Urteil aufzunehmen.

Die Ausfertigungen und Auszüge der Urteile sind von dem Urkundsbeamten der Geschäftsstelle zu unterschreiben und mit dem Gerichtssiegel zu versehen.

Siebenter Abschnitt

Verfahren gegen Abwesende

§ 276. Ein Beschuldigter gilt als abwesend, wenn sein Aufenthalt unbekannt ist, oder wenn er sich im Ausland aufhält und seine Gestellung vor das zuständige Gericht nicht ausführbar oder nicht angemessen erscheint.

Für das Verfahren gelten die allgemeinen Vorschriften, soweit ihnen nicht die Abwesenheit des Beschuldigten entgegensteht oder in den folgenden Vorschriften anderes bestimmt ist.

§ 277. Gegen einen Abwesenden findet eine Hauptverhandlung nur auf Antrag der Staatsanwaltschaft statt.

Die Staatsanwaltschaft darf den Antrag nur stellen, wenn die den Gegenstand der Untersuchung bildende Tat nur mit Haft, Geldstrafe oder Einziehung, allein oder in Verbindung miteinander, bedroht ist.

Ist den Umständen nach anzunehmen, daß sich der Beschuldigte im Ausland aufhält, so soll die Staatsanwaltschaft den Antrag nur stellen, wenn mit einer alsbaldigen Gestellung des Abwesenden nicht gerechnet werden kann, oder seine Auslieferung nicht möglich ist oder auf Schwierigkeiten stößt. Ist anzunehmen, daß er sich im Inland verborgen hält, so soll sie den Antrag nur stellen, wenn die Ermittlungen nach dem Aufenthalt des Abwesenden ergebnislos geblieben sind.

Gegen einen abwesenden Ausländer soll der Antrag nicht gestellt werden.

§ 278. (weggefallen.)

§ 279. Der Abwesende wird zur Hauptverhandlung öffentlich geladen. Einer Zustellung der Anklageschrift und des Eröffnungsbeschlusses bedarf es nicht.

In der Ladung sollen angegeben werden:

1. der Name und, soweit bekannt, der Rufname, der Beruf, der frühere Wohn- oder Aufenthaltsort und der Geburtsort des Abwesenden;
2. die Straftat, die ihm zur Last gelegt wird, mit ihren gesetzlichen Merkmalen sowie der Ort und die Zeit der Begehung;
3. die anwendbaren Strafvorschriften;
4. Ort und Zeit der Hauptverhandlung.

In der Ladung ist der Abwesende darauf hinzuweisen, daß die Hauptverhandlung auch bei seinem Ausbleiben stattfinden wird und das Urteil vollstreckbar ist.

§ 280. Die Ladung ist in mindestens einem öffentlichen Blatt, dessen Auswahl die Staatsanwaltschaft trifft, bekanntzumachen. Sie gilt als erfolgt, wenn seit dem Erscheinen des Blattes, in dem die erste Bekanntmachung erfolgt ist, zwei Wochen verflossen sind.

Eine beglaubigte Abschrift der Ladung soll zwei Wochen an die Gerichtstafel des Gerichts des ersten Rechtszuges angeheftet werden.

Ist der Aufenthalt des Abwesenden, seiner Angehörigen oder anderer ihm nahestehender Personen bekannt, so soll ihnen die Ladung unter Beifügung der Anklageschrift mitgeteilt werden.

Die Staatsanwaltschaft kann auch weitere Maßnahmen treffen, um die Ladung zur Kenntnis des Abwesenden zu bringen.

§ 281. Angehörige des Angeklagten sind, auch ohne Vollmacht, als Vertreter zuzulassen.

§ 282. Ergibt die Hauptverhandlung, daß sich in Abwesenheit des Angeklagten weder seine Schuld noch seine Nichtschuld feststellen läßt, so stellt das Gericht das Verfahren vorläufig ein. Der Beschluß ist nicht anfechtbar.

§ 282a. Das Urteil ist als Abwesenheitsurteil zu kennzeichnen und nach § 40 Abs. 2 zuzustellen. Die in § 316 Abs. 2 und § 343 Abs. 2 vorgeschriebenen Zustellungen erfolgen an den Verteidiger.

Das Urteil ist zu vollstrecken, soweit es möglich ist. Die Staatsanwaltschaft kann das Urteil öffentlich bekanntmachen.

§ 282b. Die im § 281 bezeichneten Personen können von den dem Beschuldigten zustehenden Rechtsmitteln Gebrauch machen.

§ 282c. Wird der Verurteilte ergriffen oder stellt er sich freiwillig, so ist ihm das Abwesenheitsurteil erneut zuzustellen. Bei der Zustellung ist er über die Form und die Frist für die Wiederaufnahme des Verfahrens (Abs. 2) zu belehren.

Binnen einer Woche seit der Zustellung kann der Verurteilte, auch wenn die im § 359 vorgesehenen Gründe für die Wiederaufnahme des Verfahrens nicht vorliegen, die Wiederaufnahme des Verfahrens beantragen. Sie findet statt, wenn der Abwesende sein Ausbleiben durch triftige Gründe rechtfertigt oder wenn sonstige Umstände vorliegen, die eine Erneuerung der Hauptverhandlung als notwendig erscheinen lassen.

Im übrigen gelten für das Verfahren die allgemeinen Vorschriften.

§ 283. Soweit es nach dem Ermessen des Richters zur Deckung der den Angeschuldigten möglicherweise treffenden höchsten Geldstrafe und der Kosten des Verfahrens erforderlich ist, können einzelne zum Vermögen des Angeschuldigten gehörende Gegenstände mit Beschlag belegt werden. Für diese Beschlagnahme gelten die Vorschriften der Zivilprozeßordnung über die Vollziehung und die Wirkungen des dinglichen Arrestes entsprechend. Die Beschlagnahme ist aufzuheben, wenn ihr Grund weggefallen ist.

§ 284. Soweit eine Deckung durch eine Beschlagnahme gemäß § 283 nicht ausführbar erscheint, kann durch Beschluß des Gerichts das im Geltungsbereich dieses Bundesgesetzes befindliche Vermögen des Angeschuldigten mit Beschlag belegt werden. Der Beschluß ist durch den Bundesanzeiger und nach Ermessen des Gerichts auch durch andere Blätter zu veröffentlichen.

Verfügungen, die der Angeschuldigte über sein mit Beschlag belegtes Vermögen nach der ersten durch den Bundesanzeiger bewirkten Veröffentlichung des Beschlusses vornimmt, sind der Staatskasse gegenüber nichtig.

Die Beschlagnahme des Vermögens ist aufzuheben, sobald ihr Grund weggefallen oder die Deckung der Staatskasse durch eine Beschlagnahme gemäß § 283 bewirkt ist.

Die Aufhebung der Beschlagnahme ist durch dieselben Blätter bekanntzumachen, durch welche die Beschlagnahme veröffentlicht worden ist.

§ 285. In anderen als den in § 277 bezeichneten Fällen findet gegen einen Abwesenden eine Hauptverhandlung nicht statt. Das gegen den Abwesenden eingeleitete Verfahren hat die Aufgabe, für den Fall seiner künftigen Gestellung die Beweise zu sichern.

Für dieses Verfahren gelten die Vorschriften der §§ 286 bis 294.

§ 286. Für den Angeklagten kann ein Verteidiger auftreten. Auch Angehörige des Angeklagten sind, auch ohne Vollmacht, als Vertreter zuzulassen.

Zeugen sind, soweit nicht Ausnahmen vorgeschrieben oder zugelassen sind, eidlich zu vernehmen.

§ 287. Dem abwesenden Beschuldigten steht ein Anspruch auf Benachrichtigung über den Fortgang des Verfahrens nicht zu.

Der Richter ist jedoch befugt, einem Abwesenden, dessen Aufenthalt bekannt ist, Benachrichtigungen zugehen zu lassen.

§ 288. Der Abwesende, dessen Aufenthalt unbekannt ist, kann in einem oder mehreren öffentlichen Blättern zum Erscheinen vor Gericht oder zur Anzeige seines Aufenthaltsortes aufgefordert werden.

§ 289. Stellt sich erst nach Eröffnung des Hauptverfahrens die Abwesenheit des Angeklagten heraus, so erfolgen die noch erforderlichen Beweisaufnahmen durch einen beauftragten oder ersuchten Richter.

§ 290. Liegen gegen den Abwesenden, gegen den die öffentliche Klage erhoben ist, Verdachtsgründe vor, die den Erlaß eines Haftbefehls rechtfertigen würden, so kann sein im Geltungsbereich dieses Bundesgesetzes befindliches Vermögen durch Beschluß des Gerichts mit Beschlag belegt werden.

§ 291. Der die Beschlagnahme verhängende Beschluß ist durch den Bundesanzeiger bekanntzumachen und kann nach dem Ermessen des Gerichts auch durch andere Blätter veröffentlicht werden.

§ 292. Mit dem Zeitpunkt der ersten Bekanntmachung im Bundesanzeiger verliert der Angeschuldigte das Recht, über das in Beschlag genommene Vermögen unter Lebenden zu verfügen.

Der die Beschlagnahme verhängende Beschluß ist der Behörde mitzuteilen, die für die Einleitung einer Pflegschaft über Abwesende zuständig ist. Diese Behörde hat eine Pflegschaft einzuleiten.

§ 293. Die Beschlagnahme ist aufzuheben, wenn ihre Gründe weggefallen sind.

Die Aufhebung der Beschlagnahme ist durch dieselben Blätter bekanntzumachen, durch welche die Beschlagnahme selbst veröffentlicht worden war.

§ 294. Für das nach Erhebung der öffentlichen Klage eintretende Verfahren gelten im übrigen die Vorschriften über die Voruntersuchung entsprechend.

In dem nach Beendigung dieses Verfahrens ergehenden Beschluß (§ 198) ist zugleich über die Fortdauer oder Aufhebung der Beschlagnahme zu entscheiden.

§ 295. Das Gericht kann einem abwesenden Beschuldigten sicheres Geleit erteilen; es kann diese Erteilung an Bedingungen knüpfen.

Das sichere Geleit gewährt Befreiung von der Untersuchungshaft, jedoch nur wegen der strafbaren Handlung, für die es erteilt ist.

Es erlischt, wenn ein auf Freiheitsstrafe lautendes Urteil ergeht, oder wenn der Beschuldigte Anstalten zur Flucht trifft, oder wenn er die Bedingungen nicht erfüllt, unter denen ihm das sichere Geleit erteilt worden ist.

Drittes Buch

Rechtsmittel

Erster Abschnitt

Allgemeine Bestimmungen

§ 296. Die zulässigen Rechtsmittel gegen gerichtliche Entscheidungen stehen sowohl der Staatsanwaltschaft als dem Beschuldigten zu.

Die Staatsanwaltschaft kann von ihnen auch zugunsten des Beschuldigten Gebrauch machen.

§ 297. Für den Beschuldigten kann der Verteidiger, jedoch nicht gegen dessen ausdrücklichen Willen, Rechtsmittel einlegen.

§ 298. Der gesetzliche Vertreter eines Beschuldigten kann binnen der für den Beschuldigten laufenden Frist selbständig von den zulässigen Rechtsmitteln Gebrauch machen.

Auf ein solches Rechtsmittel und auf das Verfahren sind die für die Rechtsmittel des Beschuldigten geltenden Vorschriften entsprechend anzuwenden.

§ 299. Der nicht auf freiem Fuß befindliche Beschuldigte kann die Erklärungen, die sich auf Rechtsmittel beziehen, zu Protokoll der Geschäftsstelle des Amtsgerichts geben, in dessen Bezirk die Anstalt liegt, wo er auf behördliche Anordnung verwahrt wird.

Zur Wahrung einer Frist genügt es, wenn innerhalb der Frist das Protokoll aufgenommen wird.

§ 300. Ein Irrtum in der Bezeichnung des zulässigen Rechtsmittels ist unschädlich.

§ 301. Jedes von der Staatsanwaltschaft eingelegte Rechtsmittel hat die Wirkung, daß die angefochtene Entscheidung auch zugunsten des Beschuldigten abgeändert oder aufgehoben werden kann.

§ 302. Die Zurücknahme eines Rechtsmittels sowie der Verzicht auf die Einlegung eines Rechtsmittels kann auch vor Ablauf der Frist zu seiner Einlegung wirksam erfolgen. Ein von der Staatsanwaltschaft zugunsten des Beschuldigten eingelegtes Rechtsmittel kann jedoch ohne dessen Zustimmung nicht zurückgenommen werden.

Der Verteidiger bedarf zur Zurücknahme einer ausdrücklichen Ermächtigung.

§ 303. Wenn die Entscheidung über das Rechtsmittel auf Grund mündlicher Verhandlung stattzufinden hat, so kann die Zurücknahme nach Beginn der Hauptverhandlung nur mit Zustimmung des Gegners erfolgen.

Zweiter Abschnitt

Beschwerde

§ 304. Die Beschwerde ist gegen alle von den Gerichten im ersten Rechtszug oder im Berufungsverfahren erlassenen Beschlüsse und gegen die Verfügungen des Vorsitzenden, des Untersuchungsrichters, des Amtsrichters und eines beauftragten oder ersuchten Richters zulässig, soweit das Gesetz sie nicht ausdrücklich einer Anfechtung entzieht.

Auch Zeugen, Sachverständige und andere Personen können gegen Beschlüsse und Verfügungen, durch die sie betroffen werden, Beschwerde erheben.

Gegen Beschlüsse und Verfügungen der Oberlandesgerichte und des Bundesgerichtshofes ist keine Beschwerde zulässig.

§ 305. Entscheidungen der erkennenden Gerichte, die der Urteilsfällung vorausgehen, unterliegen nicht der Beschwerde. Ausgenommen sind Entscheidungen über Verhaftungen, die einstweilige Unterbringung, Beschlagnahmen oder Straffestsetzungen, sowie alle Entscheidungen, durch die dritte Personen betroffen werden.

§ 306. Die Beschwerde wird bei dem Gericht, von dem oder von dessen Vorsitzenden die angefochtene Entscheidung erlassen ist, zu Protokoll der Geschäftsstelle oder schriftlich eingelegt. Sie kann in dringenden Fällen auch bei dem Beschwerdegericht eingelegt werden.

Erachtet das Gericht oder der Vorsitzende, dessen Entscheidung angefochten wird, die Beschwerde für begründet, so haben sie ihr abzuhelfen; andernfalls ist die Beschwerde sofort, spätestens vor Ablauf von drei Tagen, dem Beschwerdegericht vorzulegen.

Diese Vorschriften gelten auch für die Entscheidungen des Amtsrichters im Vorverfahren, des beauftragten oder ersuchten Richters und des Untersuchungsrichters.

§ 307. Durch Einlegung der Beschwerde wird der Vollzug der angefochtenen Entscheidung nicht gehemmt.

Jedoch kann das Gericht, der Vorsitzende oder der Richter, dessen Entscheidung angefochten wird, sowie auch das Beschwerdegericht anordnen, daß die Vollziehung der angefochtenen Entscheidung auszusetzen ist.

§ 308. Das Beschwerdegericht kann dem Gegner des Beschwerdeführers die Beschwerde zur schriftlichen Gegenerklärung mitteilen; es kann etwa erforderliche Ermittlungen anordnen oder selbst vornehmen.

§ 309. Die Entscheidung über die Beschwerde ergeht ohne mündliche Verhandlung, in geeigneten Fällen nach Anhörung der Staatsanwaltschaft.

Wird die Beschwerde für begründet erachtet, so erläßt das Beschwerdegericht zugleich die in der Sache erforderliche Entscheidung.

§ 310. Beschlüsse, die von dem Landgericht auf die Beschwerde hin erlassen worden sind, können, sofern sie Verhaftungen oder die einstweilige Unterbringung betreffen, durch weitere Beschwerde angefochten werden.

Im übrigen findet eine weitere Anfechtung der auf eine Beschwerde ergangenen Entscheidungen nicht statt.

§ 311. Für die Fälle der sofortigen Beschwerde gelten die nachfolgenden besonderen Vorschriften.

Die Beschwerde ist binnen einer Woche einzulegen; die Frist beginnt mit der Bekanntmachung (§ 35) der Entscheidung. Die Einlegung bei dem Beschwerdegericht genügt zur Wahrung der Frist, auch wenn der Fall nicht für dringlich erachtet wird.

Das Gericht ist zu einer Abänderung seiner durch Beschwerde angefochtenen Entscheidung nicht befugt.

Dritter Abschnitt

Berufung

§ 312. Gegen die Urteile des Amtsrichters und des Schöffengerichts ist Berufung zulässig.

§ 313. Ein Urteil des Amtsrichters kann nicht mit Berufung angefochten werden, wenn es ausschließlich Übertretungen zum Gegenstand hat und der Angeklagte entweder freigesprochen oder ausschließlich zu Geldstrafe verurteilt worden ist.

§ 314. Die Berufung muß bei dem Gericht des ersten Rechtszuges binnen einer Woche nach Verkündung des Urteils zu Protokoll der Geschäftsstelle oder schriftlich eingelegt werden.

Hat die Verkündung des Urteils nicht in Anwesenheit des Angeklagten stattgefunden, so beginnt für diesen die Frist mit der Zustellung.

§ 315. Der Beginn der Frist zur Einlegung der Berufung wird dadurch nicht ausgeschlossen, daß gegen ein auf Ausbleiben des Angeklagten ergangenes Urteil eine Wiedereinsetzung in den vorigen Stand nachgesucht werden kann.

Stellt der Angeklagte ein Gesuch um Wiedereinsetzung in den vorigen Stand, so wird die Berufung dadurch gewahrt, daß sie sofort für den Fall der Verwerfung jenes Gesuchs rechtzeitig eingelegt wird. Die weitere Verfügung in bezug auf die Berufung bleibt dann bis zur Erledigung des Gesuchs um Wiedereinsetzung in den vorigen Stand ausgesetzt.

Die Einlegung der Berufung ohne Verbindung mit dem Gesuch um Wiedereinsetzung in den vorigen Stand gilt als Verzicht auf die letztere.

§ 316. Durch rechtzeitige Einlegung der Berufung wird die Rechtskraft des Urteils, soweit es angefochten ist, gehemmt.

Dem Beschwerdeführer, dem das Urteil mit den Gründen noch nicht zugestellt war, ist es nach Einlegung der Berufung sofort zuzustellen.

§ 317. Die Berufung kann binnen einer weiteren Woche nach Ablauf der Frist zur Einlegung des Rechtsmittels oder, wenn zu dieser Zeit das Urteil noch nicht zugestellt war, nach dessen Zustellung bei dem Gericht des ersten Rechtszuges zu Protokoll der Geschäftsstelle oder in einer Beschwerdeschrift gerechtfertigt werden.

§ 318. Die Berufung kann auf bestimmte Beschwerdepunkte beschränkt werden. Ist dies nicht geschehen oder eine Rechtfertigung überhaupt nicht erfolgt, so gilt der ganze Inhalt des Urteils als angefochten.

§ 319. Ist die Berufung verspätet eingelegt, so hat das Gericht des ersten Rechtszuges das Rechtsmittel als unzulässig zu verwerfen.

Der Beschwerdeführer kann binnen einer Woche nach Zustellung des Beschlusses auf die Entscheidung des Berufungsgerichts antragen. In diesem Falle sind die Akten an das Berufungsgericht einzusenden; die Vollstreckung des Urteils wird jedoch hierdurch nicht gehemmt.

§ 320. Ist die Berufung rechtzeitig eingelegt, so hat nach Ablauf der Frist zur Rechtfertigung die Geschäftsstelle ohne Rücksicht darauf, ob eine Rechtfertigung stattgefunden hat oder nicht, die Akten der Staatsanwaltschaft vorzulegen. Diese stellt, wenn die Berufung von ihr eingelegt ist, dem Angeklagten die Schriftstücke über Einlegung und Rechtfertigung der Berufung zu.

§ 321. Die Staatsanwaltschaft übersendet die Akten an die Staatsanwaltschaft bei dem Berufungsgericht. Diese übergibt die Akten binnen einer Woche dem Vorsitzenden des Gerichts.

§ 322. Erachtet das Berufungsgericht die Vorschriften über die Einlegung der Berufung nicht für beobachtet, so kann es das Rechtsmittel durch Beschluß als unzulässig verwerfen. Andernfalls entscheidet es darüber durch Urteil.

Der Beschluß kann mit sofortiger Beschwerde angefochten werden.

§ 323. Für die Vorbereitung der Hauptverhandlung gelten die Vorschriften der §§ 214, 216 bis 225. In der Ladung ist der Angeklagte auf die Folgen des Ausbleibens ausdrücklich hinzuweisen.

Die Ladung der im ersten Rechtszug vernommenen Zeugen und Sachverständigen kann nur dann unterbleiben, wenn ihre wiederholte Vernehmung zur Aufklärung der Sache nicht erforderlich erscheint.

Neue Beweismittel sind zulässig.

Bei der Auswahl der zu ladenden Zeugen und Sachverständigen ist auf die von dem Angeklagten zur Rechtfertigung der Berufung benannten Personen Rücksicht zu nehmen.

§ 324. Nachdem die Hauptverhandlung nach Vorschrift des § 243 Abs. 1 begonnen hat, hält ein Berichterstatter in Abwesenheit der Zeugen einen Vortrag über die Ergebnisse des bisherigen Verfahrens. Das Urteil des ersten Rechtszuges ist stets zu verlesen.

Sodann erfolgt die Vernehmung des Angeklagten und die Beweisaufnahme.

§ 325. Bei der Berichterstattung und der Beweisaufnahme können Schriftstücke verlesen werden; Protokolle über Aussagen der in der Hauptverhandlung des ersten Rechtszuges vernommenen Zeugen und Sachverständigen dürfen, abgesehen von den Fällen der §§ 251 und 253, ohne die Zustimmung der Staatsanwaltschaft und des Angeklagten nicht verlesen werden, wenn die wiederholte Vorladung der Zeugen oder Sachverständigen erfolgt ist oder von dem Angeklagten rechtzeitig vor der Hauptverhandlung beantragt worden war.

§ 326. Nach dem Schluß der Beweisaufnahme werden die Staatsanwaltschaft sowie der Angeklagte und sein Verteidiger mit ihren Ausführungen und Anträgen, und zwar der Beschwerdeführer zuerst, gehört. Dem Angeklagten gebührt das letzte Wort.

§ 327. Der Prüfung des Gerichts unterliegt das Urteil nur, soweit es angefochten ist.

§ 328. Soweit die Berufung für begründet befunden wird, hat das Berufungsgericht unter Aufhebung des Urteils in der Sache selbst zu erkennen.

Leidet das Urteil an einem Mangel, der die Revision wegen Verletzung einer Rechtsnorm über das Verfahren begründen würde, so kann das Berufungsgericht unter Aufhebung des Urteils die Sache, wenn die Umstände des Falles es fordern, zur Entscheidung an das Gericht des ersten Rechtszuges zurückverweisen.

Hat das Gericht des ersten Rechtszuges mit Unrecht seine Zuständigkeit angenommen, so hat das Berufungsgericht unter Aufhebung des Urteils die Sache an das zuständige Gericht zu verweisen.

§ 329. Ist bei dem Beginn der Hauptverhandlung weder der Angeklagte noch in den Fällen, in denen dies zulässig ist, ein Vertreter des Angeklagten erschienen und das Ausbleiben nicht genügend entschuldigt, so ist, soweit der Angeklagte die Berufung eingelegt hat, diese sofort zu verwerfen; soweit die Staatsanwaltschaft die Berufung eingelegt hat, ist über diese zu verhandeln oder die Vorführung oder Verhaftung des Angeklagten anzuordnen.

Der Angeklagte kann binnen einer Woche nach der Zustellung des Urteils die Wiedereinsetzung in den vorigen Stand unter den in den §§ 44 und 45 bezeichneten Voraussetzungen beanspruchen.

§ 330. Ist von dem gesetzlichen Vertreter die Berufung eingelegt worden, so hat das Gericht auch den Angeklagten zu der Hauptverhandlung vorzuladen und kann ihn bei seinem Ausbleiben zwangsweise vorführen lassen.

§ 331. Das Urteil darf in Art und Höhe der Strafe nicht zum Nachteil des Angeklagten geändert werden, wenn lediglich der Angeklagte, zu seinen Gunsten die Staatsanwaltschaft oder sein gesetzlicher Vertreter Berufung eingelegt hat.

Diese Vorschrift steht der Anordnung der Unterbringung in einer Heil- oder Pflegeanstalt, einer Trinkerheilanstalt oder einer Entziehungsanstalt nicht entgegen.

§ 332. Im übrigen gelten die im sechsten Abschnitt des zweiten Buchs über die Hauptverhandlung gegebenen Vorschriften.

Vierter Abschnitt

Revision

§ 333. Gegen die Urteile der Strafkammern und der Schwurgerichte ist Revision zulässig.

§ 334. Gegen die Urteile des Amtsrichters ist Revision insoweit zulässig, als nach § 313 die Berufung ausgeschlossen ist.

§ 335. Ein Urteil, gegen das Berufung zulässig ist, kann statt mit Berufung mit Revision angefochten werden.

Über die Revision entscheidet das Gericht, das zur Entscheidung berufen wäre, wenn die Revision nach durchgeführter Berufung eingelegt worden wäre.

Legt gegen das Urteil ein Beteiligter Revision und ein anderer Berufung ein, so wird, solange die Berufung nicht zurückgenommen oder als unzulässig verworfen ist, die Revision als Berufung behandelt. Die Revisionsanträge und deren Begründung sind gleichwohl in der vorgeschriebenen Form und Frist anzubringen und dem Gegner zuzustellen (§§ 344 bis 347). Gegen das Berufungsurteil ist Revision nach den allgemein geltenden Vorschriften zulässig.

§ 336. Der Beurteilung der Revisionsgerichts unterliegen auch die Entscheidungen, die dem Urteil vorausgegangen sind, sofern es auf ihnen beruht.

§ 337. Die Revision kann nur darauf gestützt werden, daß das Urteil auf einer Verletzung des Gesetzes beruhe.

Das Gesetz ist verletzt, wenn eine Rechtsnorm nicht oder nicht richtig angewendet worden ist.

§ 338. Ein Urteil ist stets als auf einer Verletzung des Gesetzes beruhend anzusehen:

1. wenn das erkennende Gericht nicht vorschriftsmäßig besetzt war;
2. wenn bei dem Urteil ein Richter, Geschworener oder Schöffe mitgewirkt hat, der von der Ausübung des Richteramts kraft Gesetzes ausgeschlossen war;

3. wenn bei dem Urteil ein Richter, Geschworener oder Schöffe mitgewirkt hat, nachdem er wegen Besorgnis der Befangenheit abgelehnt war und das Ablehnungsgesuch entweder für begründet erklärt war oder mit Unrecht verworfen worden ist;
4. wenn das Gericht seine Zuständigkeit mit Unrecht angenommen hat;
5. wenn die Hauptverhandlung in Abwesenheit der Staatsanwaltschaft oder einer Person, deren Anwesenheit das Gesetz vorschreibt, stattgefunden hat;
6. wenn das Urteil auf Grund einer mündlichen Verhandlung ergangen ist, bei der die Vorschriften über die Öffentlichkeit des Verfahrens verletzt sind;
7. wenn das Urteil keine Entscheidungsgründe enthält;
8. wenn die Verteidigung in einem für die Entscheidung wesentlichen Punkt durch einen Beschluß des Gerichts unzulässig beschränkt worden ist.

§ 339. Die Verletzung von Rechtsnormen, die lediglich zugunsten des Angeklagten gegeben sind, kann von der Staatsanwaltschaft nicht zu dem Zweck geltend gemacht werden, um eine Aufhebung des Urteils zum Nachteil des Angeklagten herbeizuführen.

§ 340. (weggefallen)

§ 341. Die Revision muß bei dem Gericht, dessen Urteil angefochten wird, binnen einer Woche nach Verkündung des Urteils zu Protokoll der Geschäftsstelle oder schriftlich eingelegt werden.

Hat die Verkündung des Urteils nicht in Anwesenheit des Angeklagten stattgefunden, so beginnt für diesen die Frist mit der Zustellung.

§ 342. Der Beginn der Frist zur Einlegung der Revision wird dadurch nicht ausgeschlossen, daß gegen ein auf Ausbleiben des Angeklagten ergangenes Urteil eine Wiedereinsetzung in den vorigen Stand nachgesucht werden kann.

Stellt der Angeklagte ein Gesuch um Wiedereinsetzung in den vorigen Stand, so wird die Revision dadurch gewahrt, daß sie sofort für den Fall der Verwerfung jenes Gesuchs rechtzeitig eingelegt und begründet wird. Die weitere Verfügung in bezug auf die Revision bleibt dann bis zur Erledigung des Gesuchs um Wiedereinsetzung in den vorigen Stand ausgesetzt.

Die Einlegung der Revision ohne Verbindung mit dem Gesuch um Wiedereinsetzung in den vorigen Stand gilt als Verzicht auf die letztere.

§ 343. Durch rechtzeitige Einlegung der Revision wird die Rechtskraft des Urteils, soweit es angefochten ist, gehemmt.

Dem Beschwerdeführer, dem das Urteil mit den Gründen noch nicht zugestellt war, ist es nach Einlegung der Revision zuzustellen.

§ 344. Der Beschwerdeführer hat die Erklärung abzugeben, inwieweit er das Urteil anfechte und dessen Aufhebung beantrage (Revisionsanträge), und die Anträge zu begründen.

Aus der Begründung muß hervorgehen, ob das Urteil wegen Verletzung einer Rechtsnorm über das Verfahren oder wegen Verletzung einer anderen Rechtsnorm angefochten wird. Ersterenfalls müssen die den Mangel enthaltenden Tatsachen angegeben werden.

§ 345. Die Revisionsanträge und deren Begründung sind spätestens binnen zwei weiteren Wochen nach Ablauf der Frist zur Einlegung des Rechtsmittels oder, wenn zu dieser Zeit das Urteil noch nicht zugestellt war, nach dessen Zustellung bei dem Gericht, dessen Urteil angefochten wird, anzubringen.

Seitens des Angeklagten kann dies nur in einer von dem Verteidiger oder einem Rechtsanwalt unterzeichneten Schrift oder zu Protokoll der Geschäftsstelle geschehen.

§ 346. Ist die Revision verspätet eingelegt, oder sind die Revisionsanträge nicht rechtzeitig oder nicht in der im § 345 Abs. 2 vorgeschriebenen Form angebracht worden, so hat das Gericht, dessen Urteil angefochten wird, das Rechtsmittel durch Beschluß als unzulässig zu verwerfen.

Der Beschwerdeführer kann binnen einer Woche nach Zustellung des Beschlusses auf die Entscheidung des Revisionsgerichts antragen. In diesem Falle sind die Akten an das Revisionsgericht einzusenden; die Vollstreckung des Urteils wird jedoch hierdurch nicht gehemmt.

§ 347. Ist die Revision rechtzeitig eingelegt und sind die Revisionsanträge rechtzeitig und in der vorgeschriebenen Form angebracht, so ist die Revisionsschrift dem Gegner des Beschwerdeführers zuzustellen. Diesem steht frei, binnen einer Woche eine schriftliche Gegenerklärung einzureichen. Der Angeklagte kann letztere auch zu Protokoll der Geschäftsstelle abgeben.

Nach Eingang der Gegenerklärung oder nach Ablauf der Frist sendet die Staatsanwaltschaft die Akten an das Revisionsgericht.

§ 348. Findet das Gericht, an das die Akten gesandt sind, daß die Verhandlung und Entscheidung über das Rechtsmittel zur Zuständigkeit eines anderen Gerichts gehört, so hat es durch Beschluß seine Unzuständigkeit auszusprechen.

Dieser Beschluß, in dem das zuständige Revisionsgericht zu bezeichnen ist, unterliegt keiner Anfechtung und ist für das in ihm bezeichnete Gericht bindend.

Die Abgabe der Akten erfolgt durch die Staatsanwaltschaft.

§ 349. Erachtet das Revisionsgericht die Vorschriften über die Einlegung der Revision oder die über die Anbringung der Revisionsanträge nicht für beobachtet, so kann es das Rechtsmittel durch Beschluß als unzulässig verwerfen.

Das gleiche ist der Fall, wenn das Revisionsgericht die Revision einstimmig für offensichtlich unbegründet erachtet.

Andernfalls wird über das Rechtsmittel durch Urteil entschieden.

§ 350. Der Angeklagte oder auf dessen Verlangen der Verteidiger ist von dem Tag der Hauptverhandlung zu benachrichtigen. Der Angeklagte kann in dieser erscheinen oder sich durch einen mit schriftlicher Vollmacht versehenen Verteidiger vertreten lassen.

Der nicht auf freiem Fuß befindliche Angeklagte hat keinen Anspruch auf Anwesenheit.

§ 351. Die Hauptverhandlung beginnt mit dem Vortrag eines Berichterstatters.

Hierauf werden die Staatsanwaltschaft sowie der Angeklagte und sein Verteidiger mit ihren Ausführungen und Anträgen, und zwar der Beschwerdeführer zuerst, gehört. Dem Angeklagten gebührt das letzte Wort.

§ 352. Der Prüfung des Revisionsgerichts unterliegen nur die gestellten Revisionsanträge und, soweit die Revision auf Mängel des Verfahrens gestützt wird, nur die Tatsachen, die bei Anbringung der Revisionsanträge bezeichnet worden sind.

Eine weitere Begründung der Revisionsanträge als die im § 344 Abs. 2 vorgeschriebene ist nicht erforderlich und, wenn sie unrichtig ist, unschädlich.

§ 353. Soweit die Revision für begründet erachtet wird, ist das angefochtene Urteil aufzuheben.

Gleichzeitig sind die dem Urteil zugrunde liegenden Feststellungen aufzuheben, sofern sie durch die Gesetzesverletzung betroffen werden, wegen deren das Urteil aufgehoben wird.

§ 354. Erfolgt die Aufhebung des Urteils nur wegen Gesetzesverletzung bei Anwendung des Gesetzes auf die dem Urteil zugrunde liegenden Feststellungen, so hat das Revisionsgericht in der Sache selbst zu entscheiden, sofern ohne weitere tatsächliche Erörterungen nur auf Freisprechung oder auf Einstellung oder auf eine absolut bestimmte Strafe zu erkennen ist, oder das Revisionsgericht in Übereinstimmung mit dem Antrag der Staatsanwaltschaft die gesetzlich niedrigste Strafe für angemessen erachtet.

In anderen Fällen ist die Sache zur anderweiten Verhandlung und Entscheidung an das Gericht, dessen Urteil aufgehoben wird, zurückzuverweisen. Die Sache kann auch an ein zu demselben Land gehörendes benachbartes Gericht gleicher Ordnung oder, wenn dies nicht möglich ist, an eine andere Kammer des Gerichts, dessen Urteil aufgehoben wird, zurückverwiesen werden.

Die Zurückverweisung kann an ein Gericht niederer Ordnung erfolgen, wenn die noch in Frage kommende strafbare Handlung zu dessen Zuständigkeit gehört.

§ 354a. Das Revisionsgericht hat auch dann nach § 354 zu verfahren, wenn es das Urteil aufhebt, weil zur Zeit der Entscheidung des Revisionsgerichts ein anderes Gesetz gilt als zur Zeit des Erlasses der angefochtenen Entscheidung.

§ 355. Wird ein Urteil aufgehoben, weil das Gericht des vorangehenden Rechtszuges sich mit Unrecht für zuständig erachtet hat, so verweist das Revisionsgericht gleichzeitig die Sache an das zuständige Gericht.

§ 356. Die Verkündung des Urteils erfolgt nach Maßgabe des § 268.

§ 357. Erfolgt zugunsten eines Angeklagten die Aufhebung des Urteils wegen Gesetzesverletzung bei Anwendung des Strafgesetzes und erstreckt sich das Urteil, soweit es aufgehoben wird, noch auf andere Angeklagte, die nicht Revision eingelegt haben, so ist zu erkennen, als ob sie gleichfalls Revision eingelegt hätten.

§ 358. Das Gericht, an das die Sache zur anderweiten Verhandlung und Entscheidung verwiesen ist, hat die rechtliche Beurteilung, die der Aufhebung des Urteils zugrunde gelegt ist, auch seiner Entscheidung zugrunde zu legen.

Das angefochtene Urteil darf in Art und Höhe der Strafe nicht zum Nachteil des Angeklagten geändert werden, wenn lediglich der Angeklagte, zu seinen Gunsten die Staatsanwaltschaft oder sein gesetzlicher Vertreter Revision eingelegt hat. Diese Vorschrift steht der Anordnung der Unterbringung in einer Heil- oder Pflegeanstalt, einer Trinkerheilanstalt oder einer Entziehungsanstalt nicht entgegen.

Viertes Buch

Wiederaufnahme eines durch rechtskräftiges Urteil abgeschlossenen Verfahrens

§ 359. Die Wiederaufnahme eines durch rechtskräftiges Urteil abgeschlossenen Verfahrens zugunsten des Verurteilten ist zulässig:

1. wenn eine in der Hauptverhandlung zu seinen Ungunsten als echt vorgebrachte Urkunde unecht oder verfälscht war;
2. wenn der Zeuge oder Sachverständige sich bei einem zuungunsten des Verurteilten abgelegten Zeugnis oder abgegebenen Gutachten einer vorsätzlichen oder fahrlässigen Verletzung der Eidespflicht oder einer vorsätzlichen falschen uneidlichen Aussage schuldig gemacht hat;
3. wenn bei dem Urteil ein Richter, Geschworener oder Schöffe mitgewirkt hat, der sich in Beziehung auf die Sache einer Verletzung seiner Amtspflichten schuldig gemacht hat, sofern die Verletzung mit einer im Wege des gerichtlichen Strafverfahrens zu verhängenden öffentlichen Strafe bedroht und nicht vom Verurteilten selbst veranlaßt ist;
4. wenn ein zivilgerichtliches Urteil, auf welches das Strafurteil gegründet ist, durch ein anderes rechtskräftig gewordenes Urteil aufgehoben ist;
5. wenn neue Tatsachen oder Beweismittel beigebracht sind, die allein oder in Verbindung mit den früher erhobenen Beweisen die Freisprechung des

Angeklagten oder in Anwendung eines milderen Strafgesetzes eine geringere Bestrafung oder eine wesentlich andere Entscheidung über eine Maßregel der Sicherung und Besserung zu begründen geeignet sind.

§ 360. Durch den Antrag auf Wiederaufnahme des Verfahrens wird die Vollstreckung des Urteils nicht gehemmt.

Das Gericht kann jedoch einen Aufschub sowie eine Unterbrechung der Vollstreckung anordnen.

§ 361. Der Antrag auf Wiederaufnahme des Verfahrens wird weder durch die erfolgte Strafvollstreckung noch durch den Tod des Verurteilten ausgeschlossen.

Im Falle des Todes sind der Ehegatte, die Verwandten auf- und absteigender Linie sowie die Geschwister des Verstorbenen zu dem Antrag befugt.

§ 362. Die Wiederaufnahme eines durch rechtskräftiges Urteil abgeschlossenen Verfahrens zuungunsten des Angeklagten ist zulässig:

1. wenn eine in der Hauptverhandlung zu seinen Gunsten als echt vorgebrachte Urkunde unecht oder verfälscht war;
2. wenn der Zeuge oder Sachverständige sich bei einem zugunsten des Verurteilten abgelegten Zeugnis oder abgegebenen Gutachten einer vorsätzlichen oder fahrlässigen Verletzung der Eidespflicht oder einer vorsätzlichen falschen uneidlichen Aussage schuldig gemacht hat;
3. wenn bei dem Urteil ein Richter, Geschworener oder Schöffe mitgewirkt hat, der sich in Beziehung auf die Sache einer Verletzung seiner Amtspflichten schuldig gemacht hat, sofern diese Verletzung mit einer im Wege des gerichtlichen Strafverfahrens zu verhängenden öffentlichen Strafe bedroht ist;
4. wenn von dem Freigesprochenen vor Gericht oder außergerichtlich ein glaubwürdiges Geständnis der strafbaren Handlung abgelegt wird.

§ 363. Eine Wiederaufnahme des Verfahrens zu dem Zweck, eine andere Strafbemessung auf Grund desselben Strafgesetzes herbeizuführen, ist nicht zulässig.

Eine Wiederaufnahme des Verfahrens zu dem Zweck, eine Milderung der Strafe wegen verminderter Zurechnungsfähigkeit herbeizuführen, ist gleichfalls ausgeschlossen.

§ 364. Ein Antrag auf Wiederaufnahme des Verfahrens, der auf die Behauptung einer strafbaren Handlung gegründet werden soll, ist nur dann zulässig, wenn wegen dieser Handlung eine rechtskräftige Verurteilung ergangen ist, oder wenn die Einleitung oder Durchführung eines Strafverfahrens aus anderen Gründen als wegen Mangels an Beweis nicht erfolgen kann.

§ 365. Die allgemeinen Vorschriften über Rechtsmittel gelten auch für den Antrag auf Wiederaufnahme des Verfahrens.

§ 366. In dem Antrag müssen der gesetzliche Grund der Wiederaufnahme des Verfahrens sowie die Beweismittel angegeben werden.

Von dem Angeklagten und den im § 361 Abs. 2 bezeichneten Personen kann der Antrag nur mittels einer von dem Verteidiger oder einem Rechtsanwalt unterzeichneten Schrift oder zu Protokoll der Geschäftsstelle angebracht werden.

§ 367. Über die Zulassung des Antrags auf Wiederaufnahme des Verfahrens entscheidet das Gericht, dessen Urteil mit dem Antrag angefochten wird. Wird ein im Revisionsverfahren erlassenes Urteil aus anderen Gründen als auf Grund des § 359 Nr. 3 oder des § 362 Nr. 3 angefochten, so entscheidet das Gericht, gegen dessen Urteil die Revision eingelegt war.

Die Entscheidung ergeht ohne mündliche Verhandlung.

§ 368. Ist der Antrag nicht in der vorgeschriebenen Form angebracht oder ist darin kein gesetzlicher Grund der Wiederaufnahme geltend gemacht oder kein geeignetes Beweismittel angeführt, so ist der Antrag als unzulässig zu verwerfen.

Andernfalls ist er dem Gegner des Antragstellers unter Bestimmung einer Frist zur Erklärung zuzustellen.

§ 369. Wird der Antrag für zulässig befunden, so beauftragt das Gericht mit der Aufnahme der angetretenen Beweise, soweit dies erforderlich ist, einen Richter.

Dem Ermessen des Gerichts bleibt es überlassen, ob die Zeugen und Sachverständigen eidlich vernommen werden sollen.

Für die Berechtigung der Beteiligten zur Anwesenheit bei der Beweisaufnahme sind die für die Voruntersuchung gegebenen Vorschriften anzuwenden.

Nach Schluß der Beweisaufnahme sind die Staatsanwaltschaft und der Angeklagte unter Bestimmung einer Frist zu weiterer Erklärung aufzufordern.

§ 370. Der Antrag auf Wiederaufnahme des Verfahrens wird ohne mündliche Verhandlung als unbegründet verworfen, wenn die darin aufgestellten Behauptungen keine genügende Bestätigung gefunden haben oder wenn in den Fällen des § 359 Nr. 1 und 2 oder des § 362 Nr. 1 und 2 nach Lage der Sache die Annahme ausgeschlossen ist, daß die in diesen Vorschriften bezeichnete Handlung auf die Entscheidung Einfluß gehabt hat.

Andernfalls ordnet das Gericht die Wiederaufnahme des Verfahrens und die Erneuerung der Hauptverhandlung an.

§ 371. Ist der Verurteilte bereits verstorben, so hat ohne Erneuerung der Hauptverhandlung das Gericht nach Aufnahme des etwa noch erforderlichen Beweises entweder auf Freisprechung zu erkennen oder den Antrag auf Wiederaufnahme abzulehnen.

Auch in anderen Fällen kann das Gericht, bei öffentlichen Klagen jedoch nur mit Zustimmung der Staatsanwaltschaft, den Verurteilten sofort freisprechen, wenn dazu genügende Beweise bereits vorliegen.

Mit der Freisprechung ist die Aufhebung des früheren Urteils zu verbinden. War lediglich auf eine Maßregel der Sicherung und Besserung erkannt, so tritt an die Stelle der Freisprechung die Aufhebung des früheren Urteils.

Die Aufhebung ist auf Verlangen des Antragstellers durch den Bundesanzeiger bekanntzumachen und kann nach dem Ermessen des Gerichts auch durch andere Blätter veröffentlicht werden.

§ 372. Alle Entscheidungen, die aus Anlaß eines Antrags auf Wiederaufnahme des Verfahrens von dem Gericht im ersten Rechtszug erlassen werden, können mit sofortiger Beschwerde angefochten werden.

§ 373. In der erneuten Hauptverhandlung ist entweder das frühere Urteil aufrechtzuerhalten oder unter seiner Aufhebung anderweit in der Sache zu erkennen.

Das frühere Urteil darf in Art und Höhe der Strafe nicht zum Nachteil des Verurteilten geändert werden, wenn lediglich der Verurteilte, zu seinen Gunsten die Staatsanwaltschaft oder sein gesetzlicher Vertreter die Wiederaufnahme des Verfahrens beantragt hat. Diese Vorschrift steht der Anordnung der Unterbringung in eine Heil- oder Pflegeanstalt, einer Trinkerheilanstalt oder einer Entziehungsanstalt nicht entgegen.

§ 373a. Für die Wiederaufnahme eines durch rechtskräftigen Strafbefehl abgeschlossenen Verfahrens gelten die Vorschriften der §§ 359 bis 373 entsprechend.

Fünftes Buch

Beteiligung des Verletzten am Verfahren

Erster Abschnitt

Privatklage

§ 374. Im Wege der Privatklage können vom Verletzten verfolgt werden, ohne daß es einer vorgängigen Anrufung der Staatsanwaltschaft bedarf:

1. das Vergehen des Hausfriedensbruchs im Falle des § 123 des Strafgesetzbuchs;
2. die Vergehen der Beleidigung in den Fällen der §§ 185 bis 187 und 189 des Strafgesetzbuchs, wenn nicht eine der im § 197 bezeichneten politischen Körperschaften beleidigt ist;
3. die Vergehen der Körperverletzung in den Fällen der §§ 223, 223a und § 230 des Strafgesetzbuchs;
4. das Vergehen der Bedrohung im Falle des § 241 des Strafgesetzbuchs;
5. das Vergehen der Verletzung fremder Geheimnisse im Falle des § 299 des Strafgesetzbuchs;

6. das Vergehen der Sachbeschädigung im Falle des § 303 des Strafgesetzbuchs;
7. alle nach dem Gesetze gegen den unlauteren Wettbewerb strafbaren Vergehen;
8. alle Verletzungen des literarischen, künstlerischen und gewerblichen Urheberrechts, soweit sie als Vergehen strafbar sind.

Die gleiche Befugnis steht denen zu, welchen in den Strafgesetzen das Recht, selbständig auf Bestrafung anzutragen, beigelegt ist.

Hat der Verletzte einen gesetzlichen Vertreter, so wird die Befugnis zur Erhebung der Privatklage durch diesen und, wenn Körperschaften, Gesellschaften und andere Personenvereine, die als solche in bürgerlichen Rechtsstreitigkeiten klagen können, die Verletzten sind, durch dieselben Personen wahrgenommen, durch die sie in bürgerlichen Rechtsstreitigkeiten vertreten werden.

§ 375. Sind wegen derselben strafbaren Handlung mehrere Personen zur Privatklage berechtigt, so ist bei Ausübung dieses Rechts ein jeder von dem anderen unabhängig.

Hat jedoch einer der Berechtigten die Privatklage erhoben, so steht den übrigen nur der Beitritt zu dem eingeleiteten Verfahren, und zwar in der Lage zu, in der es sich zur Zeit der Beitrittserklärung befindet.

Jede in der Sache selbst ergangene Entscheidung äußert zugunsten des Beschuldigten ihre Wirkung auch gegenüber solchen Berechtigten, welche die Privatklage nicht erhoben haben.

§ 376. Die öffentliche Klage wird wegen der im § 374 bezeichneten strafbaren Handlungen von der Staatsanwaltschaft nur dann erhoben, wenn dies im öffentlichen Interesse liegt.

§ 377. Im Privatklageverfahren ist der Staatsanwalt zu einer Mitwirkung nicht verpflichtet. Das Gericht legt ihm die Akten vor, wenn es die Übernahme der Verfolgung durch ihn für geboten hält.

Auch kann die Staatsanwaltschaft in jeder Lage der Sache bis zum Eintritt der Rechtskraft des Urteils durch eine ausdrückliche Erklärung die Verfolgung übernehmen. In der Einlegung eines Rechtsmittels ist die Übernahme der Verfolgung enthalten.

Übernimmt die Staatsanwaltschaft die Verfolgung, so richtet sich das weitere Verfahren nach den Vorschriften, die im zweiten Abschnitt dieses Buches für den Anschluß des Verletzten als Nebenkläger gegeben sind.

§ 378. Der Privatkläger kann im Beistand eines Rechtsanwalts erscheinen oder sich durch einen mit schriftlicher Vollmacht versehenen Rechtsanwalt vertreten lassen. Im letzteren Falle können die Zustellungen an den Privatkläger mit rechtlicher Wirkung an den Anwalt erfolgen. Die Vorschriften des § 146 Abs. 2 und des § 218 Abs. 2 gelten entsprechend.

§ 379. Der Privatkläger hat für die dem Beschuldigten voraussichtlich erwachsenden Kosten unter denselben Voraussetzungen Sicherheit zu leisten, unter denen in bürgerlichen Rechtsstreitigkeiten der Kläger auf Verlangen des Beklagten Sicherheit wegen der Prozeßkosten zu leisten hat.

Die Sicherheitsleistung ist durch Hinterlegung in barem Geld oder in Wertpapieren zu bewirken.

Für die Höhe der Sicherheit und die Frist zu ihrer Leistung sowie für das Armenrecht gelten dieselben Vorschriften wie in bürgerlichen Rechtsstreitigkeiten.

§ 379a. Zur Zahlung des Gebührenvorschusses nach § 83 Abs. 1 des Gerichtskostengesetzes soll, sofern nicht dem Privatkläger das Armenrecht bewilligt ist oder Gebührenfreiheit zusteht, vom Gericht eine Frist bestimmt werden; hierbei soll auf die nach Abs. 3 eintretenden Folgen hingewiesen werden.

Vor Zahlung des Vorschusses soll keine gerichtliche Handlung vorgenommen werden, es sei denn, daß glaubhaft gemacht wird, daß die Verzögerung dem Privatkläger einen nicht oder nur schwer zu ersetzenden Nachteil bringen würde.

Nach fruchtlosem Ablauf der nach Abs. 1 gestellten Frist wird die Privatklage zurückgewiesen. Der Beschluß kann mit sofortiger Beschwerde angefochten werden. Er ist von dem Gericht, das ihn erlassen hat, von Amts wegen aufzuheben, wenn sich herausstellt, daß die Zahlung innerhalb der gesetzten Frist eingegangen ist.

§ 380. Wegen Hausfriedensbruchs, Beleidigung, leichter vorsätzlicher oder fahrlässiger Körperverletzung, Bedrohung, Sachbeschädigung und Verletzung fremder Geheimnisse (§ 299 des Strafgesetzbuchs) ist die Erhebung der Klage erst zulässig, nachdem von einer durch die Landesjustizverwaltung zu bezeichnenden Vergleichsbehörde die Sühne erfolglos versucht worden ist. Der Kläger hat die Bescheinigung hierüber mit der Klage einzureichen.

Die Landesjustizverwaltung kann bestimmen, daß die Vergleichsbehörde ihre Tätigkeit von der Einzahlung eines angemessenen Kostenvorschusses abhängig machen darf.

Die Vorschriften der Abs. 1 und 2 gelten nicht, wenn der amtliche Vorgesetzte nach § 196 oder § 232 Abs. 3 des Strafgesetzbuchs befugt ist, Strafantrag zu stellen.

Wohnen die Parteien nicht in demselben Gemeindebezirk, so kann nach näherer Anordnung der Landesjustizverwaltung von einem Sühneversuch abgesehen werden.

§ 381. Die Erhebung der Klage geschieht zu Protokoll der Geschäftsstelle oder durch Einreichung einer Anklageschrift. Die Klage muß den im § 200 Abs. 1 bezeichneten Erfordernissen entsprechen. Mit der Anklageschrift sind zwei Abschriften einzureichen.

§ 382. Ist die Klage vorschriftsmäßig erhoben, so teilt das Gericht sie dem Beschuldigten unter Bestimmung einer Frist zur Erklärung mit.

§ 383. Nach Eingang der Erklärung des Beschuldigten oder Ablauf der Frist entscheidet das Gericht darüber, ob das Hauptverfahren zu eröffnen oder die Klage zurückzuweisen ist, nach Maßgabe der Vorschriften, die bei einer von der Staatsanwaltschaft unmittelbar erhobenen Anklage anzuwenden sind.

Ist die Schuld des Täters gering und sind die Folgen der Tat unbedeutend, so kann das Gericht das Verfahren einstellen. Die Einstellung ist auch noch in der Hauptverhandlung zulässig. Der Beschluß kann mit sofortiger Beschwerde angefochten werden.

§ 384. Das weitere Verfahren richtet sich nach den Vorschriften, die für das Verfahren auf erhobene öffentliche Klage gegeben sind. Jedoch dürfen Maßregeln der Sicherung und Besserung nicht angeordnet werden.

Das Gericht bestimmt unbeschadet des § 244 Abs. 2 den Umfang der Beweisaufnahme.

Die Vorschrift des § 265 Abs. 3 über das Recht, die Aussetzung der Hauptverhandlung zu verlangen, ist nicht anzuwenden.

Vor dem Schwurgericht kann eine Privatklagesache nicht gleichzeitig mit einer auf öffentliche Klage anhängig gemachten Sache verhandelt werden.

§ 385. Soweit in dem Verfahren auf erhobene öffentliche Klage die Staatsanwaltschaft zuzuziehen und zu hören ist, wird in dem Verfahren auf erhobene Privatklage der Privatkläger zugezogen und gehört. Alle Entscheidungen, die dort der Staatsanwaltschaft bekanntgemacht werden, sind hier dem Privatkläger bekanntzugeben.

Es werden jedoch die auf richterliche Anordnung ergehenden Ladungen nicht durch die Staatsanwaltschaft, sondern durch die Geschäftsstelle bewirkt.

Zwischen der Zustellung der Ladung des Privatklägers zur Hauptverhandlung und dem Tag der letzteren muß eine Frist von mindestens einer Woche liegen.

Das Recht der Akteneinsicht kann der Privatkläger nur durch einen Anwalt ausüben.

§ 386. Der Vorsitzende des Gerichts bestimmt, welche Personen als Zeugen oder Sachverständige zur Hauptverhandlung geladen werden sollen.

Dem Privatkläger wie dem Angeklagten steht das Recht der unmittelbaren Ladung zu.

§ 387. In der Hauptverhandlung kann auch der Angeklagte im Beistand eines Rechtsanwalts erscheinen oder sich auf Grund einer schriftlichen Vollmacht durch einen solchen vertreten lassen.

Die Vorschrift des § 139 gilt für den Anwalt des Klägers und für den des Angeklagten.

Das Gericht ist befugt, das persönliche Erscheinen des Klägers sowie des Angeklagten anzuordnen, auch den Angeklagten vorführen zu lassen.

§ 388. Hat der Verletzte die Privatklage erhoben, so kann der Beschuldigte bis zur Beendigung der Schlußvorträge (§ 258) im ersten Rechtszug mittels einer Widerklage die Bestrafung des Klägers beantragen, wenn er von diesem gleichfalls durch ein Vergehen verletzt worden ist, das im Wege der Privatklage verfolgt werden kann und mit dem den Gegenstand der Klage bildenden Vergehen in Zusammenhang steht.

Ist der Kläger nicht der Verletzte (§ 374 Abs. 2), so kann der Beschuldigte die Widerklage gegen den Verletzten erheben. In diesem Falle bedarf es der Zustellung der Widerklage an den Verletzten und dessen Ladung zur Hauptverhandlung, sofern die Widerklage nicht in der Hauptverhandlung in Anwesenheit des Verletzten erhoben wird.

Über Klage und Widerklage ist gleichzeitig zu erkennen.

Die Zurücknahme der Klage ist auf das Verfahren über die Widerklage ohne Einfluß.

§ 389. Findet das Gericht nach verhandelter Sache, daß die für festgestellt zu erachtenden Tatsachen eine strafbare Handlung darstellen, auf die das in diesem Abschnitt vorgeschriebene Verfahren nicht anzuwenden ist, so hat es durch Urteil, das diese Tatsachen hervorheben muß, die Einstellung des Verfahrens auszusprechen.

Die Verhandlungen sind in diesem Falle der Staatsanwaltschaft mitzuteilen.

§ 390. Dem Privatkläger stehen die Rechtsmittel zu, die in dem Verfahren auf erhobene öffentliche Klage der Staatsanwaltschaft zustehen. Dasselbe gilt von dem Antrag auf Wiederaufnahme des Verfahrens in den Fällen des § 362. Die Vorschrift des § 301 ist auf das Rechtsmittel des Privatklägers anzuwenden.

Revisionsanträge und Anträge auf Wiederaufnahme des durch ein rechtskräftiges Urteil abgeschlossenen Verfahrens kann der Privatkläger nur mittels einer von einem Rechtsanwalt unterzeichneten Schrift anbringen.

Die in den §§ 320, 321 und 347 angeordnete Vorlage und Einsendung der Akten erfolgt wie im Verfahren auf erhobene öffentliche Klage an und durch die Staatsanwaltschaft. Die Zustellung der Berufungs- und Revisionsschriften an den Gegner des Beschwerdeführers wird durch die Geschäftsstelle bewirkt.

Die Vorschrift des § 379a über die Zahlung des Gebührenvorschusses und die Folgen nicht rechtzeitiger Zahlung gilt entsprechend.

Die Vorschrift des § 383 Abs. 2 Satz 1 und 2 über die Einstellung wegen Geringfügigkeit gilt auch im Berufungsverfahren. Der Beschluß ist nicht anfechtbar.

§ 391. Die Privatklage kann bis zur Verkündung des Urteils des ersten Rechtszuges und, soweit zulässige Berufung eingelegt ist, bis zur Verkündung des Urteils im zweiten Rechtszug zurückgenommen werden.

Als Zurücknahme gilt es im Verfahren des ersten Rechtszuges und, soweit der Angeklagte die Berufung eingelegt hat, im Verfahren des zweiten Rechtszuges, wenn der Privatkläger in der Hauptverhandlung weder erscheint noch durch einen Rechtsanwalt vertreten wird oder in der Hauptverhandlung oder einem anderen Termin ausbleibt, obwohl das Gericht sein persönliches Erscheinen angeordnet hatte, oder eine Frist nicht einhält, die ihm unter Androhung der Einstellung des Verfahrens gesetzt war.

Soweit der Privatkläger die Berufung eingelegt hat, ist sie im Falle der vorbezeichneten Versäumungen unbeschadet der Vorschrift des § 301 sofort zu verwerfen.

Der Privatkläger kann binnen einer Woche nach der Versäumung die Wiedereinsetzung in den vorigen Stand unter den in den §§ 44 und 45 bezeichneten Voraussetzungen beanspruchen.

§ 392. Die zurückgenommene Privatklage kann nicht von neuem erhoben werden.

§ 393. Der Tod des Privatklägers hat die Einstellung des Verfahrens zur Folge.

Eine Privatklage wegen Beleidigung kann jedoch nach dem Tode des Klägers von dessen Eltern, Kindern, Geschwistern oder dem Ehegatten fortgesetzt werden.

Die Fortsetzung ist von dem Berechtigten bei Verlust des Rechts binnen zwei Monaten, vom Tode des Privatklägers an gerechnet, bei Gericht zu erklären.

§ 394. Die Zurücknahme der Privatklage und der Tod des Privatklägers sowie die Fortsetzung der Privatklage sind dem Beschuldigten bekanntzumachen.

Zweiter Abschnitt

Nebenklage

§ 395. Wer nach Maßgabe der Vorschriften des § 374 als Privatkläger aufzutreten berechtigt ist, kann sich der erhobenen öffentlichen Klage in jeder Lage des Verfahrens als Nebenkläger anschließen. Der Anschluß kann zur Einlegung von Rechtsmitteln auch nach ergangenem Urteil geschehen.

Die gleiche Befugnis steht dem zu, welcher durch einen Antrag auf gerichtliche Entscheidung (§ 172) die Erhebung der öffentlichen Klage herbeigeführt hat, wenn die strafbare Handlung gegen sein Leben, seine Gesundheit, seine Freiheit, seinen Personenstand oder seine Vermögensrechte gerichtet war.

§ 396. Die Anschlußerklärung ist bei dem Gericht schriftlich einzureichen.

Das Gericht hat über die Berechtigung des Nebenklägers zum Anschluß nach Anhörung der Staatsanwaltschaft zu entscheiden.

Zu einer Sicherheitsleistung ist der Nebenkläger nicht verpflichtet.

§ 397. Der Nebenkläger hat nach erfolgtem Anschluß die Rechte des Privatklägers.

§ 398. Der Fortgang des Verfahrens wird durch den Anschluß nicht aufgehalten.

Die bereits anberaumte Hauptverhandlung sowie andere Termine finden an den bestimmten Tagen statt, auch wenn der Nebenkläger wegen Kürze der Zeit nicht mehr geladen oder benachrichtigt werden konnte.

§ 399. Entscheidungen, die schon vor dem Anschluß ergangen und der Staatsanwaltschaft bekanntgemacht waren, bedürfen keiner Bekanntmachung an den Nebenkläger.

Die Anfechtung solcher Entscheidungen steht auch dem Nebenkläger nicht mehr zu, wenn für die Staatsanwaltschaft die Frist zur Anfechtung abgelaufen ist.

§ 400. Ist in der Hauptverhandlung weder der Nebenkläger noch ein Anwalt des Nebenklägers erschienen, so wird das Urteil dem ersteren zugestellt.

§ 401. Der Rechtsmittel kann sich der Nebenkläger unabhängig von der Staatsanwaltschaft bedienen. Die Vorschrift des § 379a über die Zahlung des Gebührenvorschusses und die Folgen nicht rechtzeitiger Zahlung gilt entsprechend.

Wird auf ein nur von dem Nebenkläger eingelegtes Rechtsmittel die angefochtene Entscheidung aufgehoben, so liegt der Betrieb der Sache wiederum der Staatsanwaltschaft ob.

§ 402. Die Anschlußerklärung verliert durch Widerruf sowie durch den Tod des Nebenklägers ihre Wirkung.

Dritter Abschnitt

Entschädigung des Verletzten

§ 403. Der Verletzte oder sein Erbe kann gegen den Beschuldigten einen aus der Straftat erwachsenen vermögensrechtlichen Anspruch, der zur Zuständigkeit der ordentlichen Gerichte gehört und noch nicht anderweit gerichtlich anhängig gemacht ist, im Strafverfahren geltend machen, im Verfahren vor dem Amtsgericht jedoch nur insoweit, als der Anspruch zu dessen Zuständigkeit gehört.

Der Verletzte oder sein Erbe soll von dem Strafverfahren möglichst frühzeitig Kenntnis erhalten; dabei soll er auf die Möglichkeit, seinen Anspruch auch im Strafverfahren geltend zu machen, hingewiesen werden.

§ 404. Der Antrag, durch den der Anspruch geltend gemacht wird, kann schriftlich oder mündlich zur Niederschrift des Urkundsbeamten, in der Hauptverhandlung auch mündlich bis zum Beginn der Schlußvorträge gestellt werden. Er muß den Gegenstand und Grund des Anspruchs bestimmt bezeichnen und soll die Beweismittel enthalten. Ist der Antrag außerhalb der Hauptverhandlung gestellt, so wird er dem Beschuldigten zugestellt.

Die Antragstellung hat dieselben Wirkungen wie die Erhebung der Klage im bürgerlichen Rechtsstreit.

Ist der Antrag vor Beginn der Hauptverhandlung gestellt, so wird der Antragsteller von Ort und Zeit der Hauptverhandlung benachrichtigt. Der Antragsteller, sein gesetzlicher Vertreter und der Ehegatte des Antragsberechtigten können an der Hauptverhandlung teilnehmen.

Der Antrag kann bis zur Verkündung des Urteils zurückgenommen werden.

§ 405. Das Gericht sieht von einer Entscheidung über den Antrag im Urteil ab, wenn der Angeklagte einer Straftat nicht schuldig gesprochen und auch nicht eine Maßregel der Sicherung und Besserung gegen ihn angeordnet wird oder soweit der Antrag unbegründet erscheint. Es sieht von der Entscheidung auch dann ab, wenn sich der Antrag zur Erledigung im Strafverfahren nicht eignet, insbesondere wenn seine Prüfung das Verfahren verzögern würde oder wenn der Antrag unzulässig ist; dies kann in jeder Lage des Verfahrens auch durch Beschluß geschehen.

§ 406. Soweit der Antrag nach dem Ergebnis der Hauptverhandlung begründet ist, gibt ihm das Gericht im Urteil statt. Die Entscheidung darf sich nicht auf den Grund des geltend gemachten Anspruchs beschränken.

Das Gericht kann die Entscheidung für vorläufig vollstreckbar erklären. Es kann die vorläufige Vollstreckung von einer Sicherheitsleistung abhängig machen; es kann auch dem Angeklagten gestatten, sie durch Sicherheitsleistung abzuwenden. Diese Anordnungen können durch unanfechtbaren Beschluß auch nachträglich getroffen, geändert oder aufgehoben werden.

Die Entscheidung über den Antrag steht einem im bürgerlichen Rechtsstreit ergangenen Endurteil gleich. Soweit der Anspruch nicht zuerkannt ist, kann er anderweit geltend gemacht werden.

Der Antragsteller erhält eine Abschrift des Urteils mit Gründen oder einen Auszug daraus.

§ 406a. Dem Antragsteller steht, auch soweit das Gericht von einer Entscheidung absieht, ein Rechtsmittel nicht zu.

Soweit das Gericht dem Antrag stattgibt, kann der Angeklagte die Entscheidung auch ohne den strafrechtlichen Teil des Urteils mit dem sonst zulässigen Rechtsmittel anfechten. In diesem Falle kann über das Rechtsmittel durch Beschluß in nichtöffentlicher Sitzung entschieden werden.

Wird auf ein Rechtsmittel unter Aufhebung der Verurteilung der Angeklagte einer Straftat nicht schuldig gesprochen und auch nicht eine Maßregel der Sicherung und Besserung gegen ihn angeordnet, so ist zugleich die dem Antrag stattgebende Entscheidung aufzuheben, auch wenn das Urteil insoweit nicht angefochten ist.

§ 406b. Die Vollstreckung richtet sich nach den Vorschriften, die für die Vollstreckung von Urteilen in bürgerlichen Rechtsstreitigkeiten gelten. Für das Verfahren nach den §§ 731, 767, 768, 887 bis 890 der Zivilprozeßordnung ist das Gericht der bürgerlichen Rechtspflege zuständig, in dessen Bezirk das Strafgericht des ersten Rechtszuges seinen Sitz hat. Einwendungen, die den Anspruch selbst betreffen, sind nur insoweit zulässig, als die Gründe, auf denen sie beruhen, nach Schluß der Hauptverhandlung des ersten Rechtszuges und, wenn das Berufungsgericht entschieden hat, nach Schluß der Hauptverhandlung im Berufungsrechtszug entstanden sind.

§ 406c. Den Antrag auf Wiederaufnahme des Verfahrens kann der Angeklagte darauf beschränken, eine wesentlich andere Entscheidung über den Anspruch herbeizuführen. Das Gericht entscheidet dann ohne Erneuerung der Hauptverhandlung durch Beschluß.

Richtet sich der Antrag auf Wiederaufnahme des Verfahrens nur gegen den strafrechtlichen Teil des Urteils, so gilt § 406a Abs. 3 entsprechend.

§ 406d. Verlangt der Verletzte nach den Vorschriften des Strafrechts eine Buße, so sind die vorstehenden Bestimmungen sinngemäß anzuwenden, soweit nichts anderes bestimmt ist.

Ist der Antrag auf Zuerkennung einer Buße unzulässig oder unbegründet, so wird er im Urteil abgelehnt.

Sechstes Buch

Besondere Arten des Verfahrens

Erster Abschnitt

Verfahren bei Strafbefehlen

§ 407. Bei Übertretungen und Vergehen kann die Strafe durch schriftlichen Strafbefehl des Amtsrichters ohne Hauptverhandlung festgesetzt werden, wenn die Staatsanwaltschaft schriftlich hierauf anträgt.

Durch einen Strafbefehl darf keine andere Strafe als Geldstrafe oder Freiheitsstrafe von höchstens drei Monaten sowie eine etwa verwirkte Einziehung, die Befugnis zur Beseitigung eines gesetzwidrigen Zustandes oder die Bekanntmachung der Entscheidung festgesetzt werden.

Maßregeln der Sicherung und Besserung dürfen in einem Strafbefehl nicht angeordnet werden.

Die Staatsanwaltschaft kann bei dem Antrag auf Erlaß des Strafbefehls zugleich den im § 25 Abs. 1 Nr. 2c des Gerichtsverfassungsgesetzes bezeichneten

Antrag für den Fall stellen, daß der Amtsrichter die Sache zur Hauptverhandlung bringt oder der Beschuldigte Einspruch erhebt.

§ 408. Der Antrag ist auf eine bestimmte Strafe zu richten. Der Amtsrichter hat ihm zu entsprechen, wenn dem Erlaß des Strafbefehls Bedenken nicht entgegenstehen.

Der Amtsrichter hat Hauptverhandlung anzuberaumen, wenn er Bedenken hat, ohne Hauptverhandlung zu entscheiden. Dasselbe gilt wenn der Amtsrichter eine andere als die beantragte Strafe festsetzen will und die Staatsanwaltschaft bei ihrem Antrag beharrt.

§ 409. Der Strafbefehl muß außer der Festsetzung der Strafe die strafbare Handlung, das angewendete Strafgesetz und die Beweismittel bezeichnen, auch die Eröffnung enthalten, daß er vollstreckbar wird, wenn der Beschuldigte nicht binnen einer Woche nach der Zustellung bei dem Amtsgericht schriftlich oder zu Protokoll der Geschäftsstelle Einspruch erhebt.

Auf den Einspruch kann vor Ablauf der Frist verzichtet werden.

§ 410. Ein Strafbefehl, gegen den nicht rechtzeitig Einspruch erhoben worden ist, erlangt die Wirkung eines rechtskräftigen Urteils.

§ 411. Bei rechtzeitigem Einspruch wird zur Hauptverhandlung geschritten, sofern nicht bis zu ihrem Beginn die Staatsanwaltschaft die Klage fallen läßt oder der Einspruch zurückgenommen wird.

Der Angeklagte kann sich in der Hauptverhandlung durch einen mit schriftlicher Vollmacht versehenen Verteidiger vertreten lassen.

Bei der Urteilsfällung ist das Gericht an den im Strafbefehl enthaltenen Ausspruch nicht gebunden.

§ 412. Bleibt der Angeklagte ohne genügende Entschuldigung in der Hauptverhandlung aus, und wird er auch nicht durch einen Verteidiger vertreten, so wird der Einspruch ohne Beweisaufnahme durch Urteil verworfen.

Ein Angeklagter, dem gegen den Ablauf der Einspruchsfrist Wiedereinsetzung in den vorigen Stand gewährt worden war, kann sie nicht mehr gegen das Urteil beanspruchen.

Zweiter Abschnitt

Verfahren bei Strafverfügungen

§ 413. Auf Grund landesrechtlicher Bestimmungen können die Polizeibehörden bei Übertretungen ihre Verhandlungen nach Vernehmung des Beschuldigten statt der Staatsanwaltschaft (§ 163 Abs. 3) dem Amtsgericht übersenden. Die Beweismittel sowie die anzuwendenden Strafvorschriften sind zu bezeichnen; auch ist ein Vorschlag zum Strafmaß zu machen.

Der Amtsrichter setzt durch Strafverfügung ohne Hauptverhandlung die Strafe sowie eine etwa verwirkte Einziehung oder die Befugnis zur Beseitigung eines gesetzwidrigen Zustandes fest, ohne an den Vorschlag der Polizeibehörde gebunden zu sein. Einer Mitwirkung der Staatsanwaltschaft bedarf es nicht.

Der Amtsrichter übersendet die Akten der Staatsanwaltschaft, wenn er Bedenken hat, ohne Hauptverhandlung zu entscheiden, oder wenn er noch weitere Ermittlungen für nötig erachtet.

Die §§ 409 bis 412 gelten entsprechend.

Der Amtsrichter kann das Verfahren unter den Voraussetzungen des § 153 Abs. 1 einstellen; der Beschluß kann nicht angefochten werden.

§§ 414 bis **429.** (weggefallen.)

Dritter Abschnitt

Sicherungsverfahren

§ 429a. Liegen Anhaltspunkte dafür vor, daß der Beschuldigte eine mit Strafe bedrohte Handlung im Zustand der Zurechnungsunfähigkeit begangen hat, und führt die Staatsanwaltschaft das Strafverfahren wegen der Zurechnungsunfähigkeit des Beschuldigten nicht durch, so kann sie den Antrag stellen, seine Unterbringung in einer Heil- oder Pflegeanstalt selbständig anzuordnen (Sicherungsverfahren).

§ 429b. Für das Sicherungsverfahren gelten sinngemäß die Vorschriften über das Strafverfahren, soweit nichts anderes bestimmt ist.

Der Antrag steht der öffentlichen Klage gleich. An die Stelle der Anklageschrift tritt eine Antragsschrift, die den Erfordernissen der Anklageschrift entsprechen muß. Wird im Urteil die Unterbringung nicht angeordnet, so ist auf Ablehnung des Antrags zu erkennen.

Für das Sicherungsverfahren ist die Strafkammer als erkennendes Gericht des ersten Rechtszuges zuständig.

§ 429c. Ist im Sicherungsverfahren das Erscheinen des Beschuldigten vor Gericht wegen seines Zustandes unmöglich oder aus Gründen der öffentlichen Sicherheit oder Ordnung unangebracht, so kann das Gericht die Hauptverhandlung durchführen, ohne daß der Beschuldigte zugegen ist.

In diesem Falle ist der Beschuldigte vor der Hauptverhandlung durch einen beauftragten Richter unter Zuziehung eines Sachverständigen zu vernehmen. Von dem Vernehmungstermin sind die Staatsanwaltschaft, der Beschuldigte, der Verteidiger und der gesetzliche Vertreter zu benachrichtigen. Ihrer Anwesenheit bei der Vernehmung bedarf es nicht.

Fordert es die Rücksicht auf den Zustand des Beschuldigten oder ist eine ordnungsmäßige Durchführung der Hauptverhandlung sonst nicht möglich, so kann das Gericht im Sicherungsverfahren nach der Vernehmung des Beschuldigten zur Sache die Hauptverhandlung durchführen, auch wenn der Beschuldigte nicht oder nur zeitweise zugegen ist.

Soweit eine Hauptverhandlung ohne den Beschuldigten stattfindet, können seine früheren Erklärungen, die in einem richterlichen Protokoll enthalten sind, verlesen werden. Das Protokoll über die Vorvernehmung nach Abs. 2 Satz 1 ist zu verlesen.

§ 429d. Ergibt sich im Sicherungsverfahren nach der Eröffnung des Hauptverfahrens die Zurechnungsfähigkeit des Beschuldigten und ist das Gericht für das Strafverfahren nicht zuständig, so spricht es durch Beschluß seine Unzuständigkeit aus und verweist die Sache an das zuständige Gericht. § 270 Abs. 2 und 3 gilt entsprechend.

Ergibt sich im Sicherungsverfahren nach der Eröffnung des Hauptverfahrens die Zurechnungsfähigkeit des Beschuldigten und ist das Gericht auch für das Strafverfahren zuständig, so ist der Beschuldigte auf die veränderte Rechtslage hinzuweisen und ihm Gelegenheit zur Verteidigung zu geben. Behauptet er, auf die Verteidigung nicht genügend vorbereitet zu sein, so ist auf seinen Antrag die Hauptverhandlung auszusetzen. Ist auf Grund des § 429c in Abwesenheit des Beschuldigten verhandelt worden, so sind diejenigen Teile der Hauptverhandlung zu wiederholen, bei denen der Beschuldigte nicht zugegen war.

§ 429e. Ist ein Deutscher im Ausland wegen eines Verbrechens oder vorsätzlichen Vergehens zu Freiheitsstrafe verurteilt worden und liegen bei ihm die Voraussetzungen vor, die bei seiner Verurteilung im Inland die Anordnung der Sicherungsverwahrung gerechtfertigt hätten, so kann die Staatsanwaltschaft den Antrag stellen, die Maßregel nachträglich anzuordnen (nachträgliches Sicherungsverfahren).

Für das Verfahren gilt § 429b entsprechend.

Vierter Abschnitt

Verfahren bei Einziehungen und Vermögensbeschlagnahmen

§ 430. In den Fällen, in denen nach § 42 des Strafgesetzbuchs oder nach anderen gesetzlichen Vorschriften auf Einziehung, Vernichtung oder Unbrauchbarmachung von Gegenständen selbständig erkannt werden kann, ist der Antrag, sofern die Entscheidung nicht in Verbindung mit einem Urteil in der Hauptsache ergeht, seitens der Staatsanwaltschaft oder des Privatklägers bei dem Gericht zu stellen, das für den Fall der Verfolgung einer bestimmten Person zuständig sein würde.

An die Stelle des Schwurgerichts tritt die Strafkammer.

§ 431. Die Verhandlung und Entscheidung erfolgt in einem Termin, für den die Vorschriften über die Hauptverhandlung entsprechend gelten.

Personen, die einen rechtlichen Anspruch auf den Gegenstand der Einziehung, Vernichtung oder Unbrauchbarmachung haben, sind, soweit dies ausführbar erscheint, zu dem Termin zu laden.

Sie können alle Befugnisse ausüben, die einem Angeklagten zustehen, sich auch durch einen mit schriftlicher Vollmacht versehenen Verteidiger vertreten lassen. Durch ihr Nichterscheinen wird das Verfahren und die Urteilsfällung nicht aufgehalten.

§ 432. Die Rechtsmittel gegen das Urteil stehen der Staatsanwaltschaft, dem Privatkläger und den im § 431 bezeichneten Personen zu.

§ 433. Das Vermögen eines Beschuldigten, gegen den wegen eines Verbrechens des Hochverrats öffentliche Klage erhoben oder Haftbefehl erlassen worden ist, kann bis zur rechtskräftigen Beendigung des Verfahrens mit Beschlag belegt werden. Die Beschlagnahme umfaßt auch das Vermögen, das dem Beschuldigten später zufällt.

Die Vorschriften der §§ 291 bis 293 gelten entsprechend.

§§ 434—448. (weggefallen.)

Siebentes Buch

Strafvollstreckung und Kosten des Verfahrens

Erster Abschnitt

Strafvollstreckung

§ 449. Strafurteile sind nicht vollstreckbar, bevor sie rechtskräftig geworden sind.

§ 450. Auf die zu vollstreckende Freiheitsstrafe ist unverkürzt die Untersuchungshaft anzurechnen, die der Angeklagte erlitten hat, seit er auf Einlegung eines Rechtsmittels verzichtet oder das eingelegte Rechtsmittel zurückgenommen hat, oder seitdem die Einlegungsfrist abgelaufen ist, ohne daß er eine Erklärung abgegeben hat.

§ 451. Die Strafvollstreckung erfolgt durch die Staatsanwaltschaft auf Grund einer von dem Urkundsbeamten der Geschäftsstelle zu erteilenden, mit der Bescheinigung der Vollstreckbarkeit versehenen, beglaubigten Abschrift der Urteilsformel.

Den Amtsanwälten steht die Strafvollstreckung nur insoweit zu, als die Landesjustizverwaltung sie ihnen übertragen hat.

Für die zur Zuständigkeit der Amtsgerichte gehörenden Sachen kann durch Anordnung der Landesjustizverwaltung die Strafvollstreckung den Amtsrichtern übertragen werden.

§ 452. In Sachen, in denen der Bundesgerichtshof im ersten Rechtszug entschieden hat, steht das Begnadigungsrecht dem Bund, sonst den Ländern zu.

§§ 453 und 454. (weggefallen.)

§ 455. Die Vollstreckung einer Freiheitsstrafe ist aufzuschieben, wenn der Verurteilte in Geisteskrankheit verfällt.

Dasselbe gilt bei anderen Krankheiten, wenn von der Vollstreckung eine nahe Lebensgefahr für den Verurteilten zu besorgen ist.

Die Strafvollstreckung kann auch dann aufgeschoben werden, wenn sich der Verurteilte in einem körperlichen Zustand befindet, bei dem eine sofortige Vollstreckung mit der Einrichtung der Strafanstalt unverträglich ist.

§ 456. Auf Antrag des Verurteilten kann die Vollstreckung aufgeschoben werden, sofern durch die sofortige Vollstreckung dem Verurteilten oder seiner Familie erhebliche, außerhalb des Strafzwecks liegende Nachteile erwachsen.

Der Strafaufschub darf den Zeitraum von vier Monaten nicht übersteigen.

Die Bewilligung kann an eine Sicherheitsleistung oder andere Bedingungen geknüpft werden.

§ 456a. Die Vollstreckungsbehörde kann von der Vollstreckung einer Freiheitsstrafe oder einer Maßregel der Sicherung und Besserung absehen, wenn der Verurteilte wegen einer anderen Tat einer ausländischen Regierung ausgeliefert, oder wenn er aus dem Geltungsbereich dieses Bundesgesetzes ausgewiesen wird.

Kehrt der Ausgelieferte oder der Ausgewiesene zurück, so kann die Vollstreckung nachgeholt werden. Für die Nachholung einer Maßregel der Sicherung und Besserung gilt § 42g des Strafgesetzbuchs entsprechend.

§ 456b. Eine mit Freiheitsentziehung verbundene Maßregel der Sicherung und Besserung, die neben einer Freiheitsstrafe angeordnet ist, wird erst vollzogen, wenn die Freiheitsstrafe verbüßt, bedingt ausgesetzt oder erlassen ist. Jedoch kann die Unterbringung in einer Heil- oder Pflegeanstalt, einer Trinkerheilanstalt oder einer Entziehungsanstalt ganz oder teilweise vor der Freiheitsstrafe vollzogen werden.

§ 456c. Das Gericht kann bei Erlaß des Urteils auf Antrag oder mit Einwilligung des Verurteilten das Inkrafttreten der Untersagung der Berufsausübung durch Beschluß aufschieben, wenn das sofortige Inkrafttreten des Verbots für den Verurteilten oder seine Angehörigen eine erhebliche, außerhalb seines Zwecks liegende, durch späteres Inkrafttreten vermeidbare Härte bedeuten würde. Hat der Verurteilte einen gesetzlichen Vertreter, so ist dessen Einwilligung erforderlich. § 462 Abs. 4 gilt entsprechend.

Die Vollstreckungsbehörde kann unter denselben Voraussetzungen die Untersagung der Berufsausübung aussetzen.

Der Aufschub und die Aussetzung können an die Leistung einer Sicherheit oder an andere Bedingungen geknüpft werden. Aufschub und Aussetzung dürfen den Zeitraum von sechs Monaten nicht übersteigen.

Die Zeit des Aufschubs und der Aussetzung wird auf die für das Berufsverbot festgesetzte Frist nicht angerechnet.

§ 457. Die Staatsanwaltschaft ist befugt, zur Vollstreckung einer Freiheitsstrafe einen Vorführungs- oder Haftbefehl zu erlassen, wenn der Verurteilte auf die an ihn ergangene Ladung zum Antritt der Strafe sich nicht gestellt hat oder der Flucht verdächtig ist.

Auch kann von der Staatsanwaltschaft zu demselben Zwecke ein Steckbrief erlassen werden, wenn der Verurteilte flüchtig ist oder sich verborgen hält.

Diese Befugnisse stehen im Falle des § 451 Abs. 3 auch dem Amtsrichter zu.

§ 458. Wenn über die Auslegung eines Strafurteils oder über die Berechnung der erkannten Strafe Zweifel entstehen, oder wenn Einwendungen gegen die Zulässigkeit der Strafvollstreckung erhoben werden, so ist die Entscheidung des Gerichts herbeizuführen.

Das Gericht entscheidet ferner, wenn in den Fällen der §§ 455, 456 und 456c Abs. 2 Einwendungen gegen die Entscheidung der Vollstreckungsbehörde erhoben werden, oder wenn die Vollstreckungsbehörde anordnet, daß an einem Ausgelieferten oder Ausgewiesenen die Vollstreckung einer Strafe oder einer Maßregel der Sicherung und Besserung nachgeholt werden soll, und Einwendungen gegen diese Anordnung erhoben werden.

Der Fortgang der Vollstreckung wird hierdurch nicht gehemmt; das Gericht kann jedoch einen Aufschub oder eine Unterbrechung der Vollstreckung anordnen. In den Fällen des § 456c Abs. 2 kann das Gericht eine einstweilige Anordnung treffen.

§ 459. Kann eine Geldstrafe nicht beigetrieben werden und ist die Festsetzung der für diesen Fall eintretenden Freiheitsstrafe unterlassen worden, so ist die Geldstrafe nachträglich von dem Gericht in diese Freiheitsstrafe umzuwandeln.

§ 460. Ist jemand durch verschiedene rechtskräftige Urteile zu Strafen verurteilt worden, und sind dabei die Vorschriften über die Zuerkennung einer Gesamtstrafe (§ 79 des Strafgesetzbuchs) außer Betracht geblieben, so sind die erkannten Strafen durch eine nachträgliche gerichtliche Entscheidung auf eine Gesamtstrafe zurückzuführen.

§ 461. Ist der Verurteilte nach Beginn der Strafvollstreckung wegen Krankheit in eine von der Strafanstalt getrennte Krankenanstalt gebracht worden, so ist die Dauer des Aufenthalts in der Krankenanstalt in die Strafzeit einzurechnen, wenn nicht der Verurteilte mit der Absicht, die Strafvollstreckung zu unterbrechen, die Krankheit herbeigeführt hat.

Die Staatsanwaltschaft hat im letzteren Falle eine Entscheidung des Gerichts herbeizuführen.

§ 462. Die bei der Strafvollstreckung notwendig werdenden gerichtlichen Entscheidungen (§§ 458 bis 461) werden von dem Gericht des ersten Rechtszuges ohne mündliche Verhandlung erlassen.

Vor der Entscheidung ist der Staatsanwaltschaft und dem Verurteilten Gelegenheit zu geben, Anträge zu stellen und zu begründen.

Kommt es auf die Festsetzung einer Gesamtstrafe an (§ 460), und waren die verschiedenen hierdurch abzuändernden Urteile von verschiedenen Gerichten erlassen, so steht die Entscheidung dem Gericht zu, das auf die schwerste Strafart oder bei Strafen gleicher Art auf die höchste Strafe erkannt hat, falls hiernach aber mehrere Gerichte zuständig sein würden, dem, dessen Urteil zuletzt ergangen ist. War das hiernach maßgebende Urteil von einem Gericht eines höheren Rechtszuges erlassen, so setzt das Gericht des ersten Rechtszuges die Gesamtstrafe fest; war eines der Strafurteile von dem Bundesgerichtshof oder einem Oberlandesgericht im ersten Rechtszug erlassen, so setzt der Bundesgerichtshof oder das Oberlandesgericht die Gesamtstrafe fest.

Gegen diese Entscheidungen ist, sofern sie nicht von dem Bundesgerichtshof oder einem Oberlandesgericht erlassen sind, sofortige Beschwerde zulässig.

§ 462a. Das Amtsgericht darf seine Strafgewalt auch bei der nachträglichen Bildung einer Gesamtstrafe (§ 460) nicht überschreiten. Ist nach § 462 Abs. 3 das Amtsgericht zur Bildung der Gesamtstrafe zuständig und reicht seine Strafgewalt nicht aus, so entscheidet die Strafkammer des ihm übergeordneten Landgerichts.

§ 463. Die Vollstreckung der über eine Vermögensstrafe ergangenen Entscheidung richtet sich nach den Vorschriften, die für die Vollstreckung von Urteilen in bürgerlichen Rechtsstreitigkeiten gelten.

§ 463a. Die Vorschriften über die Strafvollstreckung gelten für die Vollstreckung von Maßregeln der Sicherung und Besserung sinngemäß, soweit nichts anderes bestimmt ist.

Bei der Unterbringung in einer Heil- oder Pflegeanstalt ist der Aufschub der Vollstreckung auf Grund des § 455 Abs. 1, bei der Sicherungsverwahrung der Aufschub auf Grund des § 456 nicht zulässig.

§ 462 gilt auch für die nach den §§ 42f bis 42h und § 42 l Abs. 4 des Strafgesetzbuchs zu treffenden Entscheidungen.

Zweiter Abschnitt

Kosten des Verfahrens

§ 464. Jedes Urteil, jeder Strafbefehl, jede Strafverfügung und jede eine Untersuchung einstellende Entscheidung muß darüber Bestimmung treffen, von wem die Kosten des Verfahrens zu tragen sind.

Die Höhe der Kosten und Auslagen, die ein Beteiligter einem anderen Beteiligten zu erstatten hat, wird auf Antrag eines Beteiligten durch den Urkundsbeamten der Geschäftsstelle festgesetzt. Auf das Verfahren und auf die Vollstreckung der Entscheidung sind die Vorschriften der Zivilprozeßordnung entsprechend anzuwenden.

§ 465. Die Kosten des Verfahrens hat der Angeklagte insoweit zu tragen, als sie durch das Verfahren wegen einer Tat entstanden sind, wegen deren er verurteilt oder eine Maßregel der Sicherung und Besserung gegen ihn angeordnet wird. Zu den Kosten des Verfahrens gehören auch die durch die Vorbereitung der öffentlichen Klage entstandenen sowie die Kosten der Vollstreckung einer Strafe, Nebenstrafe oder Nebenfolge oder einer vom Gericht angeordneten Maßregel der Sicherung und Besserung.

Stirbt ein Verurteilter vor eingetretener Rechtskraft des Urteils, so haftet sein Nachlaß nicht für die Kosten.

§ 466. Mitangeklagte, gegen die in bezug auf dieselbe Tat auf Strafe erkannt oder eine Maßregel der Sicherung und Besserung angeordnet wird, haften für die Auslagen als Gesamtschuldner. Dies gilt nicht für die durch die Vollstreckung, die Untersuchungshaft oder die einstweilige Unterbringung entstandenen Kosten.

§ 467. Einem freigesprochenen oder außer Verfolgung gesetzten Angeschuldigten sind nur solche Kosten aufzuerlegen, die er durch eine schuldhafte Versäumnis verursacht hat.

Die dem Angeschuldigten erwachsenen notwendigen Auslagen können der Staatskasse auferlegt werden.

Diese Vorschriften gelten nicht, wenn gegen den Angeschuldigten die Unterbringung in einer Heil- oder Pflegeanstalt angeordnet wird.

§ 468. Bei wechselseitigen Beleidigungen oder Körperverletzungen wird die Verurteilung eines oder beider Teile in die Kosten dadurch nicht ausgeschlossen, daß einer oder beide für straffrei erklärt werden.

§ 469. Ist ein wenn auch nur außergerichtliches Verfahren durch eine vorsätzlich oder leichtfertig erstattete unwahre Anzeige veranlaßt worden, so kann das Gericht dem Anzeigenden, nachdem er gehört worden ist, die der Staatskasse und dem Beschuldigten erwachsenen Kosten auferlegen.

War noch kein Gericht mit der Sache befaßt, so ergeht die Entscheidung auf Antrag der Staatsanwaltschaft durch das Gericht, das für die Eröffnung des Hauptverfahrens zuständig gewesen wäre.

Gegen die Entscheidung findet sofortige Beschwerde statt.

§ 470. Wird das Verfahren wegen Zurücknahme des Antrags, durch den es bedingt war, eingestellt, so hat der Antragsteller die Kosten sowie die dem Beschuldigten erwachsenen notwendigen Auslagen zu tragen.

§ 471. In einem Verfahren auf erhobene Privatklage hat der Verurteilte auch die dem Privatkläger erwachsenen notwendigen Auslagen zu erstatten.

Wird der Beschuldigte außer Verfolgung gesetzt oder freigesprochen, oder wird das Verfahren eingestellt, so fallen dem Privatkläger die Kosten des Verfahrens sowie die dem Beschuldigten erwachsenen notwendigen Auslagen zur Last.

Das Gericht kann die Kosten des Verfahrens und die notwendigen Auslagen der Beteiligten angemessen verteilen oder nach pflichtgemäßem Ermessen einem der Beteiligten auferlegen, wenn

1. es den Anträgen des Privatklägers nur zum Teil entsprochen hat;
2. es das Verfahren nach § 383 Abs. 2 (§ 390 Abs. 5) wegen Geringfügigkeit eingestellt hat;
3. Widerklage erhoben worden ist.

Mehrere Privatkläger haften als Gesamtschuldner. Das gleiche gilt hinsichtlich der Haftung mehrerer Beschuldigter für die dem Privatkläger erwachsenen notwendigen Auslagen.

Die zu erstattenden Auslagen umfassen auch die Entschädigung für die durch notwendige Reisen oder durch die notwendige Wahrnehmung von Terminen entstandene Zeitversäumnis; die für die Entschädigung von Zeugen geltenden Vorschriften sind entsprechend anzuwenden. Hat sich der Gegner der erstattungspflichtigen Partei eines Rechtsanwalts bedient, so sind die Gebühren und Auslagen des Anwalts insoweit einbegriffen, als solche nach der Bestimmung des § 91 der Zivilprozeßordnung die unterliegende Partei der obsiegenden zu erstatten hat.

§ 472. Wird in dem Falle des § 175 der Angeschuldigte außer Verfolgung gesetzt oder freigesprochen oder wird das Verfahren eingestellt, so sind auf den Antragsteller die Vorschriften des § 471 Abs. 2 bis 5 entsprechend anzuwenden. Das Gericht kann jedoch den Antragsteller von der Tragung der Kosten ganz oder teilweise befreien.

Vor der Entscheidung über den Kostenpunkt ist der Antragsteller zu hören, sofern er nicht als Nebenkläger aufzutreten berechtigt war.

§ 472a. Soweit dem Antrag auf Zuerkennung eines aus der Straftat erwachsenen Anspruchs oder einer Buße stattgegeben wird, hat der Angeklagte auch die dadurch entstandenen besonderen Kosten und die notwendigen Auslagen des Verletzten zu tragen.

Sieht das Gericht von der Entscheidung über den Antrag ab, wird ein Teil des Anspruchs dem Verletzten nicht zuerkannt, wird die Zuerkennung einer Buße abgelehnt oder nimmt der Verletzte den Antrag zurück, so entscheidet das Gericht nach pflichtgemäßem Ermessen, wer die insoweit entstandenen gerichtlichen Auslagen und die insoweit den Beteiligten erwachsenen notwendigen Auslagen trägt. Die gerichtlichen Auslagen können der Staatskasse auferlegt werden, soweit es unbillig wäre, die Beteiligten damit zu belasten.

§ 473. Die Kosten eines zurückgenommenen oder erfolglos eingelegten Rechtsmittels treffen den, der es eingelegt hat. War das Rechtsmittel von der Staatsanwaltschaft eingelegt, so können die dem Beschuldigten erwachsenen notwendigen Auslagen der Staatskasse auferlegt werden. Hatte das Rechtsmittel teilweisen Erfolg, so kann das Gericht die Gebühr ermäßigen und die entstandenen Auslagen angemessen verteilen.

Dasselbe gilt von den Kosten, die durch einen Antrag auf Wiederaufnahme des durch ein rechtskräftiges Urteil abgeschlossenen Verfahrens verursacht worden sind.

Die Kosten der Wiedereinsetzung in den vorigen Stand fallen dem Antragsteller zur Last, soweit sie nicht durch einen unbegründeten Widerspruch des Gegners entstanden sind.

§ 474. In den zur Zuständigkeit des Bundesgerichtshofes im ersten Rechtszug gehörigen Sachen sind die von der Staatskasse zu tragenden Kosten der Bundeskasse aufzuerlegen.

§ 474a. Wird nach einem Urteil gegen einen Abwesenden die Hauptverhandlung erneuert (§ 282c), so können ihm die Kosten der früheren Hauptverhandlung in dem neuen Urteil auch dann auferlegt werden, wenn er freigesprochen wird.

IV

Einführungsgesetz zur Strafprozeßordnung

Vom 1. Februar 1877
unter Berücksichtigung der seither eingetretenen Änderungen

§ 1. Die Strafprozeßordnung tritt im ganzen Umfange des Reichs gleichzeitig mit dem Gerichtsverfassungsgesetze in Kraft.

§ 2. (gegenstandslos.)

§ 3. Die Strafprozeßordnung findet auf alle Strafsachen Anwendung, welche vor die ordentlichen Gerichte gehören.

Insoweit die Gerichtsbarkeit in Strafsachen, für welche besondere Gerichte zugelassen sind, durch die Landesgesetzgebung den ordentlichen Gerichten übertragen wird, kann diese ein abweichendes Verfahren gestatten.

Die Landesgesetze können anordnen, daß Forst- und Feldrügesachen durch die Amtsgerichte in einem besonderen Verfahren verhandelt und entschieden werden.

§ 4. (gegenstandslos.)

§ 5. Die prozeßrechtlichen Vorschriften der Reichsgesetze werden durch die Strafprozeßordnung nicht berührt.

§ 6. Die prozeßrechtlichen Vorschriften der Landesgesetze treten für alle Strafsachen, über die gemäß § 3 nach den Vorschriften der Strafprozeßordnung zu entscheiden ist, außer Kraft, insoweit nicht in der Strafprozeßordnung auf sie verwiesen ist. Außer Kraft treten insbesondere die Vorschriften über die Befugnis zum Erlaß polizeilicher Strafverfügungen.

Unberührt bleiben landesgesetzliche Vorschriften:

1. über die Voraussetzungen, unter denen gegen Mitglieder eines Organs der Gesetzgebung eine Strafverfolgung eingeleitet oder fortgesetzt werden kann,
2. über das Verfahren bei Zuwiderhandlungen gegen die Vorschriften über die Erhebung öffentlicher Abgaben und Gefälle, soweit sie auf die Reichsabgabenordnung verweisen.

§ 7. Gesetz im Sinne der Strafprozeßordnung und dieses Gesetzes ist jede Rechtsnorm.

§§ 8—10. (gegenstandslos.)

§ 11. Die Verfolgung von Beleidigungen und Körperverletzungen findet nur nach den Vorschriften der Strafprozeßordnung statt.

(Abs. 2 gegenstandslos.)

§ 12. (gegenstandslos.)

Anhang

1

Gesetz, betr. die Entschädigung der im Wiederaufnahmeverfahren freigesprochenen Personen

Vom 20. Mai 1898 (RGBl. S. 345)[1])

§ 1. Personen, welche im Wiederaufnahmeverfahren freigesprochen oder in Anwendung eines milderen Strafgesetzes mit einer geringeren Strafe belegt werden, können Entschädigung aus der Reichskasse verlangen, wenn die früher erkannte Strafe ganz oder teilweise gegen sie vollstreckt worden ist. Das Wiederaufnahmeverfahren muß die Unschuld des Verurteilten bezüglich der ihm zur Last gelegten Tat oder bezüglich eines die Anwendung eines schwereren Strafgesetzes begründenden Umstandes ergeben oder doch dargetan haben, daß ein begründeter Verdacht gegen den Angeklagten nicht mehr vorliegt.

Wird im Wiederaufnahmeverfahren eine vom Gericht angeordnete Maßregel der Sicherung und Besserung, nachdem sie ganz oder teilweise vollstreckt worden oder wirksam geworden ist, aufgehoben, weil das Verfahren die Unschuld des Verurteilten bezüglich einer ihm zur Last gelegten Tat oder die Unrichtigkeit der Feststellung einer früheren Verurteilung ergeben oder doch dargetan hat, daß ein begründeter Verdacht gegen ihn nicht mehr vorliegt, so kann der Verurteilte eine Entschädigung aus der Reichskasse verlangen. Dies gilt nicht, wenn das Gemeinwohl unabhängig von der Tat oder der Verurteilung die Maßregel erfordert hätte.

Außer dem Verurteilten haben diejenigen, denen gegenüber er kraft Gesetzes unterhaltspflichtig war, Anspruch auf Entschädigung.

Der Anspruch auf Entschädigung ist ausgeschlossen, wenn der Verurteilte die frühere Verurteilung vorsätzlich herbeigeführt oder durch grobe Fahrlässigkeit verschuldet hat.

Die Versäumung der Einlegung eines Rechtsmittels ist nicht als eine Fahrlässigkeit zu erachten.

§ 2. Gegenstand des dem Verurteilten zu leistenden Ersatzes ist der für ihn durch die Strafvollstreckung entstandene Vermögensschaden.

Unterhaltsberechtigten ist insoweit Ersatz zu leisten, als ihnen durch die Strafvollstreckung der Unterhalt entzogen worden ist.

---

[1]) § 1 Abs. 2 und § 2 Abs. 3 eingefügt durch AG. zum Gen. Verbr. Ges. vom 24. 11. 33.

Über einen Kapitalbetrag von fünfundsiebzigtausend Reichsmark oder einen Rentenbetrag von jährlich viertausendfünfhundert Reichsmark hinaus wird dem Verurteilten und den Unterhaltsberechtigten kein Ersatz geleistet. Reicht der Höchstbetrag für die Ersatzleistung an den Verurteilten und die Unterhaltsberechtigten nicht aus, so verringern sich die einzelnen Entschädigungen in dem Verhältnis, in welchem ihr Gesamtbetrag zu dem Höchstbetrag steht.

§ 3. Die Entschädigung wird aus der Reichskasse gezahlt.

Bis zum Betrage der geleisteten Entschädigung tritt die Kasse in die Rechte ein, welche dem Entschädigten gegen Dritte um deswillen zustehen, weil durch deren rechtswidrige Handlungen seine Verurteilung herbeigeführt war.

§ 4. Über die Verpflichtung der Reichskasse zur Entschädigung wird durch besonderen Beschluß des im Wiederaufnahmeverfahren erkennenden Gerichts Bestimmung getroffen.

Der Beschluß ist von dem Gerichte gleichzeitig mit dem Urteile zu fassen, aber nicht zu verkünden, sondern durch Zustellung bekanntzumachen. Der Beschluß unterliegt nicht der Anfechtung durch Rechtsmittel. Er tritt außer Kraft, wenn das Urteil aufgehoben wird.

§ 5. Wer auf Grund des die Verpflichtung der Staatskasse zur Entschädigung aussprechenden Beschlusses einen Anspruch geltend macht, hat diesen Anspruch bei Vermeidung des Verlustes binnen drei Monaten nach Zustellung des Beschlusses durch Antrag bei der Staatsanwaltschaft zu verfolgen. Der Antrag ist bei der Staatsanwaltschaft desjenigen Landgerichts zu stellen, in dessen Bezirke das Urteil ergangen ist.

Über den Antrag entscheidet die oberste Behörde der Landesjustizverwaltung. Eine Ausfertigung der Entscheidung ist dem Antragsteller nach den Vorschriften der Zivilprozeßordnung zuzustellen.

Gegen die Entscheidung ist die Berufung auf den Rechtsweg zulässig. Die Klage ist binnen einer Ausschlußfrist von drei Monaten nach Zustellung der Entscheidung zu erheben. Für die Ansprüche auf Entschädigung sind die Zivilkammern der Landgerichte ohne Rücksicht auf den Wert des Streitgegenstandes ausschließlich zuständig.

Bis zur endgültigen Entscheidung über den Antrag ist der Anspruch weder übertragbar, noch der Pfändung unterworfen.

§ 6. (gegenstandslos.)

§ 7. (gegenstandslos.)

2

Gesetz, betr. die Entschädigung für unschuldig erlittene Untersuchungshaft

Vom 14. Juli 1904 (RGBl. S. 321)[1])

§ 1. Personen, die im Strafverfahren freigesprochen oder durch Beschluß des Gerichts außer Verfolgung gesetzt sind, können für erlittene Untersuchungshaft Entschädigung aus der Staatskasse verlangen, wenn das Verfahren ihre Unschuld ergeben oder dargetan hat, daß gegen sie ein begründeter Verdacht nicht vorliegt.

Außer dem Verhafteten haben diejenigen, denen gegenüber er kraft Gesetzes unterhaltspflichtig war, Anspruch auf Entschädigung.

Ein Anspruch auf Entschädigung besteht nicht, wenn im Urteil die Unterbringung in einer Heil- oder Pflegeanstalt angeordnet worden ist.

Im Sinne dieses Gesetzes steht der Verhaftung und der Untersuchungshaft die einstweilige Unterbringung, dem Verhafteten der einstweilig Untergebrachte, dem Haftbefehl der Unterbringungsbefehl gleich. Ein Entschädigungsanspruch besteht jedoch nicht, wenn das Gemeinwohl unabhängig von der Tat die einstweilige Unterbringung erfordert hätte.

§ 2. Der Anspruch auf Entschädigung ist ausgeschlossen, wenn der Verhaftete die Untersuchungshaft vorsätzlich herbeigeführt oder durch grobe Fahrlässigkeit verschuldet hat. Die Versäumung der Einlegung eines Rechtsmittels ist nicht als eine Fahrlässigkeit zu erachten.

Der Anspruch kann ausgeschlossen werden, wenn die zur Untersuchung gezogene Tat des Verhafteten eine grobe Unredlichkeit oder Unsittlichkeit in sich geschlossen hat oder in einem die Zurechnungsfähigkeit ausschließenden Rausch begangen worden ist oder wenn aus den Tatumständen erhellt, daß der Verhaftete die Verübung eines Verbrechens oder Vergehens vorbereitet hatte.

Der Anspruch kann auch dann ausgeschlossen werden, wenn der Verhaftete zur Zeit der Verhaftung sich nicht im Besitze der bürgerlichen Ehrenrechte befand oder unter Polizeiaufsicht stand oder wenn gegen den Verhafteten innerhalb der letzten zwei Jahre die Unterbringung in einem Arbeitshause rechtskräftig angeordnet worden ist. Das gleiche gilt, wenn der Verhaftete mit Zucht-

---

[1]) §§ 1—3 geändert und ergänzt durch AG. zum Gew. Verbr. Ges. v. 24. 11. 33.

haus bestraft worden ist und seit der Verbüßung der Strafe drei Jahre noch nicht verflossen sind.

§ 3. Gegenstand des dem Verhafteten zu leistenden Ersatzes ist der für ihn durch die Untersuchungshaft entstandene Vermögensschaden. Hat vor dem Erlasse des Haftbefehls eine Vorführung oder eine vorläufige Festnahme stattgefunden, so erstreckt sich der Entschädigungsanspruch auch auf die dem Haftbefehle vorausgegangene Zeit der Haft.

Unterhaltsberechtigten ist insoweit Ersatz zu leisten, als ihnen durch die Verhaftung der Unterhalt entzogen worden ist.

Über einen Kapitalbetrag von fünfundsiebzigtausend Reichsmark oder einen Rentenbetrag von jährlich viertausendfünfhundert Reichsmark hinaus wird dem Verhafteten und den Unterhaltsberechtigten kein Ersatz geleistet. Reicht der Höchstbetrag für die Ersatzleistung an den Verhafteten und die Unterhaltsberechtigten nicht aus, so verringern sich die einzelnen Entschädigungen in dem Verhältnis, in dem ihr Gesamtbetrag zu dem Höchstbetrag steht.

§ 4. Über die Verpflichtung der Staatskasse zur Entschädigung wird von dem Gerichte gleichzeitig mit seinem den Verhafteten freisprechenden Urteile durch besonderen Beschluß Bestimmung getroffen.

Wird auf ein gegen das Urteil eingelegtes Rechtsmittel von neuem auf Freisprechung erkannt, so ist von dem erkennenden Gerichte nach Maßgabe des Abs. 1 von neuem Beschluß zu fassen.

Der Beschluß ist nicht zu verkünden, sondern durch Zustellung bekanntzumachen, sobald das freisprechende Urteil rechtskräftig geworden ist. Er unterliegt nicht der Anfechtung durch Rechtsmittel. Wird die Entschädigungsverpflichtung der Staatskasse ausgesprochen, so soll der Beschluß auch den Unterhaltsberechtigten, die nicht dem Hausstande des Verhafteten angehören, mitgeteilt werden, sofern ihr Aufenthalt dem Gerichte bekannt ist.

Diese Vorschriften finden entsprechende Anwendung, wenn der Verhaftete durch Beschluß des Gerichts außer Verfolgung gesetzt wird.

§ 5. Der die Entschädigungsverpflichtung der Staatskasse aussprechende Beschluß tritt außer Kraft, wenn zuungunsten des Freigesprochenen die Wiederaufnahme des Verfahrens angeordnet oder wenn gegen den außer Verfolgung Gesetzten nach Wiederaufnahme der Klage das Hauptverfahren eröffnet wird. War die Entschädigung schon gezahlt, so kann das Gezahlte zurückgefordert werden.

§ 6. Wer auf Grund des die Entschädigungsverpflichtung der Staatskasse aussprechenden Beschlusses einen Anspruch geltend macht, hat diesen Anspruch bei Vermeidung des Verlustes binnen sechs Monaten nach Zustellung des Beschlusses durch Antrag bei der Staatsanwaltschaft des Landgerichts zu verfolgen, in dessen Bezirke das Verfahren in erster Instanz anhängig war.

Über den Antrag entscheidet die oberste Behörde der Landesjustizverwaltung. Eine Ausfertigung der Entscheidung ist dem Antragsteller nach den Vorschriften der Zivilprozeßordnung zuzustellen.

Gegen die Entscheidung ist die Berufung auf den Rechtsweg zulässig. Die Klage ist binnen einer Ausschlußfrist von drei Monaten nach Zustellung der Entscheidung zu erheben. Für die Ansprüche auf Entschädigung sind die Zivilkammern der Landgerichte ohne Rücksicht auf den Wert des Streitgegenstandes ausschließlich zuständig.

Bis zur rechtskräftigen Entscheidung über den Antrag ist der Anspruch nicht übertragbar.

§ 7. Die Entschädigung wird aus der Kasse des Landes gezahlt, bei dessen Gericht das Strafverfahren in erster Instanz anhängig war.

Bis zum Betrage der geleisteten Entschädigung tritt die Kasse in die Rechte ein, welche dem Entschädigten gegen Dritte um deswillen zustehen, weil durch deren rechtswidrige Handlungen die Untersuchungshaft herbeigeführt war.

§ 8. Ist zuungunsten des Freigesprochenen die Wiederaufnahme des Verfahrens beantragt oder gegen den außer Verfolgung Gesetzten die Klage wieder aufgenommen worden, so kann die Entscheidung der obersten Behörde der Landesjustizverwaltung (§ 6 Abs. 2) sowie die Zahlung der Entschädigung (§ 7 Abs. 1) ausgesetzt werden.

§§ 9—11. (gegenstandslos.)

§ 12. Die Vorschriften dieses Gesetzes finden auf Angehörige eines auswärtigen Staates nur insoweit Anwendung, als nach einer im Reichsgesetzblatt enthaltenen Bekanntmachung durch die Gesetzgebung dieses Staates oder durch Staatsvertrag die Gegenseitigkeit verbürgt ist.

Gesetz über beschränkte Auskunft aus dem Strafregister und die Tilgung von Strafvermerken

Vom 9. April 1920 (RGBl. S. 507) in der Fassung des Artikel X Abs. 1 der V. über Vermögensstrafen und Bußen vom 6. Februar 1924 (RGBl. I S. 44) des Gesetzes vom 23. März 1934 (RGBl. I S. 213) und der V.en vom 17. November 1939 (RGBl. I S. 2254) und vom 20. August 1941 (RGBl. I S. 526)

§ 1. Über Verurteilungen, die in das Strafregister aufgenommen sind, ist nach Ablauf einer bestimmten Frist nur noch beschränkt Auskunft zu erteilen.

Ist nach Eintritt des Zeitpunkts, von dem ab nur beschränkt Auskunft zu erteilen ist, eine weitere Frist abgelaufen, so wird der Vermerk im Strafregister getilgt.

Diese Vorschriften gelten nicht für Verurteilungen zum Tode und zu Zuchthaus. Sie gelten ferner nicht für Urteile, durch die die Unterbringung in einer Heil- oder Pflegeanstalt, die Sicherungsverwahrung . . . angeordnet wird. Die Vorschriften des § 8 bleiben unberührt.

§ 2. Bei mehreren Verurteilungen einer Person ist über alle Verurteilungen unbeschränkt Auskunft zu erteilen, solange über eine der Verurteilungen unbeschränkt Auskunft erteilt werden muß. Die Tilgung eines Vermerkes im Strafregister darf bei mehreren Verurteilungen einer Person erst erfolgen, wenn für alle Verurteilungen die Voraussetzungen der Tilgung vorliegen.

Lautet die Verurteilung, über die unbeschränkt Auskunft erteilt werden muß oder die im Strafregister noch nicht getilgt werden kann, nur auf Geldstrafe, allein oder in Verbindung mit Nebenstrafen, so finden die Vorschriften des Abs. 1 keine Anwendung.

§ 3. Hat der Verurteilte die bürgerlichen Ehrenrechte oder einzelne Rechte oder Fähigkeiten verloren, so kommen ihm die Vergünstigungen des § 1 nicht zugute, solange er diese Rechte und Fähigkeiten nicht wiedererlangt hat.

Das gleiche gilt, solange über einen Verurteilten eine Steckbriefnachricht im Strafregister niedergelegt ist.

Die Vergünstigungen des § 1 kommen einem Verurteilten für eine Verurteilung solange nicht zugute, als sich aus dem Inhalt des Strafregisters ergibt, daß die Vollstreckung noch nicht erledigt ist.

§ 4. Verurteilungen, über die beschränkt Auskunft erteilt wird, dürfen nur mitgeteilt werden:

1. den Gerichten und den Behörden der Staatsanwaltschaft,
2. nach näherer Anordnung des Reichsministers der Justiz den Behörden der Sicherheitspolizei (. . . Kriminalpolizei),
3. auf ausdrückliches Ersuchen den obersten Reichs- und Landesbehörden . . .
4. den Finanzbehörden in Strafverfahren wegen Steuer- oder Monopolvergehen,
5. den Regierungspräsidenten in Einbürgerungsverfahren.

Ist hiernach Auskunft zu erteilen, so ist darin besonders hervorzuheben, daß die Verurteilung der beschränkten Auskunft unterliegt.

Soweit über eine Verurteilung, die der beschränkten Auskunft unterliegt, keine Auskunft erteilt werden darf, sind Anfragen in gleicher Weise zu beantworten wie in den Fällen, in denen ein Vermerk nicht vorhanden ist.

Diese Vorschriften gelten entsprechend für die Auskunft aus den polizeilichen Listen; bei der Ausstellung polizeilicher Führungszeugnisse bleiben Verurteilungen, die der beschränkten Auskunft unterliegen, außer Betracht.

Ist der Vermerk über eine Verurteilung im Strafregister getilgt worden, so darf der Verurteilte jede Auskunft über die Tat und über die Strafe verweigern. Er darf sich, soweit nicht eine andere noch nicht getilgte Verurteilung entgegensteht, als unbestraft bezeichnen. Das Gericht und der Staatsanwalt können aus besonderen Gründen anordnen, daß der Verurteilte auch über bereits getilgte Strafen Auskunft zu geben hat.

Unterliegt der Vermerk über eine Verurteilung im Strafregister der beschränkten Auskunft, so darf der Verurteilte gegenüber privaten Personen und Stellen gleichfalls jede Auskunft über die Tat und über die Strafe verweigern. Er darf sich solchen Personen oder Stellen gegenüber, soweit nicht eine andere, noch nicht der beschränkten Auskunft unterliegende Verurteilung entgegensteht, als unbestraft bezeichnen.

Zu den privaten Stellen im Sinne dieser Bestimmungen gehören nicht die im § 1 Abs. 1 des Gesetzes zur Ordnung der Arbeit in öffentlichen Verwaltungen und Betrieben vom 23. März 1934 (Reichsgesetzbl. I S. 220, 300) bezeichneten Stellen sowie die Körperschaften, Anstalten und Stiftungen des öffentlichen Rechts, auch soweit sie dem genannten Gesetz nicht unterliegen, und die Gliederungen der Organisation der gewerblichen Wirtschaft; in Zweifelsfällen entscheidet hierüber der Reichsminister der Justiz im Einvernehmen mit dem sonst zuständigen Reichsminister.

§ 5. Ein Vermerk, der im Strafregister zu tilgen ist, wird aus dem Register entfernt und vernichtet; enthält das Register außerdem Vermerke, die bestimmungsgemäß darin verbleiben müssen, so wird der zu tilgende Vermerk unkenntlich gemacht. Ebenso wird der Vermerk über die Verurteilung aus den polizeilichen Listen entfernt oder darin unkenntlich gemacht.

Ist der Vermerk über eine Verurteilung im Strafregister getilgt worden, so gilt die Verurteilung nicht mehr als Bestrafung im Sinne solcher Vorschriften, die für den Fall, daß der Täter bereits bestraft ist, eine schwerere Strafe oder andere Rechtsnachteile androhen.

§ 6. Die Frist, nach deren Ablauf beschränkt Auskunft zu erteilen ist, beträgt

1. fünf Jahre, wenn auf Geldstrafe oder auf Freiheitsstrafe von höchstens drei Monaten, allein oder in Verbindung miteinander oder mit Nebenstrafen, erkannt worden ist, mit Ausnahme der Fälle, in denen eine Maßregel der Sicherung und Besserung angeordnet oder auf die Zulässigkeit von Polizeiaufsicht erkannt worden ist,
2. zehn Jahre in allen übrigen Fällen.

Die Frist der Nr. 1 beginnt mit dem im Strafregister vermerkten Tage der Verurteilung.

Die Frist der Nr. 2 beginnt mit dem Tage, an dem die Strafe vollstreckt, verjährt oder erlassen ist; ist auf eine mit Freiheitsentziehung verbundene Maßregel der Sicherung und Besserung oder auf die Zulässigkeit von Polizeiaufsicht erkannt worden, so beginnt die Frist erst, wenn diese Maßregeln erledigt sind. Ist nach Ablauf einer Probezeit dem Verurteilten die Strafe ganz oder teilweise erlassen worden oder die Maßregel erledigt, so wird die Probezeit auf die Frist der Nr. 2 angerechnet.

War der Verurteilte zur Zeit der Tat noch nicht achtzehn Jahre alt, so verkürzt sich die Frist von fünf Jahren auf drei Jahre und die Frist von zehn Jahren auf sechs Jahre[1]).

§ 7. Die Frist, nach deren Ablauf ein Vermerk zu tilgen ist, beträgt

1. fünf Jahre, wenn auf Geldstrafe oder auf Haft oder auf Gefängnis oder Festungshaft von höchstens einer Woche, allein oder in Verbindung miteinander oder mit Nebenstrafen, erkannt worden ist, mit Ausnahme der Fälle, in denen eine Maßregel der Sicherung und Besserung angeordnet oder auf die Zulässigkeit von Polizeiaufsicht erkannt worden ist;
2. zehn Jahre in allen übrigen Fällen.

Die Frist beginnt mit dem Tage, von dem ab nur noch beschränkt Auskunft zu erteilen ist.

War der Verurteilte zur Zeit der Tat noch nicht achtzehn Jahre alt, so verkürzt sich die Frist von fünf Jahren auf drei Jahre und die Frist von zehn Jahren auf sechs Jahre[1]).

§ 8. Der Reichsminister der Justiz und die von ihm bezeichneten Stellen können in Fällen, in denen die Voraussetzungen der beschränkten Auskunft

---

[1]) Vgl. aber jetzt § 70 RJGG.

oder der Tilgung nicht vorliegen, diese Maßnahmen anordnen, wenn dadurch staatliche Interessen nicht gefährdet werden.

Hat der Verurteilte die bürgerlichen Ehrenrechte oder einzelne Rechte oder Fähigkeiten verloren, so sollen die Maßnahmen nicht angeordnet werden, solange er diese Rechte und Fähigkeiten nicht wiedererlangt hat.

Wird angeordnet, daß eine Verurteilung der beschränkten Auskunft unterliegen soll, so beginnt die Frist für die Tilgung des Strafvermerkes mit dem Tage der Anordnung.

§ 9. Vermerke über Verurteilungen im Ausland sind im Sinne dieses Gesetzes Vermerken über Verurteilungen im Inland gleichzuachten.

§ 10. Bei der Verwertung von Auszügen aus ausländischen Strafregistern ist so zu verfahren, wie wenn die in dem Auszug enthaltenen Vermerke in einem inländischen Strafregister enthalten wären. Die Vorschriften des § 11 Abs. 2 sind entsprechend anzuwenden.

§ 11. Das Gesetz tritt mit dem 1. Juli 1920 in Kraft. (Ab. 2 u. 3 betreffen Übergangsbestimmungen).

4

Verordnung über das Verfahren in Gnadensachen (Gnadenordnung)

Vom 6. Februar 1935 (Deutsche Justiz S. 203)

in der Fassung vom 21. Dezember 1936 (Deutsche Justiz 1937 S. 24), vom 25. März 1937 (Deutsche Justiz S. 491), vom 10. Juni 1938 (Deutsche Justiz S. 925ε und vom 9. Januar 1939 (Deutsche Justiz S. 96).

I. Allgemeines

§ 1. Ausübung des Gnadenrechts

(1) und (2) gegenstandslos.

(3) Im übrigen ist die Befugnis zu Gnadenerweisen und zu ablehnenden Entschließungen in Gnadensachen übertragen

1. für die zur Zuständigkeit der Gerichte gehörigen Sachen, soweit es sich nicht um die nachstehend genannten Fälle handelt, dem Reichsminister der Justiz;
2. (gegenstandslos)
3. für Steuerzuwiderhandlungen (einschließlich Zollzuwiderhandlungen), für Zuwiderhandlungen gegen Finanzmonopole und für Zuwiderhandlungen gegen Ein- und Ausfuhrverbote dem Reichsminister der Finanzen;
4. für Strafen, die durch rechtskräftige Verfügungen der Polizei- oder anderer Verwaltungsbehörden verhängt sind, den Reichsministern, die die Dienstaufsicht über diese Behörden führen;
5. für Ordnungsstrafen den Reichsministern, zu deren Geschäftsbereich die Stellen gehören, die die Ordnungsstrafe verhängt haben;
6. für die von Verwaltungsgerichten verhängten Strafen — abgesehen von Dienststrafen — den Reichsministern, die die Dienstaufsicht über die Verwaltungsgerichte führen;
7. für Amts- und Ruhegehaltsverlust, der auf einem Strafurteil beruht,
   a) (gegenstandslos)
   b) bei den Beamten der Gemeinden und Gemeindeverbände dem Reichsminister des Innern,
   c) bei den übrigen Beamten den für die Dienstaufsicht zuständigen Reichsministern.

(4) (gegenstandslos.)

§ 2. Geltungsbereich der Gnadenordnung

(1) Die Vorschriften der Gnadenordnung gelten für das Verfahren der Justizbehörden in den Gnadensachen, in denen nach § 1 die Vorbereitung oder die Befugnis zu Gnadenerweisen und ablehnenden Entschließungen dem Reichsminister der Justiz übertragen ist. Die Gnadenordnung gilt demnach für den Bereich der Zuständigkeit der allgemeinen Gerichte (ordentliche Gerichte) mit Ausnahme der in § 1 Abs. 3 Ziffer 2 bis 4 und 7 aufgeführten Sachen. Innerhalb dieses Bereichs gilt sie sowohl für kriminelle wie für Ordnungsstrafen.

(2) Gnadengesuche, deren Bearbeitung hiernach nicht den Justizbehörden obliegt, sind an die für die Bearbeitung zuständige Stelle abzugeben. Bestehen Zweifel über die zuständige Stelle, so können die Gesuche dem Reichsminister der Justiz mit der Bitte um Weitergabe vorgelegt werden.

(3) Den Entscheidungen der zuständigen Stellen, die auf Grund ihrer Gnadenbefugnisse ergehen, haben die beteiligten Justizbehörden Folge zu leisten.

§ 3. Inhalt des Gnadenrechts

(1) Das Gnadenrecht umfaßt die Befugnis, rechtskräftig erkannte Strafen zu erlassen, zu ermäßigen, umzuwandeln oder auszusetzen (Begnadigungsrecht), und die Befugnis, vor rechtskräftiger Entscheidung einer Sache anzuordnen, daß von der Strafverfolgung abgesehen wird (Niederschlagungsrecht).

(2) Das Begnadigungsrecht umfaßt außer den Strafen die Nebenstrafen sowie die Nebenfolgen, die im Strafurteil ausgesprochen sind oder sich aus ihm kraft gesetzlicher Vorschrift ergeben. Es umfaßt ferner die der Staatskasse zustehenden Ansprüche auf Zahlung von Geldbußen oder auf Erstattung der Kosten (Gebühren und Auslagen). Maßregeln der Sicherung und Besserung und andere Sicherungsmaßnahmen, auf die durch Strafurteil erkannt ist, oder die sich aus ihm kraft gesetzlicher Vorschrift ergeben, sind nicht grundsätzlich dem Begnadigungsrecht entzogen. Bei diesen Maßnahmen überwiegt jedoch der Zweck, die Allgemeinheit vor Gefahren zu schützen, die Rücksicht auf die Person des Betroffenen so sehr, daß ein Anlaß zu einer Milderung des Urteilsspruchs nur in seltenen Ausnahmefällen (Fehlurteil, nachträglicher Wegfall des Sicherungsbedürfnisses) eintreten kann. Auch in solchen Fällen kommt der Weg der Gnade in der Regel nur in Betracht, wenn nicht das Gesetz bereits Milderungen (z. B. durch nachträgliche Anordnungen des Vollstreckungsgerichts gemäß §§ 42f, 42h StGB.) zuläßt.

II. Gnadenbehörden und Behandlung von Gnadensachen

§ 4. Gnadenbehörden

(1) Gnadenbehörde ist die Vollstreckungsbehörde; steht die Vollstreckung dem Amtsrichter zu, so tritt an seine Stelle der Oberstaatsanwalt bei dem übergeordneten Landgericht.

(2) Die Vorschrift des Abs. 1 gilt auch für Gesamtstrafen.

(3) Hat ein Verurteilter mehrere Strafen zu verbüßen, die zu einer Gesamtstrafe nicht zusammengefaßt werden können und die von mehreren Behörden vollstreckt werden, so ist nur eine der Vollstreckungsbehörden Gnadenbehörde. Sie bestimmt sich nach der in § 462 Abs. 3 Satz 1 der Strafprozeßordnung enthaltenen Regel.

(4) Hat das Oberlandesgericht im ersten Rechtszuge eine der Strafen (Abs. 2, 2, 3) erkannt, so ist der Generalstaatsanwalt bei diesem Gericht Gnadenbehörde. (Satz 2 gegenstandslos).

(5) Einer Anhörung der für die übrigen Einzelstrafen zuständigen Oberstaatsanwälte bedarf es nur, wenn es wegen der Bedeutung der Einzelstrafe oder aus anderen besonderen Gründen angezeigt ist.

§ 4a. Gnadenentscheidungen bei gerichtlichen Verurteilungen Jugendlicher

Für Gnadenverfahren bei gerichtlichen Verurteilungen Jugendlicher gilt vor den Vorschriften der Gnadenordnung die Allgemeine Verfügung v. 16. Dezember 1943 (DGnst., S. 585)[1]).

§ 5. Einreichung des Gesuches

(1) Gnadengesuche können schriftlich oder mündlich gestellt werden. Zur Entgegennahme mündlicher Gesuche sind die Geschäftsstellen der Staatsanwaltschaften und der Amtsgerichte verpflichtet.

(2) Alle bei den Justizbehörden eingehenden Gnadengesuche sind der Gnadenbehörde zuzuleiten.

(3) Eingaben, die auch als Rechtsmittel aufgefaßt werden können, sind unverzüglich dem Gericht vorzulegen, sofern sie nicht aus Formgründen offenbar unzulässig sind und auch als Gesuch um Wiedereinsetzung in den vorigen Stand offensichtlich keine Aussicht auf Erfolg haben. Bei mündlicher Anbringung ist der Gesuchsteller darüber zu belehren, daß der Weg der Gnade nicht dazu bestimmt ist, ein Rechtsmittel oder die Wiederaufnahme des Verfahrens zu ersetzen oder die Vollstreckung zu hemmen.

§ 6. Vorläufige Einstellung der Vollstreckung

(1) Gnadengesuche hemmen die Vollstreckung nicht.

(2) Die Vollstreckung kann bis zur Entscheidung über das Gnadengesuch eingestellt werden, wenn dem Verurteilten durch die Vollstreckung ein unwiederbringlicher Schaden zugefügt wurde, erhebliche Gnadengründe vorliegen und der Strafzweck die sofortige Vollstreckung nicht erfordert. Bei Freiheitsstrafen ist

---

[1]) Hiernach ist der Jugendrichter oder der Vorsitzer der Jugendkammer Gnadenbehörde, soweit er Vollstreckungsleiter ist.

die Einstellung unzulässig, wenn die Strafverbüßung bereits begonnen hat oder der Verurteilte der Flucht verdächtig ist; diese Vorschrift gilt entsprechend für mit Freiheitsentziehung verbundene Maßregeln der Sicherung und Besserung.

(3) Ist ein Gnadengesuch bereits abgelehnt worden, so ist eine Einstellung ausgeschlossen, sofern nicht zur Begründung neue wesentliche Tatsachen glaubhaft angeführt werden.

(4) Über die Einstellung entscheidet die Gnadenbehörde. In Einzelfällen kann der Amtsrichter, dem die Vollstreckung zusteht, einstweilige Anordnungen treffen.

§ 7. Ermittelungen der Gnadenbehörde

(1) Die Gnadenbehörde hat die notwendigen Ermittelungen schleunig vorzunehmen.

(2) Bei den Ermittelungen muß schonend verfahren und vermieden werden, daß unnötig andere Personen von der Verurteilung Kenntnis erhalten.

(3) Die Behörden haben sich Privatpersonen gegenüber aller Äußerungen zu enthalten, die Hoffnung auf einen Gnadenerweis erwecken können.

§ 8. Anhörung des Gerichts und der Gefangenenanstalt

(1) Die Gnadenbehörde ersucht das Gericht des ersten Rechtszuges um eine Stellungnahme; weicht das Urteil des zweiten Rechtszuges in der rechtlichen Würdigung oder im Strafmaß ganz oder teilweise vom ersten Urteil ab, so ist auch eine Stellungnahme dieses Gerichts herbeizuführen. Die Äußerung gibt der Vorsitzende ab.

(2) Beim Zusammentreffen mehrerer Strafen bedarf es in der Regel nur der Anhörung des Gerichts, das die Gesamtstrafe gebildet hat oder im Falle des § 4 Abs. 3 nach der in § 462 Abs. 3 Satz 1 der Strafprozeßordnung enthaltenen Regel zuständig wäre. Die für die übrigen Strafen zuständigen Gerichte sind nur zu hören, wenn es wegen der Bedeutung der übrigen Strafen oder aus anderen besonderen Gründen angezeigt ist.

(3) Ist der Verurteilte in Strafhaft, so hat sich der Vorsteher der Gefangenenanstalt zu dem Gnadengesuch eingehend zu äußern. Die Äußerung soll bereits bei der Weiterleitung des Gnadengesuchs an die Gnadenbehörde beigefügt werden. Sie kann unterbleiben, wenn seit dem Strafantritt oder seit einer früheren Äußerung erst eine verhältnismäßig kurze Zeit verstrichen ist.

§ 8a. (gegenstandslos)

§ 9. Anhörung anderer Stellen

(1) Die Gnadenbehörde hat nach pflichtgemäßem Ermessen zu prüfen, inwieweit es zur Vorbereitung der Gnadenentschließung angezeigt ist, andere Behörden oder Stellen zu hören. Die Anfrage ist im allgemeinen an die Provinzial-

behörden zu richten. Es soll regelmäßig gehört werden: in Jugendstrafsachen das Vormundschaftsgericht, in Forststrafsachen die Forstbehörde, in Devisensachen der Oberfinanzpräsident,, in Münzstrafsachen die nach Nr. 321 der „Richtlinien für das Strafverfahren" bereits im Vorverfahren anzuhörenden Stellen und bei Beleidigung oder Körperverletzung in den Fällen des § 196 und des § 232 Abs. 3 des Strafgesetzbuchs der amtliche Vorgesetzte, der den Strafantrag gestellt hat.

(2) Bei Beamten und Behördenangestellten soll die vorgesetzte Dienstbehörde — bei inzwischen ausgeschiedenen die letzte — gehört werden.

(3) Als vorgesetzte Dienstbehörde gelten bei Beamten und Angestellten der Justizverwaltung der Präsident des Oberlandesgerichts oder der Generalstaatsanwalt.

§ 10. Berichterstattung

Nach Abschluß der Vorprüfung hat die Gnadenbehörde dem Reichsminister der Justiz zu berichten, wenn

1. (gegenstandslos)
2. der Reichsminister der Justiz Bericht eingefordert hat, oder
3. die Gnadenbehörde oder eine der nach § 8 gehörten Stellen einen Gnadenerweis für angezeigt erachtet, es sei denn, daß nach §§ 14, 20 bedingte Strafaussetzung bewilligt worden ist[1]).

Wird der Bericht von dem Oberstaatsanwalt beim Landgericht erstattet, so ist er über den vorgesetzten Generalstaatsanwalt zu leiten, der seine eigene Stellungnahme beifügt. In Eilfällen ist unmittelbar an den Reichsminister der Justiz zu berichten und dem Generalstaatsanwalt eine Abschrift des Berichts zu übersenden.

§ 11. Form des Berichts

(1) Zur Berichterstattung an den Reichsminister der Justiz wird ein Formblatt nach dem Muster der Anlage A[2]) benutzt, sofern nicht andere Bestimmungen. (§ 13 für Todesstrafen) oder der Umfang oder die besondere Bedeutung der Sache oder sonstige Umstände zu einer anderen Berichtsform nötigen.

(2) Über mehrere durch dasselbe Erkenntnis verurteilte Personen kann in einem Formblatt berichtet werden, wenn darunter nicht die Übersichtlichkeit leidet. Ist nur über das Gesuch eines Verurteilten zu berichten, sind aber Mitverurteilte vorhanden, so spricht sich der Bericht im Falle der Befürwortung

[1]) Die Gnadenbehörden sind durch RV. vom 11. 2. 1942 zum Erlaß von Geldstrafen und zur Freigabe eingezogener Gegenstände ermächtigt worden, durch RV. vom 19. 2. 1943 zur Wiederverleihung der bürgerlichen Ehrenrechte, ..., der Fähigkeit zur Bekleidung öffentlicher Ämter und der Fähigkeit, als Zeuge oder Sachverständiger eidlich vernommen zu werden.

[2]) Die Anlagen sind nicht abgedruckt.

eines Gnadenerweises darüber aus, ob vorgeschlagen wird, den Gnadenerweis auf Mitverurteilte auszudehnen.

(3) Dem Bericht ist ein Doppel beizufügen.

(4) Mit dem Bericht werden vorgelegt:

1. die Gnadenakten,
2. die Sachakten, bei Gesamtstrafen auch für alle Einzelstrafen,
3. sonstige Akten nach dem Ermessen der berichtenden Behörde,
4. ein Strafregisterauszug nach dem neuesten Stand.

(5) Sind einzelne Akten nicht in kürzerer Frist zu erlangen, so darf die Berichterstattung deshalb nicht aufgeschoben werden.

§ 12. Abgekürzter Bericht

Ist in derselben Strafsache bereits berichtet worden, so kann unter Hinweis auf den früheren Bericht ein abgekürzter Bericht ohne Benutzung des Formblattes erstattet werden. Inzwischen eingetretene Änderungen der Strafberechnung oder der Verbüßungsanstalt sind mitzuteilen.

§ 13. Besondere Vorschriften für das Verfahren bei Todesstrafen

(1) Die Vollstreckung von Todesurteilen ist nach § 453 der Strafprozeßordnung nur dann zulässig, wenn eine Entschließung der zur Ausübung des Gnadenrecht berufenen Stelle dahin ergangen ist, von ihrem Begnadigungsrechte keinen Gebrauch zu machen. Über Todesurteile ist deshalb an den Reichsminister der Justiz auch dann zu berichten, wenn ein Gnadengesuch nicht eingeht. Für die Berichterstattung gelten folgende besonderen Bestimmungen:

(2) Sobald ein rechtskräftiges Todesurteil vorliegt, hat die Gnadenbehörde, ohne auf die Einreichung eines Gnadengesuchs zu warten, mit äußerster Beschleunigung zu berichten. Um dies zu gewährleisten, sollen schon vor Eintritt der Rechtskraft des Urteils die erforderlichen Äußerungen eingeholt und die sonst erforderlichen Ermittelungen vorgenommen werden. Dabei ist stets auch ein Lichtbild des Verurteilten aus neuester Zeit zu den Akten zu bringen.

(3) Wird der Bericht von dem Oberstaatsanwalt bei dem Landgericht erstattet, so ist er über den vorgesetzten Generalstaatsanwalt zu leiten, der seine eigene Stellungnahme beifügt.

(4) Das Formblatt ist nicht zu verwenden. Dem Bericht sind die Äußerung des Vorsitzenden des erkennenden Gerichts in Abschrift und drei beglaubigte Abschriften des Urteils, darunter mindestens eine geheftet, beizufügen.

§ 14. Prüfung der bedingten Strafaussetzung

(1) Gnadengesuche werden von der Gnadenbehörde auch nach der Richtung geprüft, ob der Fall sich zur Bewilligung bedingter Strafaussetzung anstatt eines sofortigen Gnadenerweises eignet.

(2) Erachtet keine der nach § 8 gehörten Stellen einen sofortigen Gnadenerweis, wohl aber auch nur eine von ihnen bedingte Strafaussetzung für angezeigt, so hat in den Fällen, für die die Ermächtigung des § 20 gilt, zunächst die daselbst bezeichnete Stelle über die bedingte Strafaussetzung zu entscheiden. Die Bewilligung bedingter Strafaussetzung wird nicht dadurch ausgeschlossen, daß der Reichsminister der Justiz Bericht über das Gnadengesuch erfordert hat; ihm ist in diesem Falle von der Bewilligung durch die Gnadenbehörde Anzeige zu machen.

§ 15. Gnadengesuche bei Geldstrafen

Gnadengesuche, die sich allein auf Geldstrafen beziehen, sind von der Gnadenbehörde auch darauf zu prüfen, ob sie dem ständigen Gericht zur Entscheidung über Maßnahmen nach §§ 28, 29 Abs. 6 des Strafgesetzbuchs vorzulegen sind. Wird eine Maßnahme dieser Art in einer Sache getroffen, in der der Reichsminister der Justiz Bericht erfordert hat, so ist ihm durch die Gnadenbehörde Anzeige zu machen.

§ 16. Gnadengesuche in Kostensachen

(1) Die Bearbeitung von Gnadengesuchen, in denen um Erlaß oder Ermäßigung von Gerichtskosten gebeten wird, liegt der Gnadenbehörde nur dann ob, wenn sie mit einem noch nicht erledigten Gesuch um Straferlaß oder einem sonstigen Gnadenerweis verbunden sind oder doch in Zusammenhang stehen.

(2) In allen anderen Fällen sind solche Gesuche dem Landgerichtspräsidenten vorzulegen, der das Weitere nach den für den Erlaß oder die Ermäßigung von Gerichtskosten geltenden allgemeinen Vorschriften[1]) zu veranlassen hat.

§ 17. Entscheidung durch die Gnadenbehörde

(1) Ergibt die Vorprüfung, daß keiner der Fälle vorliegt, in denen nach § 10 zu berichten ist, und ist auch keine die Gnadensache in anderer Weise erledigende Anordnung (§§ 14, 15) getroffen, so ist die Gnadenbehörde ermächtigt, den Gesuchsteller im Namen des Reichsministers der Justiz ablehnend zu bescheiden.

(2) Werden in einem wiederholten Gnadengesuch nur Tatsachen angeführt, die bereits bei der Ablehnung eines früheren Gnadengesuchs gewürdigt worden sind, und ergibt sich auch aus dem inzwischen eingetretenen weiteren Ablauf der Strafzeit kein Anlaß zu einer von der früheren abweichenden Beurteilung, so kann die Gnadenbehörde von der Anhörung anderer Stellen vor der Ablehnung des Gesuches absehen. Sie kann gleichzeitig anordnen, daß die Strafvollstreckung ohne Rücksicht auf weitere Gnadengesuche durchzuführen ist.

---

[1]) AV. vom 28. 3. 1935 (DJ. S. 480) über die Niederschlagung von Gerichtskosten und anderen Justizverwaltungsabgaben.

§ 18. Niederschlagungsgesuche

(1) Niederschlagungssachen sind von der Anklagebehörde zu bearbeiten; an die Stelle des Amtsanwalts tritt der Oberstaatsanwalt.

(2) Gesuche, die sich auf anhängige Verfahren beziehen, sind zunächst darauf zu prüfen, ob sie nicht ihrem Sinn und Zweck nach als Verteidigungsschriften, Gesuche um Aufhebung der Untersuchungshaft, Haftbeschwerden oder Gesuche um Beschleunigung oder um Einstellung des Verfahrens wegen Geringfügigkeit oder wegen mangelnden öffentlichen Interesses aufzufassen sind. In diesem Falle sind sie dem zur Entscheidung berufenen Gericht oder der zuständigen Staatsanwaltschaft zuzuleiten.

(3) Ergibt die Prüfung, daß der Gesuchsteller nicht Verfahrensmaßnahmen der in Abs. 2 bezeichneten Art, sondern die Einstellung des Strafverfahrens im Wege der Gnade erbittet, und erachtet die Anklagebehörde einen Erfolg des Gesuchs nicht für ausgeschlossen, so hat sie dem Reichsminister der Justiz zu berichten. Ist der Oberstaatsanwalt Anklagebehörde, so berichtet er durch die Hand des vorgesetzten Generalstaatsanwalts, der seine eigene Stellungnahme beifügt. Das Formblatt nach § 11 ist entsprechend zu ändern.

(4) Besteht nach der Überzeugung der Anklagebehörde kein Anlaß zu der Annahme, daß der (das Gnadenrecht Ausübende) die Niederschlagung bewilligen werde, so hat sie den Gesuchsteller im Namen des Reichsministers der Justiz dahin zu bescheiden, daß das Gesuch zur Befürwortung keinen Anlaß gebe und das Verfahren daher nach den gesetzlichen Vorschriften fortgeführt werde.

(5) Da die Niederschlagung eines Strafverfahrens nur beim Vorliegen ganz besonderer Umstände zu erwarten ist, ist ein Niederschlagungsgesuch nur in seltenen Ausnahmefällen geeignet, den Lauf des Verfahrens zu hemmen. Niederschlagungsversuche, die nach der Anberaumung der Hauptverhandlung eingereicht werden, lassen in der Regel auf Verschleppungsabsicht schließen. Nur soweit die Anklagebehörde mit der Möglichkeit rechnet, daß die Fortsetzung des Verfahrens einer Gnadenentschließung vorgreifen werde, ist mit weiteren Verfahrensmaßnahmen innezuhalten. In Zweifelsfällen ist, soweit es erforderlich ist und nicht ausnahmsweise Gefahr im Verzuge liegt, noch vor der sachlichen Berichterstattung die Entscheidung des Reichsministers der Justiz über den Aufschub des Verfahrens einzuholen.

§ 19. Mitteilung der Entscheidung

(1) Von der abschließenden Entscheidung in einer Gnadensache hat die Gnadenbehörde (im Falle des § 18 die Anklagebehörde) den Gesuchsteller und bei Gewährung eines Gnadenerlasses auch den Verurteilten in Kenntnis zu setzen.

(Satz 2 gegenstandslos).

(2) Schriftliche Bescheide sind in einem verschlossenen Umschlage mitzuteilen.

(3) Ist die Gnadenbehörde nicht zugleich Vollstreckungsbehörde, so übersendet sie Abschrift des Bescheides der Vollstreckungsbehörde. Ist der Verurteilte in Strafhaft, so erhält auch der Vorsteher der Gefangenenanstalt eine Abschrift des Bescheides.

(4) Für die Bescheide dürfen Vordrucke nicht verwendet werden. Im Interesse der Einheitlichkeit und um zum Ausdruck zu bringen, wer die Entscheidung getroffen hat, empfehlen sich für ablehnende Bescheide folgende Fassungen:

I. II. (gegenstandslos.)

III. Bei Entscheidungen nachgeordneter Justizbehörden ist zum Ausdruck zu bringen, daß idie Entschließung auf Grund der von dem Reichsminister der Justiz in §... der Gnadenordnung erteilten Ermächtigung ergeht.

III. Bedingte Strafaussetzung

§ 20. Ermächtigung zur Gewährung von Strafaussetzung

(1) Die Gnadenbehörden werden ermächtigt, nach Maßgabe der folgenden Bestimmungen die Vollstreckung rechtskräftig erkannter Freiheitsstrafen von nicht mehr als sechs Monaten[1]) ganz oder teilweise unter Bewilligung einer Bewährungsfrist auszusetzen. Ebenso können sie Restfreiheitsstrafen von nicht mehr als sechs Monaten[1]) sowie Geldstrafen, falls die erkannte oder restliche Ersatzfreiheitsstrafe nicht mehr als sechs Monate[1]) beträgt, mit Bewährungsfrist aussetzen.

(2) Wenn die erkannte Freiheits- oder Ersatzfreiheitsstrafe nicht mehr als einen Monat[2]) beträgt, ist der Amtsrichter als Vollstreckungsbehörde zur Gewährung bedingter Strafaussetzung ermächtigt; er ist insoweit Gnadenbehörde. Hat ein Verurteilter mehrere Strafen zu verbüßen, die zu einer Gesamtstrafe nicht zusammengefaßt werden können, so ist der Amtsrichter zuständig, wenn die Summe der erkannten Freiheits- oder Ersatzfreiheitsstrafen einen Monat[3]) nicht übersteigt; in diesem Falle gelten die Vorschriften in § 4 Abs. 3 und 5.

(3) Die Ermächtigung erstreckt sich nicht auf Strafen, bei denen die Gnadenentschließung dem (das Gnadenrecht Ausübenden) vorbehalten ist. Dies gilt auch für Gesamtstrafen, in die eine dieser Strafen einbezogen worden ist.

(4) Die Ermächtigung erstreckt sich ferner nicht auf die von den Jugendgerichten erkannten Strafen.

§ 21. Richtlinien.

(1) Bei der Ausübung der ihr erteilten Ermächtigung hat die Gnadenbehörde stets davon auszugehen, daß die Bewilligung der Strafaussetzung nur ausnahms-

[1]) Durch RV. des RJM. vom 29. 8. 1939 bis auf weiteres auf ein Jahr erhöht.

[2]) Bis auf weiteres auf 3 Monate erhöht.

[3]) Die in der VR. vom 29. 8. 1939 erteilte Ermächtigung (vgl. Anm. 1 zu § 20 Abs. 1) erstreckte sich auch auf die von den Sondergerichten verhängten Strafen.

weise erfolgen soll. Die Achtung vor den Gesetzen und der staatlichen Straffestsetzung gebietet, daß die im Gesetz angedrohte Strafe gegen den Gesetzesbrecher regelmäßig voll zur Verwirklichung kommt. Die Frage, ob Strafaussetzung unter Bewilligung einer Bewährungsfrist ausnahmsweise gewährt werden soll, ist daher in jedem einzelnen Falle mit größter Sorgfalt zu prüfen, und dabei vor allem zu beachten, daß die Bewilligung der Strafaussetzung nur angängig ist, wenn trotz dieses Gnadenerweises die Erreichung des vom Gesetzgeber mit der Aufstellung der Strafbestimmung verfolgten Zweckes in keiner Hinsicht beeinträchtigt oder in Frage gestellt wird.

(2) Die Aussetzung der Strafvollstreckung darf daher regelmäßig nur gewährt werden, wenn die begangene Verfehlung nicht durch Verdorbenheit und verbrecherische Neigung, sondern durch Leichtsinn, Unerfahrenheit, Verführung oder Not veranlaßt worden ist und wenn nach der Überzeugung der Gnadenbehörde mit Sicherheit erwartet werden kann, daß der Verurteilte sich durch gute Führung während der Bewährungsfrist eines künftigen Gnadenerweises würdig erzeigen wird. Bei der Aussetzung eines Teiles der erkannten Strafe kann von diesem Grundsatze abgegangen werden, wenn die Annahme begründet erscheint, daß es zur Erreichung des Strafzweckes der Verbüßung der ganzen Strafe nicht bedarf, vielmehr die Erwartung gehegt werden kann, daß der Verurteilte, wenn er eine Zeitlang den Ernst des Strafvollzuges verspürt hat, sich der in Aussicht genommenen Vergünstigung würdig zeigen und in Zukunft straffrei führen wird.

(3) Vorbestraften soll bedingte Strafaussetzung in der Regel nicht gewährt werden; ist ein Verurteilter mit Freiheitsstrafen von insgesamt mehr als drei Monaten vorbestraft, die im Strafregister noch nicht getilgt sind, so darf ihm die bedingte Strafaussetzung nur gewährt werden, wenn ganz besondere Umstände, die aktenkundig zu machen sind, eine solche Vergünstigung tragbar erscheinen lassen.

(4) Bei Minderjährigen, die der Fürsorgeerziehung oder aus anderer Veranlassung einer Erziehungs- oder Besserungsanstalt überwiesen oder die vorläufig untergebracht sind, hat die Gnadenbehörde in jedem Falle die Frage der Aussetzung der Strafvollstreckung auch unter dem Gesichtspunkte zu prüfen, daß eine Störung oder ein Aufschub des Erziehungswerks durch den Strafvollzug möglichst vermieden werden soll. Hält die Gnadenbehörde nach der Persönlichkeit des Verurteilten, insbesondere nach seinen Vorstrafen oder nach der Schwere der Straftat sofortigen Strafvollzug für geboten, so hat sie der Fürsorgeerziehungsbehörde, in Fällen vorläufiger Unterbringung dem Vormundschaftsgericht, unverzüglich Gelegenheit zur Stellungnahme zu geben.

§ 22. Auflagen und Bedingungen

(1) Die Aussetzung der Strafvollstreckung kann von besonderen Maßnahmen abhängig gemacht werden, so insbesondere von der Unterbringung in einer

passenden Lehr- oder Dienststelle, von der Fürsorgeerziehung oder von sonstigen Maßnahmen des Vormundschaftsgerichts oder von der Unterstellung unter die Schutzaufsicht einer Vertrauensstelle (Fürsorge, Fürsorgeausschuß, Kreiswohlfahrtsamt, Jugendamt, Trinkerfürsorgestelle usw.). (Satz 2 gegenstandslos).

(2) Hat der Verurteilte einen Dritten durch seine Straftat geschädigt, so soll ihm in der Regel bedingte Strafaussetzung nur unter der Auflage gewährt werden, daß er den angerichteten Schaden nach besten Kräften wieder gutmacht. Soweit es nach Lage des Falles möglich ist, soll zugleich bestimmt werden, in welcher Weise und innerhalb welcher Frist die Wiedergutmachung zu erfolgen und wie der Verurteilte die Befolgung der Anordnung nachzuweisen hat.

(3) Im Fall des § 21 Abs. 4 kann die Strafvollstreckung auch unter der Bedingung ausgesetzt werden, daß der Verurteilte aus der Fürsorge- oder Anstaltserziehung nicht entweicht.

(4) Die Aussetzung kann auch nachträglich von besonderen Maßnahmen abhängig gemacht werden; die getroffenen Maßnahmen können abgeändert werden.

§ 23. Bußauflage

(1) Bei der Bewilligung der bedingten Strafaussetzung kann dem Verurteilten die Auflage der Zahlung einer Geldbuße zugunsten der Staatskasse gemacht werden. Die Frist, innerhalb deren die Buße, nötigenfalls in angemessenen Teilzahlungen, zu entrichten ist, wird von der Gnadenbehörde unter Berücksichtigung der wirtschaftlichen Verhältnisse des Verurteilten bestimmt; sie kann nachträglich, jedoch nicht über das Ende der Bewährungsfrist hinaus, verlängert werden.

(2) Die Entrichtung der Geldbuße allein begründet kein Anrecht auf den in Aussicht genommenen Gnadenerweis; ein solcher ist vielmehr in jedem Falle von dem Wohlverhalten des Verurteilten während der Bewährungsfrist abhängig. Wird mit Rücksicht auf das Verhalten des Verurteilten die Vollstreckung der Strafe angeordnet, nachdem er die Buße ganz oder teilweise bezahlt hat, so hat er keinen Anspruch auf Rückzahlung.

§ 24. Dauer der Bewährungsfrist

(1) Die Bewährungsfrist beträgt in der Regel drei Jahre, in besonders leichten Fällen zwei Jahre, und höchstens fünf Jahre. In allen Fällen ist die Frist so zu bemessen, daß sie mindestens drei Monate vor dem Eintritt der Verjährung abläuft.

(2) Die Bewährungsfrist kann durch die Gnadenbehörde nachträglich bis auf insgesamt fünf Jahre, jedoch nicht unter den Eintritt der Verjährung hinaus, verlängert werden. Eine nachträgliche Abkürzung der Bewährungsfrist ist nicht zulässig.

§ 25. Ermittlungen

Mit der Aufklärung der Umstände, die für die Frage der späteren Aussetzung der Strafvollstreckung erheblich sein können, ist schon in dem Vorverfahren zu beginnen, ohne daß das Verfahren dadurch verzögert werden darf.

§ 26. Prüfung von Amts wegen

(1) Die Vollstreckungsbehörden haben ohne Verzögerung der Strafvollstreckung vor Einleitung der Vollstreckung von Amts wegen zu prüfen, ob Anlaß zur Bewilligung bedingter Strafaussetzung gegeben ist.

(2) Hält die Vollstreckungsbehörde die bedingte Aussetzung der Strafe für angezeigt und ist sie nicht selbst Gnadenbehörde, so legt sie dieser die Akten vor.

§ 27. Anhörung anderer Stellen

Bedingte Strafaussetzung soll nicht gewährt werden, wenn das zu hörende Gericht oder die Vollzugsanstalt einer solchen Vergünstigung widerspricht. Spricht sich das Gericht oder die Vollzugsanstalt nur für die Aussetzung eines Teils der Strafe aus, so soll die Gnadenbehörde nicht darüber hinausgehen. Befürwortet das Gericht oder die Vollzugsanstalt die Bewilligung bedingter Strafaussetzung, will aber die Gnadenbehörde eine solche Vergünstigung nicht oder nicht in dem vorgeschlagenen Umfang bewilligen, so berichtet sie dem Reichsminister der Justiz. Ist der Oberstaatsanwalt Gnadenbehörde, so berichtet er durch die Hand des Generalstaatsanwalts; der Amtsrichter als Gnadenbehörde berichtet durch die Hand des Oberstaatsanwalts und des Generalstaatsanwalts.

§ 28. Belehrung

(1) Die Gnadenbehörde hat dem Verurteilten, dem die Aussetzung der Strafvollstreckung bewilligt ist, mitzuteilen, daß das Urteil oder der Strafbefehl nunmehr vollstreckbar sei, daß aber die Strafvollstreckung mit Bewährungsfrist ausgesetzt werde. Zugleich ist er unter Eröffnung der ihm etwa auferlegten besonderen Verpflichtungen über die Bedeutung der Bewährungsfrist sowie darüber zu belehren, daß er bei schuldhafter Nichterfüllung oder nicht rechtzeitiger Erfüllung der besonderen Verpflichtungen den Widerruf der bedingten Aussetzung zu gewärtigen habe. Ist die Aussetzung von der Zahlung einer Buße abhängig gemacht, so ist er darauf hinzuweisen, daß er im Falle eines Widerrufs keinen Anspruch auf Rückzahlung geleisteter Bußbeträge habe. Schließlich ist ihm aufzugeben, der Gnadenbehörde oder der Vertrauensstelle (§ 22) jeden Wechsel seines Wohnorts während der Bewährungsfrist anzuzeigen.

(2) Diese Mitteilungen haben tunlichst mündlich zu erfolgen; sie können einem Rechtspfleger übertragen werden. Um die Mitteilung und Belehrung kann das Vormundschaftsgericht, das Jugendamt oder eine andere Behörde ersucht

werden, wenn sich der Verurteilte an einem anderen Orte als dem Sitze der Gnadenbehörde aufhält; bei einem in einer Anstalt untergebrachten Verurteilten kann die Anstaltsleitung darum ersucht werden.

(3) Ist der Verurteilte minderjährig, so ist sein gesetzlicher Vertreter oder derjenige, dem die Sorge für seine Person zusteht, aufzufordern, der mündlichen Mitteilung und Belehrung beizuwohnen. Ebenso empfiehlt es sich, wenn ein Verurteilter unter Schutzaufsicht gestellt wird, einen Vertreter der Vertrauensstelle zur Belehrung zuzuziehen.

§ 29. Überwachung

(1) Die Justizbehörden, insbesondere die Strafverfolgungsbehörden, die Strafanstalt, in der der Vesurteilte eine Strafe verbüßt, und das Vormundschaftsgericht haben der Gnadenbehörde mitzuteilen, wenn ihnen bekannt wird, daß der Verurteilte sich nicht tadellos führt. Geht der Gnadenbehörde von dieser oder anderer Seite eine solche Mitteilung zu, so ist sie ermächtigt, nach Anstellung der etwa erforderlichen weiteren Ermittlungen die Bewährungsfrist zu verlängern, dem Verurteilten andere als die zunächst vorgesehenen Auflagen zu machen, weitere Maßnahmen des Vormundschaftsgerichts oder der Fürsorgeerziehungsbehörde anzuregen oder die Aussetzung der Strafvollstreckung zu widerrufen.

(2) Die Unterlassung der Anzeige vom Wohnungswechsel allein wird den Widerruf der Strafaussetzung in der Regel nur rechtfertigen, wenn sie nicht lediglich auf Nachlässigkeit zurückzuführen, sondern böswillig oder in der Absicht erfolgt ist, sich der Überwachung, insbesondere der späteren Nachprüfung der Führung während der Bewährungsfrist zu entziehen.

(3) Bei einem Verurteilten, der sich in Fürsorgeerziehung oder aus anderer Veranlassung in einer Fürsorge- oder Besserungsanstalt befindet, ist vor dem Widerruf der Aussetzung die Entscheidung des Reichsministers der Justiz einzuholen, wenn die Fürsorgeerziehungsbehörde der Strafvollstreckung widerspricht. War jedoch die Aussetzung der Strafvollstreckung von vornherein an die Bedingung geknüpft, daß der Verurteilte aus der Fürsorge- oder Anstaltserziehung nicht entweiche, so kann, wenn die Bedingung nicht erfüllt wird, die Strafvollstreckung ohne weiteres eingeleitet werden.

§ 30. Zurücknahme der Aussetzung

(1) Werden der Gnadenbehörde, nachdem sie einem Verurteilten bedingte Strafaussetzung gewährt hat, nachträglich Tatsachen bekannt, die sie, wenn sie ihr zur Zeit der Bewilligung bekannt gewesen wären, bei Würdigung des Wesens der bedingten Strafaussetzung von der Gewährung dieser Vergünstigung abgehalten haben würden (z. B. erhebliche Vorstrafen, andere schwebende Verfahren), so ist sie in der Lage, je nach den Umständen des Einzelfalles die Anordnung der bedingten Strafaussetzung wieder aufzuheben und die Vollstreckung

der erkannten Strafe anzuordnen oder unter Aufrechterhaltung der bedingten Strafaussetzung besondere Auflagen zu machen, auch wenn eine schlechte Führung des Verurteilten seit der Strafaussetzung nicht festgestellt ist.

(2) (gegenstandslos).

§ 31. Schlußermittlungen

(1) Gegen Ablauf der Bewährungsfrist zieht die Gnadenbehörde in der Regel Erkundigungen nach der Führung des Verurteilten in der Zwischenzeit ein. Die Anfrage erfolgt unter Benutzung eines Formblattes nach dem Muster der Anlage B[1]). Die Ermittlungen sollen schonend vorgenommen werden.

(2) Zum Nachweis einer guten Führung genügt es nicht, daß über den Verurteilten nichts Nachteiliges bekanntgeworden ist, sondern es bedarf der tatsächlichen Feststellung eines guten Gesamtverhaltens. Insbesondere ist zu prüfen, ob der Verurteilte den ihm bei der Gewährung der Strafaussetzung gemachten Auflagen nachgekommen ist.

(3) In den Fällen von geringerer Bedeutung, in denen keine Auflagen gemacht sind, kann von weiteren Ermittlungen abgesehen werden, wenn bei dem Strafregister eine weitere Strafnachricht oder eine Nachricht oder Anfrage, die auf eine anhängige Untersuchung schließen läßt, nicht eingegangen ist und auch im übrigen keine Tatsachen zur Kenntnis der Gnadenbehörde gelangt sind, die zum Widerruf der bedingten Aussetzung Veranlassung geben könnten.

§ 32. Schlußentscheidung

(1) Ergeben die eingezogenen Erkundigungen, daß sich der Verurteilte während der Bewährungsfrist gut geführt hat, so ist die Gnadenbehörde ermächtigt, die ausgesetzte Strafe zu erlassen.

(2) Hält die Gnadenbehörde zwar einen Gnadenerweis, aber nicht den vorbehaltlosen Erlaß der Strafe für angezeigt, so kann sie dem Verurteilten nachlassen, die Strafvollstreckung durch Zahlung einer Geldbuße abzuwenden, oder sonstige weitere Auflagen machen.

§ 33. Aussetzung der Strafvollstreckung durch den Reichsminister der Justiz

(1) Bewilligt der Reichsminister der Justiz bedingte Strafaussetzung, so ist die Gnadenbehörde hinsichtlich der Überwachung der Bewährungsfrist und der weiter zu treffenden Maßnahmen in demselben Umfange ermächtigt wie bei den von ihr bewilligten Strafaussetzungen. Die Gnadenbehörde ist insbesondere ermächtigt, bei nichttadelloser Führung die Strafaussetzung zu widerrufen oder weitere Auflagen zu machen und nach Ablauf der Bewährungsfrist die ausgesetzte Strafe ohne Rücksicht auf deren Dauer zu erlassen.

(2) Zu den in § 30 vorgesehenen Maßnahmen ist, wenn die bedingte Aussetzung durch den Reichsminister der Justiz bewilligt worden ist, die Gnadenbehörde

nicht ermächtigt; sie hat, wenn sie Maßnahmen für angezeigt hält, die Vorgänge mit Bericht dem Reichsminister der Justiz vorzulegen. Ist der Oberstaatsanwalt Gnadenbehörde, so berichtet er durch die Hand des Oberstaatsanwalts; der Amtsrichter als Gnadenbehörde berichtet durch die Hand des Oberstaatsanwalts und des Generalstaatsanwalts.

IV. Strafausstand

§ 34. Strafausstand kraft Gesetzes und im Wege der Gnade

(1) Gesetzliche Bestimmungen über Aufschub und Unterbrechung der Vollstreckung sind namentlich im § 28 des Strafgesetzbuchs und in den §§ 47 Abs. 2, 360 Abs. 2, 455, 456, 456a, 458 Abs. 3 der Strafprozeßordnung getroffen.

(2) Eine nicht durch besondere gesetzliche Vorschrift zugelassene vorübergehende Aussetzung der Vollstreckung (Strafausstand) ist Ausübung des Begnadigungsrechts, gleichviel, ob sie vor dem Vollzug (Strafaufschub) oder während des Vollzugs (Strafunterbrechung) eintritt.

§ 35. Zuständigkeit

(1) Über die Gewährung von Strafausstand im Gnadenwege entscheiden bei Freiheits- und Geldstrafen die Vollstreckungsbehörden. Ist der Oberstaatsanwalt oder der Amtsrichter Vollstreckungsbehörde, so steht die Bewilligung von Strafausstand, der ein Jahr übersteigt, dem Generalstaatsanwalt zu; ist für dieselbe Strafe mehrmals Ausstand bewilligt worden, so bestimmt sich die einjährige Frist nach der Gesamtdauer des Strafausstandes.

(2) Ist der Verurteilte in Strafhaft, so ist der Vorsteher der Gefangenenanstalt vor der Entscheidung zu hören.

§ 36. Richtlinien

Die Vollstreckung jeder Strafe bedeutet einen empfindlichen Eingriff in die persönlichen und wirtschaftlichen Verhältnisse des Verurteilten. Der Strafausstand ist weder dazu bestimmt noch geeignet, hieran etwas zu ändern. Strafausstand darf vielmehr nur ausnahmsweise gewährt werden, wenn er zur Vermeidung besonderer Nachteile notwendig ist und keine überwiegenden Gründe für die sofortige Durchführung der Strafvollstreckung sprechen.

V. Beschwerden

§ 37.

(1) Über Beschwerden gegen ablehnende Bescheide nach § 17 entscheidet, wenn der Oberstaatsanwalt Gnadenbehörde ist, der Generalstaatsanwalt, in den übrigen Fällen der Reichsminister der Justiz.

(2) Im Falle der Ablehnung von bedingter Strafaussetzung oder von Strafausstand (Abschnitt III, IV) entscheidet über Beschwerden der Oberstaatsanwalt, wenn der Amtsrichter, der Generalstaatsanwalt, wenn der Oberstaatsanwalt die Ablehnung ausgesprochen hat. Ist der Generalstaatsanwalt oder der Oberreichsanwalt Gnadenbehörde (Vollstreckungsbehörde), so entscheidet der Reichsminister der Justiz.

VI. Geschäftliche Behandlung von Gnadensachen

§ 38. Registerführung

(1) Die Geschäftsstelle der Gnadenbehörde, mit Ausnahme des Amtsrichters als Vollstreckungsbehörde, führt für Gnadensachen ein Register nach dem Muster der Anlage C[1]).

(2) In das Register werden alle bei der Gnadenbehörde eingehenden Gnadengesuche und alle sonstigen von der Gnadenbehörde zu bearbeitenden Gnadensachen eingetragen. Gesuche um Strafausstand, Gesuche, die lediglich Gerichtskosten betreffen, sowie Niederschlagungsgesuche werden nicht eingetragen.

(3) Für jeden Verurteilten wird eine besondere Nummer des Registers benutzt, auch wenn von mehreren Verurteilten oder für mehrere Verurteilte ein gemeinschaftliches Gnadengesuch gestellt wird. In diesem Falle werden die Kontrollvermerke in Spalte 7, wenn nicht eine getrennte Behandlung für jeden Verurteilten eingeleitet wird, nur bei einer Nummer gemacht, auf die bei den anderen verwiesen wird.

(4) Weitere Gesuche, die dieselbe Person und dieselbe Verurteilung einschließlich der Kosten betreffen, sind nicht besonders einzutragen, wenn sie vor endgültiger Erledigung des ursprünglichen Gesuchs eingehen. Wird eine von einer Gnadenbehörde getroffene Entscheidung beanstandet, so gilt sie nicht als endgültige Erledigung. Erfolgt nach diesen Regeln eine Neueintragung, so wird bei der früheren Eintragung in Spalte 7 auf die neue Nummer verwiesen.

(5) Zu dem Register wird ein alphabetisches, auf die laufenden Nummern des Registers verweisendes Namenverzeichnis nach den Namen der Verurteilten geführt.

§ 39. Aktenführung

(1) Gnadenvorgänge werden nicht in die Akten eingeheftet, sondern in einem für jeden Verurteilten anzulegenden Gnadenhefte gesondert bei den Akten verwahrt. Bei Versendung der Akten sind die Gnadenhefte grundsätzlich zurückzubehalten. Zu dem Gnadenheft, das für das erste Gnadengesuch gebildet worden ist, werden alle späteren Vorgänge über denselben Fall und denselben Verurteilten auch dann genommen, wenn eine erneute Eintragung in das Register erfolgt.

[1]) Die Anlagen sind nicht abgedruckt.

(2) Gnadengesuche, in denen lediglich um Strafausstand gebeten wird, sowie Niederschlagungsgesuche werden zu den Hauptakten genommen. Gesuche, die lediglich Gerichtskosten betreffen, gehören nur dann zu den Gnadenakten, wenn sie mit einem noch nicht erledigten Gesuch um Straferlaß oder einem sonstigen Gnadenerweis in Zusammenhang stehen.

(3) (Betr. Angaben auf der ersten Umschlagseite des Gnadenhefts).

(4) (Betr. das Aktenzeichen).

(5) Gnadenakten sind vertraulich zu behandeln.

(6) Die Gnadenhefte werden mit den Hauptakten vernichtet.

§ 40. Geschäftsberichte

(nicht abgedruckt).

§ 41. Zählung der bedingten Strafaussetzungen.

(nicht abgedruckt).

VII. Schluß- und Übergangsbestimmungen

§§ 42, 43 (nicht abgedruckt).

5

Reichsjugendgerichtsgesetz

vom 6. November 1943 (RGBl. I S. 639)

(Auszug)

Zweiter Teil

Sondervorschriften für die Jugendgerichtsverfassung und das Jugendstrafverfahren

Erstes Hauptstück

Jugendgerichtsverfassung

§ 21. Jugendgerichte

(1) Über Verfehlungen Jugendlicher entscheiden die Jugendgerichte.

(2) Jugendgerichte sind der Amtsrichter als Jugendrichter und die Jugendkammer. Der Vorsitzende der Jugendkammer kann als Einzelrichter entscheiden, wenn der Staatsanwalt zustimmt.

(3) Der Reichsminister der Justiz kann einen Amtsrichter zum Jugendrichter für mehrere Bezirke bestellen (Bezirksjugendrichter).

§ 22. Aufgaben des Jugendrichters

Dem Jugendrichter liegen alle Aufgaben ob, die ein Amtsrichter im Strafverfahren hat. Ihm sollen auch die vormundschaftsrichterlichen Erziehungsaufgaben übertragen werden.

Jugendgerichtsgesetz

vom 16. Februar 1923 (RGBl. I S. 135)

Jugendgericht

§ 17. Straftaten von Personen, die zur Zeit der Erhebung der Anklage jugendlich sind, gehören zur Zuständigkeit der Jugendgerichte. Jugendgericht sind die Schöffengerichte. Würde die Straftat nach den allgemeinen Vorschriften zur Zuständigkeit des Reichsgerichts oder der Schwurgerichte gehören, so besteht das Jugendgericht aus 2 Richtern und 3 Schöffen.

Für Personen, die zur Zeit der Tat jugendlich waren, zur Zeit der Erhebung der Anklage aber nicht mehr jugendlich, jedoch noch jünger als 21 Jahre sind, kann die Staatsanwaltschaft die Zuständigkeit des Jugendgerichts dadurch begründen, daß sie bei ihm Anklage erhebt.

Hierzu ergänzend: 1. Teil Kap. 1 Art. 9 der VO. vom 14. Juni 1932 (RGBl. I S.285

In Strafsachen, in denen nach dem Gerichtsverfassungsgesetz der Amtsrichter als Einzelrichter entscheidet, entscheidet in Jugendsachen der Jugendrichter ohne Zuziehung von Schöffen. Ist bei Inkrafttreten dieser Vorschrift das Hauptverfahren schon eröffnet, so bleibt das Gericht, vor dem das Hauptverfahren eröffnet worden ist, zuständig.

Zuständigkeit

§ 18. Soweit nicht in diesem Gesetz Abweichendes bestimmt ist, gelten für die Sachen, die zur Zuständigkeit der Jugendgerichte gehören (Jugendsachen) die Vorschriften des Gerichtsverfassungsgesetzes und der Strafprozeßordnung.

Vollendet derAngeschuldigte während der Dauer des Verfahrens das 21. Lebensjahr, so kann das Gericht die Sache zum ordentlichen Verfahren verweisen. Ist das Gericht im ordentlichen Verfahren nicht zuständig, so ist die Sache nach § 209 Abs. 2 der Strafprozeßordnung dem Landgericht zur Entscheidung vorzulegen oder nach den §§ 270, 328 Abs. 3 der Strafprozeßordnung an das zuständige Gericht zu verweisen.

Aufgaben des Jugendrichters

§ 19. Der Vorsitzende des Jugendgerichts (Jugendrichter) hat auch die Amtshandlungen vorzunehmen, die nach der Strafprozeßordnung der Amtsrichter zu erledigen hat.

Ist ein Amtsgericht mit mehreren Richtern besetzt, so sollen die Geschäfte des Jugendrichters und des Vormundschaftsrichters demselben Richter übertragen werden. Das Nähere bestimmt die oberste Landesbehörde.

Jugendsachen sollen besonderen Strafkammern zugewiesen werden.

Wahl der Jugendschöffen

§ 20. Die Schöffen (Jugendschöffen) werden auf Vorschlag des Jugendamts für die Dauer einer Wahlperiode (§ 42 des Gerichtsverfassungsgesetzes) von dem im § 40 des Gerichtsverfassungsgesetzes vorgesehenen Ausschuß gewählt und in eine besondere Jugendschöffenliste aufgenommen. Es sind so viel Schöffen zu wählen, daß jeder Hauptschöffe zu höchstens zehn ordentlichen Sitzungstagen im Jahre herangezogen wird.

Die oberste Landesbehörde kann bestimmen, daß von der Wahl besonderer Jugendschöffen abzusehen ist, wenn anzunehmen ist, daß ein Jugendgericht weniger als 10 Sitzungen jährlich abhalten wird.

Besondere Vorschriften für großes Jugendgericht

§ 24. Für das große Jugendgericht (§ 17 Abs. 1 Satz 3) gelten folgende besondere Vorschriften:

Die Schöffen stimmen vor den Richtern. Über die Ausschließung oder Ablehnung eines richterlichen Mitglieds entscheidet die Strafkammer, über die Ausschließung oder Ablehnung eines Schöffen der Vorsitzende. Das Protokoll über die Hauptverhandlung nnterschreibt im Falle der Behinderung des Vorsitzenden für ihn das andere richterliche Mitglied.

§ 23. Jugendstaatsanwalt

Für Verfahren, die zur Zuständigkeit der Jugendgerichte gehören, werden Jugendstaatsanwälte bestellt.

§ 24. Auswahl der Jugendrichter und Jugendstaatsanwälte

Die Richter bei den Jugendgerichten und die Jugendstaatsanwälte sollen erzieherisch befähigt und in der Jugenderziehung erfahren sein.

§ 25. Jugendgerichtshilfe

(1) Im gesamten Verfahren soll die Jugendgerichtshilfe zur Mitarbeit herangezogen werden.

(2) Die Jugendgerichtshilfe wird von den Jugendämtern ausgeübt.

Zweites Hauptstück

Jugendstrafverfahren

Erster Abschnitt

Zuständigkeit.

§ 26. Sachliche Zuständigkeit

(1) Der Jugendrichter **kann** erkennen:

1. auf Jugendgefängnis bis zu vier Jahren oder von unbestimmter Dauer.
2. auf alle Zuchtmittel und Erziehungsmaßregeln, Nebenstrafen und Nebenfolgen; er kann auch die Unterbringung in einer Heil- oder Pflegeanstalt anordnen.

(2) Die Jugendkammer kann auf alle Strafen und Maßnahmen dieses Gesetzes, gegen jugendliche Schwerverbrecher auf alle nach dem allgemeinen Strafrecht zulässigen Strafen und Maßregeln der Sicherung und Besserung erkennen.

§ 27. Örtliche Zuständigkeit

(1) Neben dem Richter, der nach dem allgemeinen Verfahrensrecht zuständig ist, sind zuständig:

1. der Richter, dem die vormundschaftsrichterlichen Erziehungsaufgaben für den Beschuldigten obliegen,
2. der Richter, in dessen Bezirk sich der Beschuldigte zur Zeit der Erhebung der Anklage aufhält,
3. solange der Beschuldigte eine Jugendgefängnisstrafe von unbestimmter Dauer noch nicht vollständig verbüßt hat, der Richter, dem die Aufgaben des Vollstreckungsleiters obliegen.

(2) Der Staatsanwalt soll die Anklage nach Möglichkeit vor dem Richter erheben, dem die vormundschaftsrichterlichen Erziehungsaufgaben obliegen, solange aber der Beschuldigte eine Jugendgefängnisstrafe von unbestimmter Dauer noch nicht vollständig verbüßt hat, vor dem Richter, dem die Aufgaben des Vollstreckungsleiters obliegen.

(3) Wechselt der Angeklagte seinen Aufenthalt, so kann der Richter das Verfahren mit Zustimmung des Staatsanwalts an den Richter verweisen, in dessen Bezirk sich der Angeklagte aufhält.

Zweiter Abschnitt
Das Vorverfahren

§ 28. Umfang der Ermittlungen

(1) Nach Einleitung des Verfahrens sollen so bald wie möglich ... des Beschuldigten, seine Lebens- ... verhältnisse, seine Lebensgeschichte ... und alle übrigen Umstände ermittelt werden, die zur Beurteilung seiner seelischen, geistigen und körperlichen Eigenart dienen können. Der Erziehungspflichtige und der gesetzliche Vertreter, ..., die Schule und der Betriebsführer oder Ausbildungsleiter sollen, soweit möglich, gehört werden.

(2) Bei Fürsorgezöglingen erhält die Fürsorgeerziehungsbehörde Gelegenheit zur Äußerung.

(3) Der Beschuldigte kann namentlich zur Klärung der Frage, ob er ein jugendlicher Schwerverbrecher ist, durch einen kriminalbiologisch vorgebildeten Jugendarzt untersucht und, wenn dies zur Beobachtung notwendig ist, in einer Anstalt untergebracht werden (§ 47)[1]).

§ 29. Vernehmung des Beschuldigten

Ist Jugendgefängnis zu erwarten, so soll der Staatsanwalt oder der Vorsitzende des Jugendgerichts den Beschuldigten vernehmen, ehe die Anklage erhoben wird.

§ 30. Absehen von der Verfolgung

(1) Hält der Staatsanwalt eine Ahndung durch den Richter für entbehrlich, weil vormundschaftsrichterliche Erziehungsmaßregeln oder eine Ermahnung angeordnet werden können, so regt er sie beim Vormundschaftsrichter an. Besondere Pflichten auferlegen, namentlich eine Arbeitsauflage erteilen oder eine Ermahnung aussprechen, kann auch der Jugendrichter.

(2) Der Staatsanwalt sieht von der Verfolgung ab, wenn eine erzieherische Maßnahme, namentlich eine Arbeitsauflage, oder ein Disziplinarmittel bereits angeordnet ist und eine Ahndung durch den Richter entbehrlich macht. Ferner kann er in besonders leichten Fällen von der Verfolgung absehen.

Dritter Abschnitt
Das Hauptverfahren

§ 31. Einstellung des Verfahrens durch den Richter.

(1) Ist die Anklage eingereicht, so stellt der Richter das Verfahren ein, wenn eine erzieherische Maßnahme, namentlich eine Arbeitsauflage, oder ein Disziplinarmittel bereits angeordnet ist und eine Ahndung durch den Richter ent-

[1]) Nach Ziff. 9b bezw. 11 der AAfR bisher unanwendbar.

behrlich macht. Er kann das Verfahren einstellen, wenn der Angeklagte mangels Reife strafrechtlich nicht verantwortlich ist.

(2) Die Einstellung bedarf der Zustimmung des Staatsanwalts; sie kann mit einer Ermahnung verbunden werden. Der Einstellungsbeschluß kann auch in der Hauptverhandlung ergehen. Er wird mit Gründen versehen und ist unanfechtbar. Die Gründe werden dem Angeklagten nicht mitgeteilt, soweit davon Nachteile für die Erziehung zu befürchten sind.

(3) Wegen derselben Tat kann nur auf Grund neuer Tatsachen oder Beweismittel von neuem Anklage erhoben werden.

§ 32. Nichtöffentlichkeit

(1) Die Verhandlung ist nicht öffentlich.

(2) Dem Erziehungsberechtigten und dem gesetzlichen Vertreter des Angeklagten, dem Verletzten und seinen gesetzlichen Vertreter, ... und der Jugendgerichtshilfe und dem Jugendsachbearbeiter der Polizei ist die Anwesenheit gestattet. Andere Personen kann der Richter zulassen.

§ 33. Anwesenheit des Angeklagten und der Erziehungspflichtigen

(1) Die Hauptverhandlung kann nur dann ohne den Angeklagten stattfinden, wenn dies im allgemeinen Verfahren zulässig wäre, besondere Gründe dafür vorliegen und der Staatsanwalt zustimmt.

(2) In wichtigeren Fällen soll der Vorsitzer auch die Ladung des Erziehungspflichtigen und des gesetzlichen Vertreters anordnen; ist die Mutter neben dem Vater erziehungspflichtig, so genügt die Ladung eines Elternteils. Die Vorschriften über die Ladung, die Folgen des Ausbleibens und die Gebühren von Zeugen gelten entsprechend.

§ 34. Zeitweilige Ausschließung von Beteiligten

(1) Der Vorsitzer soll den Angeklagten für die Dauer solcher Erörterungen von der Verhandlung ausschließen, aus denen Nachteile für die Erziehung entstehen können. Er soll ihn von dem, was in seiner Abwesenheit verhandelt worden ist, unterrichten, soweit es für seine Verteidigung erforderlich ist.

(2) Der Vorsitzer soll auch Angehörige, den Erziehungspflichtigen und den gesetzlichen Vertreter des Angeklagten von der Verhandlung ausschließen, soweit gegen ihre Anwesenheit Bedenken bestehen.

§ 35. Erklärungsrecht von Jugendgerichtshilfe

Die Vertreter ... der Jugendgerichtshilfe erhalten auf Verlangen das Wort.

§ 36. Berücksichtigung von Untersuchungshaft bei Jugendarrest

Wird auf Jugendarrest erkannt und ist dessen Zweck durch Untersuchungshaft oder eine andere wegen der Tat erlittene Freiheitsentziehung ganz oder teilweise erreicht, so kann der Richter im Urteil aussprechen, daß oder wieweit der Jugendarrest nicht vollstreckt wird.

§ 37. Überweisung an den Vormundschaftsrichter

Der Richter kann dem Vormundschaftsrichter im Urteil die Auswahl und Anordnung von Erziehungsmaßregeln und Zuchtmitteln überlassen. Dieser muß dann eine Erziehungsmaßregel oder ein Zuchtmittel anordnen, soweit sich nicht die Umstände, die für das Urteil maßgebend waren, verändert haben.

§ 38. Kosten und Auslagen

In Verfahren wegen der Verfehlung eines Jugendlichen kann davon abgesehen werden, dem Angeklagten Kosten und Auslagen aufzuerlegen.

§ 39. Urteilsgründe

(1) Wird der Angeklagte schuldig gesprochen, so wird in den Urteilsgründen auch ausgeführt, welche Umstände für seine Bestrafung, für die angeordneten Maßnahmen, für die Überlassung ihrer Auswahl und Anordnung an den Vormundschaftsrichter oder für das Absehen von Strafe und Zuchtmitteln bestimmend waren. Dabei soll namentlich die seelische, geistige und körperliche Eigenart des Angeklagten berücksichtigt werden.

(2) Die Urteilsgründe werden dem Angeklagten nicht mitgeteilt, soweit davon Nachteile für die Erziehung zu befürchten sind.

Vierter Abschnitt

Rechtsmittel

§ 40. Anfechtung von Urteilen

Ein Urteil, in dem lediglich Zuchtmittel oder Erziehungsmaßregeln angeordnet oder deren Auswahl und Anordnung dem Vormundschaftsrichter überlassen sind, ist nur anfechtbar, wenn die Fürsorgeerziehung angeordnet ist oder die Anfechtung auf eine Bestrafung des Angeklagten abzielt.

Fünfter Abschnitt

Gemeinsame Verfahrensvorschriften

§ 41. Stellung der Erziehungspflichtigen

(1) Soweit der Beschuldigte ein Recht darauf hat, gehört zu werden, Fragen und Anträge zu stellen oder bei Untersuchungshandlungen anwesend zu sein, steht dieses Recht auch dem Erziehungspflichtigen und dem gesetzlichen Vertreter zu.

(2) Ist eine Mitteilung an den Beschuldigten vorgeschrieben, so soll die entsprechende Mitteilung an den Erziehungspflichtigen und den gesetzlichen Vertreter gerichtet werden.

(3) Die Rechte des gesetzlichen Vertreters zur Wahl eines Verteidigers und zur Einlegung von Rechtsbehelfen stehen auch dem Erziehungspflichtigen zu.

(4) Sind beide Elternteile erziehungspflichtig und übt der Vater diese Rechte aus, so kann die Mutter von ihnen keinen Gebrauch machen. Mitteilungen erhält in der Regel nur der Vater.

(5) Der Richter kann diese Rechte dem Erziehungspflichtigen und dem gesetzlichen Vertreter entziehen, wenn sie an der Verfehlung des Jugendlichen beteiligt sind oder ein Mißbrauch dieser Rechte zu befürchten ist.

§ 42. Verteidiger

(1) Der Vorsitzer bestellt dem Beschuldigten für das ganze Verfahren oder für einen Teil einen Verteidiger,

1. wenn einem Erwachsenen ein Verteidiger zu bestellen wäre,
2. wenn dem Erziehungspflichtigen und dem gesetzlichen Vertreter ihre Rechte nach diesem Gesetz entzogen sind.

(2) Der Verteidiger soll erzieherisch befähigt und in der Jugenderziehung erfahren sein.

(3) Sind dem Erziehungspflichtigen und dem gesetzlichen Vertreter ihre Rechte nach diesem Gesetz entzogen, so stehen sie dem Verteidiger zu.

§ 43. Beistand

(1) Der Vorsitzer kann dem Beschuldigten in jeder Lage des Verfahrens einen Beistand bestellen, wenn kein Verteidiger notwendig ist.

(2) Der Erziehungspflichtige und der gesetzliche Vertreter dürfen nicht zum Beistand bestellt werden, wenn hierdurch ein Nachteil für die Erziehung zu erwarten wäre.

(3) Der Beistand hat die Rechte eines Verteidigers.

§ 44. Mitteilungen

(1) Vormundschaftsrichter, ..., Schule und Jugendgerichtshilfe werden von der Einleitung und dem Fortgang des Verfahrens unterrichtet. Sie benachrichtigen den Staatsanwalt, wenn ihnen bekannt wird, daß gegen den Beschuldigten noch ein anderes Strafverfahren anhängig ist.

(2) (gegenstandslos).

§ 45. Vorläufige Anordnungen über die Erziehung

Bis zur Rechtskraft des Urteils kann der Richter vorläufige Anordnungen über die Erziehung des Jugendlichen treffen. Sie sind unanfechtbar.

§ 46. Untersuchungshaft

(1) Untersuchungshaft darf nur verhängt und vollstreckt werden, wenn ihr Zweck nicht durch eine vorläufige Anordnung über die Erziehung oder durch andere Maßnahmen erreicht werden kann.

(2) Über die Vollstreckung eines Haftbefehls und über die Maßnahmen zur Abwendung seiner Vollstreckung entscheidet der Richter, der den Haftbefehl erlassen hat, in dringenden Fällen der Jugendrichter, in dessen Bereich die Untersuchungshaft vollzogen werden müßte.

(3) Die richterlichen Entscheidungen, die die Untersuchungshaft betreffen, kann der zuständige Richter aus wichtigen Gründen sämtlich oder zum Teil einem anderen Jugendrichter übertragen.

§ 47. Unterbringung zur Beobachtung

Der Richter kann nach Anhören eines Sachverständigen anordnen, daß der Beschuldigte für höchstens sechs Wochen in einer zur kriminalbiologischen Untersuchung von Jugendlichen geeigneten Anstalt beobachtet wird.

Sechster Abschnitt
Besondere Verfahren

Erster Unterabschnitt
Vereinfachtes Jugendverfahren

§ 48. Voraussetzungen

Der Staatsanwalt kann bei dem Jugendrichter schriftlich oder mündlich beantragen, im vereinfachten Jugendverfahren zu entscheiden, wenn zu erwarten ist, daß der Jugendrichter ausschließlich Zuchtmittel verhängen, Weisungen erteilen oder die Schutzaufsicht anordnen wird. Der Antrag des Staatsanwalts steht der Anklage gleich.

§ 49. Ablehnung des Antrags

(1) Der Jugendrichter lehnt die Entscheidung im vereinfachten Verfahren ab, wenn sich die Sache hierzu nicht eignet, namentlich wenn eine Bestrafung des Angeklagten oder die Anordnung der Fürsorgeerziehung wahrscheinlich oder eine umfangreiche Beweisaufnahme erforderlich ist. Der Beschluß ist unanfechtbar.

(2) Lehnt der Jugendrichter die Entscheidung im vereinfachten Verfahren ab, so reicht der Staatsanwalt eine Anklageschrift ein.

§ 50. Verfahren und Entscheidung.

(1) Der Jugendrichter entscheidet im vereinfachten Jugendverfahren auf Grund einer mündlichen Verhandlung durch Urteil. Der Staatsanwalt kann auf seine Teilnahme an der mündlichen Verhandlung verzichten; in diesem Fall

kann der Jugendrichter im Urteil oder nachträglich durch unanfechtbaren Beschluß die sofortige Vollstreckung von Jugendarrest für zulässig erklären.

(2) Zur Vereinfachung, Beschleunigung und jugendgemäßen Gestaltung des Verfahrens darf von Verfahrensvorschriften abgewichen werden, soweit dadurch die Erforschung der Wahrheit nicht beeinträchtigt wird. Die Vorschriften über die Anwesenheit des Angeklagten (§ 33), die Stellung der Erziehungspflichtigen (41) und die Mitteilung von Entscheidungen (§ 44) müssen beachtet werden.

Zweiter Unterabschnitt
Andere besondere Verfahren

§ 51. Strafbefehl, beschleunigtes Verfahren und Entschädigung des Verletzten

(1) Gegen einen Jugendlichen darf kein Strafbefehl erlassen werden.

(2) Das beschleunigte Verfahren des allgemeinen Verfahrensrechts ist unzulässig.

(3) Die Vorschriften über die Entschädigung des Verletzten werden im Verfahren gegen einen Jugendlichen nicht angewendet.

§ 52. Polizeiliche Strafverfügung[1])

(1) In einer polizeilichen Strafverfügung darf gegen einen Jugendlichen nur Jugendarrest, Geldbuße und die Einziehung verhängt werden. Die Vorschriften über die Behandlung mehrerer Straftaten (§§ 14, 15) werden sinngemäß angewendet.

(2) Vor der Verhängung von Jugendarrest wird der Jugendliche gehört.

(3) Zahlt der Jugendliche die Geldbuße schuldhaft nicht, so kann Jugendarrest verhängt werden. Gegen diese Anordnung sind dieselben Rechtsbehelfe zulässig wie gegen die polizeiliche Strafverfügung.

(4) Die Frist für den Antrag auf gerichtliche Entscheidung und für die Einlegung der Beschwerde gegen die Strafverfügung an die nächsthöhere Polizeibehörde beträgt drei Tage.

§ 53. Privatklage und Nebenklage

Privatklage und Nebenklage sind gegen einen Jugendlichen unzulässig. Eine Widerklage kann gegen einen Jugendlichen erhoben werden. Eine Verfehlung, die durch Privatklage verfolgt werden kann, verfolgt der Staatsanwalt, wenn es wegen der öffentlichen Belange oder aus Gründen der Erziehung geboten ist.

§ 54. Nichterfüllung von Pflichten und Weisungen

(1) Die Entscheidung, ob wegen Nichterfüllung von Pflichten oder Weisungen Jugendarrest verhängt werden soll (§ 19), trifft das Jugendgericht des ersten Rechtszuges. Hat der Jugendliche seinen Aufenthalt gewechselt, so kann

---

[1]) Gegenstandslos, vgl. § 413 StPO. n. F.

es das Verfahren an den Jugendrichter abgeben, in dessen Bereich sich der Jugendliche aufhält.

(2) Das Jugendgericht entscheidet nach Anhören des Jugendlichen durch unanfechtbaren Beschluß.

§ 55. Ergänzung rechtskräftiger Entscheidungen bei mehrfacher Verurteilung

(1) Ist die einheitliche Festsetzung einer Strafe oder Maßnahme (§§ 14, 15) unterblieben und sind die durch die rechtskräftigen Entscheidungen erkannten Strafen, Zuchtmittel und Erziehungsmaßregeln noch nicht vollständig verbüßt, ausgeführt oder sonstwie erledigt, so trifft der Richter eine solche Entscheidung nachträglich.

(2) Die Entscheidung ergeht auf Grund einer Hauptverhandlung durch Urteil, wenn der Staatsanwalt es beantragt oder der Vorsitzer es für angemessen hält. Wird keine Hauptverhandlung durchgeführt, so entscheidet der Richter durch Beschluß. Für die Zuständigkeit und das Beschlußverfahren gilt dasselbe wie für die nachträgliche Bildung einer Gesamtstrafe nach den allgemeinen Vorschriften. Ist eine unbestimmte Strafe teilweise verbüßt, so ist der Richter zuständig, dem die Aufgaben des Vollstreckungsleiters obliegen.

(3) Ist polizeilich verhängter Jugendarrest Gegenstand der nachträglichen Entscheidung, so entscheidet der Richter durch Beschluß nach Anhören der Polizeibehörde; zuständig ist der Richter, dem die Aufgaben des Vollstreckungsleiters obliegen, soweit sich nicht aus Abs. 2 etwas anderes ergibt.[1])

Dritter Teil
Vollstreckung und Vollzug

Erster Abschnitt
Vollstreckung

§ 56. Vollstreckungsleiter

(1) Vollstreckungsleiter ist der Jugendrichter. Die Vollstreckung einer Jugendgefängnisstrafe von unbestimmter Dauer, die nicht vom Jugendrichter verhängt ist, steht zunächst dem nach den allgemeinen Vorschriften zuständigen Staatsanwalt zu. Hat im ersten Rechtszug die Jugendkammer erkannt, so kann der Vorsitzer die Vollstreckung übernehmen.

(2) Für die Vollstreckung gegen jugendliche Schwerverbrecher gelten die allgemeinen Vorschriften.

---

[1]) Gegenstandslos, vgl. § 413 StPO. n. F.

(3) Soweit Schutzaufsicht oder Fürsorgeerziehung angeordnet ist, richtet sich die weitere Zuständigkeit nach den Vorschriften über Jugendwohlfahrt. Die Vollstreckung einer Strafverfügung steht, soweit sie auf Geldbuße oder Einziehung lautet, der Polizeibehörde zu.[1])

§ 57. Örtliche Zuständigkeit Übergang und Abgabe der Vollstreckung.

(1) Soweit der Jugendrichter die Entscheidung eines anderen Gerichts zu vollstrecken hat, ist der Jugendrichter des Amtsgerichts zuständig, dem die vormundschaftsrichterlichen Erziehungsaufgaben obliegen. Ist Jugendarrest zu vollstrecken, der nicht vom Jugendrichter verhängt ist, so ist Vollstreckungsleiter der als Vollzugsleiter zuständige Jugendrichter.

(2) Ist Jugendarrest zu vollstrecken, der vom Richter verhängt ist, so gibt der zunächst zuständige Richter vor oder nach Einweisung und Ladung des Jugendlichen die Vollstreckung an den Jugendrichter ab, der als Vollzugsleiter zuständig ist.

(3) Ist eine Jugendgefängnisstrafe von unbestimmter Dauer zu vollstrecken, so geht nach der Aufnahme des Verurteilten in das Jugendgefängnis die Vollstreckung auf den Jugendrichter eines in dessen Nähe gelegenen Amtsgerichts über, den der Reichsminister der Justiz hierfür allgemein bestellt hat.

(4) Aus wichtigen Gründen kann der Vollstreckungsleiter die Vollstreckung widerruflich an einen sonst nicht oder nicht mehr zuständigen Jugendrichter abgeben; zulässig ist auch die Abgabe an den Vorsitzer der Jugendkammer, der die Vollstreckung ursprünglich übernommen hatte.

§ 58. Strafaussetzung auf Probe

(1) Der Vollstreckungsleiter kann eine Jugendgefängnisstrafe auf Probe aussetzen, wenn der Verurteilte einen wesentlichen Teil, mindestens ein Drittel der Strafe, verbüßt hat und eine weitere Strafverbüßung nicht erforderlich ist. Er entscheidet über die Aussetzung auf Antrag oder nach Anhören des Vollzugsleiters und des Staatsanwalts.

(2) Die Probezeit beträgt mindestens zwei und höchstens fünf Jahre; sie kann nachträglich bis auf zwei Jahre verkürzt oder bis auf fünf Jahre verlängert werden. Der Vollstreckungsleiter kann dem Verurteilten Auflagen machen und ihn unter Bewährungsaufsicht stellen; er kann solche Anordnungen auch nachträglich treffen oder ändern.

(3) Bewährt sich der Verurteilte in der Probezeit, so wird der Strafrest nicht vollstreckt. Führt er sich in ihr schlecht, so widerruft der Vollstreckungsleiter die Strafaussetzung und ordnet die weitere Vollstreckung an.

---

[1]) Gegenstandslos, vgl. § 413 StPO. n. F.

(4) Kommt der Widerruf in Frage, so kann der Vollstreckungsleiter, um sich der Person des Verurteilten zu versichern, vorläufige Maßnahmen treffen, namentlich einen Haftbefehl erlassen.

(5) Während der Probezeit ruht die Verjährung der Strafvollstreckung.

§ 59. Entlassung auf Probe

(1) Der Vollstreckungsleiter entläßt den zu einer Jugendgefängnisstrafe von unbestimmter Dauer Verurteilten auf Probe, wenn anzunehmen ist, daß er sich künftig in die Volksgemeinschaft einordnet. Die Entlassung ist nicht zulässig, bevor der Verurteilte das im Urteil festgesetzte Mindestmaß der Strafe verbüßt hat.

(2) Für die Probezeit stellt der Vollstreckungsleiter den Entlassenen unter Bewährungsaufsicht.

(3) Bewährt sich der Entlassene in der Probezeit nicht, so widerruft der Vollstreckungsleiter die Entlassung und ordnet die weitere Vollstreckung an.

(4) Im übrigen gilt dasselbe wie für die Strafaussetzung auf Probe.

§ 60 (betr. Überweisung an die Polizei; gegenstandslos).

§ 61. Umwandlung und Verlängerung des Jugendarrests

(1) Der Vollstreckungsleiter kann aus wichtigen Gründen, namentlich um die sofortige Vollstreckung zu sichern, Freizeitarrest in Kurzarrest oder Dauerarrest umwandeln. Dabei steht Freizeitarrest in der Dauer einer Freizeit zwei Tagen Dauerarrest oder 36 bis 48 Stunden Kurzarrest gleich.

(2) Der Vollstreckungsleiter kann Jugendarrest über das im Urteil festgesetzte Maß hinaus vollstrecken, wenn der Jugendliche der Ladung ohne Entschuldigung nicht gefolgt ist; der aus diesem Grunde verhängte Jugendarrest darf eine Freizeit oder drei Tage Kurzarrest oder Dauerarrest nicht übersteigen.

(3) Versäumt der Jugendliche im Anschluß an den Jugendarrest schuldhaft die Arbeit, so kann der Vollstreckungsleiter anordnen, daß der Jugendliche eine Freizeit oder Kurzarrest nachzuverbüßen hat.

§ 62. Absehen von der Vollstreckung des Jugendarrests

(1) Die Vollstreckung des Jugendarrests wird nicht auf Probe ausgesetzt.

(2) Ist der Jugendarrest teilweise verbüßt, so sieht der Vollstreckungsleiter von der Vollstreckung des Restes ab, wenn dies aus Gründen der Erziehung geboten ist. Vor der Entscheidung hört er nach Möglichkeit den erkennenden Richter und den Staatsanwalt oder die Polizeibehörde, wenn diese den Jugendarrest verhängt hat[1]).

---

[1]) Das letztere ist gegenstandslos, vgl. § 413 StPO. n. F.

(3) Hat der Verurteilte nach Verkündung des Urteils Untersuchungshaft erlitten, so kann der Vollstreckungsleiter von der Vollstreckung des Jugendarrests insoweit absehen, als dessen Zweck erreicht ist.

(4) (gegenstandslos).

(5) Die Vollstreckung des Jugendarrests ist unzulässig, wenn seit Eintritt der Rechtskraft ein Jahr verstrichen ist.

§ 63. Änderung und Aufhebung von Zuchtmitteln und Erziehungsmaßregeln

(1) Der Vollstreckungsleiter kann Pflichten, die der Richter festgesetzt hat, ändern und davon befreien.

(2) Der Vormundschaftsrichter kann Weisungen, die der Richter festgesetzt hat, im Einvernehmen mit der Jugendgerichtshilfe ändern und davon befreien.

(3) Die Beendigung der Schutzaufsicht und der Fürsorgeerziehung richtet sich nach den Vorschriften über Jugendwohlfahrt.

Zweiter Abschnitt

Vollzug

§ 64. Aufgabe des Jugendstrafvollzugs

(1) Durch den Vollzug der Jugendgefängnisstrafe soll der Verurteilte dazu erzogen werden, sich verantwortungsbewußt in die Volksgemeinschaft einzuordnen.

(2) Zucht und Ordnung, Arbeit, Unterricht, Leibesübungen und sinnvolle Gestaltung der freien Zeit sind die Grundlagen dieser Erziehung. Wenn möglich, wird der Verurteilte für einen Beruf ausgebildet.

(3) Die Beamten müssen für die Erziehungsaufgabe des Vollzugs geeignet sein.

§ 65. Jugendgefängnisse

(1) Die Jugendgefängnisstrafe wird in Jugendgefängnissen der Reichsjustizverwaltung vollzogen.

(2) An einem Verurteilten, der sich nicht für den Jugendstrafvollzug eignet, braucht die Strafe nicht im Jugendgefängnis vollzogen zu werden. Jugendgefängnisstrafe, die nicht im Jugendgefängnis vollzogen wird, wird wie Gefängnisstrafe vollzogen.

(3) Im Jugendgefängnis darf an Verurteilten, die das vierundzwanzigste Lebensjahr noch nicht vollendet haben, auch Gefängnisstrafe und Haft vollzogen werden.

§ 66. Jugendarrest

(1) Der Vollzug des Jugendarrests soll den Jugendlichen in seinem Ehrgefühl aufrütteln und ihm eindringlich zum Bewußtsein bringen, daß er für das von ihm begangene Unrecht einzustehen hat.

(2) Der Jugendarrest wird in Jugendarrestanstalten oder Freizeitarresträumen der Reichsjustizverwaltung vollzogen. Vollzugsleiter ist der Jugendrichter am Ort des Vollzugs. An Fürsorgezöglingen, die sich in Heimerziehung befinden, kann der Vollstreckungsleiter im Einvernehmen mit der Fürsorgeerziehungsbehörde Jugendarrest in der Fürsorgeerziehungsanstalt vollziehen lassen.

(3) Der Dauerarrest und der Kurzarrest von mehr als drei Tagen werden durch strenge Tage verschärft, an denen der Jugendliche vereinfachte Kost und hartes Lager erhält.

(4) Im Freizeitarrest und im Kurzarrest bis zu drei Tagen erhält der Jugendliche vereinfachte Kost und hartes Lager.

(5) Der Vollzugsleiter kann als Hauptstrafe den Jugendarrest ganz oder teilweise für nicht verbüßt erklären.

§ 67. Erziehungsmaßregeln

(1) Die Befolgung von Weisungen (§ 12) überwacht die Jugendgerichtshilfe. Handelt der Jugendliche den Weisungen zuwider, so unterrichtet sie den Vormundschaftsrichter.

(2) Die Ausübung der Schutzaufsicht und die Ausführung der Fürsorgeerziehung richten sich nach den Vorschriften über Jugendwohlfahrt.

§ 68. Untersuchungshaft

(1) An Jugendlichen wird die Untersuchungshaft nach Möglichkeit in einer besonderen Abteilung der Haftanstalt oder, wenn eine Freiheitsstrafe nicht zu erwarten ist, in einer Jugendarrestanstalt vollzogen. In der besonderen Abteilung der Haftanstalt kann die Untersuchungshaft auch an Beschuldigten vollzogen werden, die noch nicht einundzwanzig Jahre alt sind.

(2) . . ., der Vollzug der Untersuchungshaft wird erziehlich gestaltet.

(3) . . . dem Vertreter der Jugendgerichtshife und, wenn der Beschuldigte unter Schutzaufsicht oder Bewährungsaufsicht steht, dem Helfer ist der Verkehr mit dem Beschuldigten in demselben Umfang wie einem Verteidiger gestattet.

Vierter Teil

Strafregister

§ 69. Anwendung des Straftilgungsgesetzes und der Strafregisterverordnung

(1) Verurteilungen zu Jugendgefängnis werden im Strafregister vermerkt. Auf die Vermerke werden, soweit nicht etwas anderes bestimmt ist, die für die Gefängnisstrafe geltenden Vorschriften des Gesetzes über beschränkte Auskunft aus dem Strafregister und die Tilgung von Strafvermerken und der Strafregisterverordnung angewendet.

(2) Die Anordnung von Zuchtmitteln und Erziehungsmaßregeln wird dem Strafregister nur mitgeteilt, wenn sie mit einer Verurteilung zu Jugendgefängnis verbunden ist. Entscheidungen, durch die das Verfahren gegen einen Jugendlichen wegen mangelnder Reife eingestellt wird, werden dem Strafregister nicht mitgeteilt.

(3) Der Tag, an dem die Strafe verbüßt ist, wird bei Jugendgefängnis dem Strafregister stets mitgeteilt.

§ 70. Beschränkte Auskunft und Tilgung

(1) Für Vermerke über Jugendgefängnis beträgt die Frist, nach deren Ablauf nur noch beschränkt Auskunft aus dem Strafregister erteilt wird,

1. drei Jahre, wenn auf höchstens sechs Monate Jugendgefängnis allein oder mit Nebenstrafen erkannt worden ist, mit Ausnahme der Fälle, in denen die Unterbringung in einer Heil- oder Pflegeanstalt angeordnet worden ist,
2. fünf Jahre in allen übrigen Fällen.

Die Frist der Nr. 1 beginnt mit dem im Strafregister vermerkten Tag der Verurteilung. Die Frist der Nr. 2 beginnt mit dem Tag, an dem die Strafe verbüßt, verjährt oder erlassen und eine Unterbringung in einer Heil- oder Pflegeanstalt erledigt ist. Hat sich nach Ablauf einer Probezeit die Strafe oder die Unterbringung in einer Heil- oder Pflegeanstalt erledigt, ohne daß die Strafaussetzung oder Entlassung auf Probe widerrufen worden ist, so wird die Probezeit in die Frist der Nr. 2 eingerechnet.

(2) Die Frist, nach deren Ablauf Vermerke über Jugendgefängnis getilgt werden, beträgt

1. zwei Jahre, wenn auf höchstens sechs Monate Jugendgefängnis allein oder in Verbindung mit Nebenstrafen erkannt worden ist, mit Ausnahme der Fälle, in denen die Unterbringung in einer Heil- oder Pflegeanstalt angeordnet ist,
2. vier Jahre in allen übrigen Fällen.

Die Frist beginnt mit dem Tage, von dem ab nur noch beschränkt Auskunft erteilt wird.

Fünfter Teil

Beseitigung des Strafmakels durch Richterspruch

§§ 71. Voraussetzungen

(1) Hat ein zu Jugendgefängnis Verurteilter durch einwandfreie Führung und durch Bewährung im Dienst der Volksgemeinschaft bewiesen, daß er ein ordentlicher Volksgenosse geworden ist, so erklärt der Jugendrichter auf Antrag des Verurteilten, seines gesetzlichen Vertreters oder des Erziehungspflichtigen den Strafmakel für ausgelöscht. Dies kann auch auf Antrag des Staatsanwalts geschehen.

(2) Die Anordnung kann frühestens zwei Jahre seit der Verbüßung oder dem Erlaß der Strafe ergehen. Hat sich der Verurteilte der Beseitigung des Strafmakels besonders würdig gezeigt, so kann die Anordnung auch schon früher getroffen werden. Ist die Strafe auf Probe ausgesetzt oder der Verurteilte auf Probe entlassen worden, so kann die Anordnung nicht vor Beendigung der Probezeit ergehen.

§ 72. Verfahren

(1) Zuständig ist der Jugendrichter des Gerichts, dem die vormundschaftsrichterlichen Erziehungsaufgaben für den Verurteilten obliegen, und, wenn der Verurteilte volljährig ist, der Jugendrichter, in dessen Bezirk der Verurteilte seinen Wohnsitz hat.

(2) Der Jugendrichter beauftragt mit den Ermittlungen über die Führung des Verurteilten und seine Bewährung im Dienst der Volksgemeinschaft vorzugsweise die Stelle, die den Verurteilten nach der Verbüßung der Strafe betreut hat. Er kann eigene Ermittlungen anstellen. Er hört den Verurteilten und, wenn dieser minderjährig ist, seinen gesetzlichen Vertreter und den Erziehungspflichtigen, ferner die Schule und die Polizeibehörde.

(3) (gegenstandslos).

(4) Nach Abschluß der Ermittlungen äußert sich der Staatsanwalt. Will der Jugendrichter von dem Antrag des Staatsanwalts abweichen, so legt er die Sache unter Angabe seiner Gründe der Jugendkammer zur Entscheidung vor; diese entscheidet endgültig.

§ 73. Entscheidung

(1) Der Beschluß des Jugendgerichts, durch den der Strafmakel für ausgelöscht erklärt wird, wird dem Verurteilten durch den Jugendrichter verkündet. Zeit und Ort der Verkündung werden dem Erziehungspflichtigen und dem gesetzlichen Vertreter und dem Staatsanwalt mitgeteilt. Bei Minderjährigen erhält auch die Jugendgerichthilfe Mitteilung. Der Jugendrichter kann, wenn das Erscheinen des Verurteilten vor ihm nicht möglich oder mit Schwierigkeiten verbunden ist, einen anderen Jugendrichter um die Verkündung ersuchen oder dem Verurteilten den Beschluß zustellen lassen. Auch wenn der Beschluß verkündet worden ist, erhält der Verurteilte eine Ausfertigung.

(2) Das Jugendgericht lehnt die Beseitigung des Strafmakels ab, wenn der Verurteilte ihrer nicht würdig ist. Hält es die Voraussetzungen für eine Beseitigung des Strafmakels noch nicht für gegeben, so kann es die Entscheidung um höchstens zwei Jahre aufschieben. Die Beschlüsse werden begründet und dem Verurteilten bekanntgemacht; sie sind unanfechtbar.

§ 74. Wirkung

(1) Hat das Jugendgericht den Strafmakel für ausgelöscht erklärt, so darf sich der Verurteilte als unbestraft bezeichnen und jede Auskunft über die Tat

und über die Strafe verweigern. Der Richter und der Staatsanwalt können aus besonderen Gründen anordnen, daß der Verurteilte vor ihnen Auskunft geben muß. Dies soll dann nicht öffentlich geschehen.

(2) Der Beschluß, durch den der Strafmakel für ausgelöscht erklärt wird, wird in das Strafregister und in die polizeilichen Listen eingetragen. Über die Verurteilung wird nur noch dem Strafrichter und dem Staatsanwalt für die Strafverfolgung auf ausdrückliches Ersuchen Auskunft erteilt. In polizeilichen Führungszeugnissen darf die Verurteilung nicht genannt werden.

§ 75. Widerruf

Stellt sich vor der Tilgung der Strafe heraus, daß der Verurteilte der Beseitigung des Strafmakels nicht würdig ist, so wird die Anordnung mit Zustimmung des Staatsanwalts widerrufen. Der Beschluß wird begründet und dem Verurteilten bekanntgemacht; er ist unanfechtbar. Wird der Verurteilte wegen einer neuen Straftat rechtskräftig schuldig gesprochen, so ist der erkennende Richter zuständig, im übrigen das Jugendgericht, das die Anordnung erlassen hat.

Sechster Teil

Jugendliche vor Erwachsenengerichten

§ 76. Zuständigkeit des Oberlandesgerichts

(1) Die Zuständigkeit des Reichsgerichts und des Oberlandesgerichts wird durch die Vorschriften dieses Gesetzes nicht berührt.

(2) (gegenstandslos).

§ 77. Verbindung mehrerer Verfahren

Verfahren, die zur Zuständigkeit der Jugendgerichte gehören, sollen mit Verfahren gegen andere Beschuldigte, für die ein Erwachsenengericht zuständig ist, nur verbunden werden, wenn es zur Erforschung der Wahrheit oder aus anderen wichtigen Gründen geboten ist.

§ 78. Verfahren gegen Jugendliche vor Erwachsenengerichten

(1) In Verfahren, in denen der Beschuldigte bei Erhebung der Anklage noch nicht achtzehn Jahre alt ist, sollen die Erwachsenengerichte die Verfahrensvorschriften dieses Gesetzes anwenden, soweit nicht besondere Gründe dagegensprechen.

(2) Das Erwachsenengericht kann, soweit es nicht ausschließlich zuständig ist, das Verfahren mit Zustimmung des Staatsanwalts durch Beschluß in das Jugendstrafverfahren verweisen.

(3) Die Auswahl und Anordnung von Erziehungsmaßregeln und Zuchtmitteln außer dem Jugendarrest wird dem Vormundschaftsrichter überlassen. Im übrigen kann das Erwachsenengericht auf sämtliche Strafen und Maßnahmen erkennen, die dieses Gesetz für Jugendliche zuläßt.

§ 79. (gegenstandslos)

§ 80. (gegenstandslos)

Siebenter Teil
Schluß- und Übergangsvorschriften

§ 81. Gerichtsstand für unbestimmt Verurteilte

Solange eine Jugendgefängnisstrafe von unbestimmter Dauer noch nicht vollständig verbüßt ist, ist für weitere Straftaten des Verurteilten der Richter, dem die Aufgaben des Vollstreckungsleiters obliegen, im Rahmen seiner Strafgewalt auch dann zuständig, wenn die weiteren Straftaten nicht in jugendlichem Alter begangen sind.

§ 82. Behandlung sonstiger Freiheitsstrafen gegen Jugendliche

(1) Gefängnis- oder Festungshaftstrafen, auf die gegen einen Jugendlichen vor dem Inkrafttreten dieses Gesetzes erkannt worden ist, werden für die Anwendung dieses Gesetzes dem Jugendgefängnis gleichgestellt.

(2) (gegenstandslos).

(3) Über Freiheitsstrafen bis zu drei Monaten und über Geldstrafen wird nur beschränkt Auskunft erteilt; hat der Verurteilte das zwanzigste Lebensjahr vollendet und sind seit dem Tage der letzten Verurteilung vier Jahre verstrichen, so wird der Vermerk über die Verurteilung getilgt.

6

Gesetz zur Wiederherstellung der Rechtseinheit auf dem Gebiete der Gerichtsverfassung, der bürgerlichen Rechtspflege, des Strafverfahrens und des Kostenrechts

Vom 12. September 1950

Artikel 8

Schlußvorschriften

I. Inkrafttreten

Das Gesetz tritt am 1. Oktober 1950 in Kraft.

II. Aufhebung von Vorschriften

Folgende Vorschriften werden aufgehoben, soweit sie nicht bereits außer Kraft getreten sind:

1. § 3 Nr. 1, §§ 4 bis 8, §§ 18 bis 20 der Bekanntmachung zur Entlastung der Gerichte in der Fassung vom 13. Mai 1924 (Reichsgesetzbl. I S. 552), der Verordnung vom 11. Dezember 1924 (Reichsgesetzbl. I S. 772), der Verordnung vom 19. Juni 1925 (Reichsgesetzbl. I S. 88), des Artikels VI Abs. 2 Nr. 5 des Gesetzes vom 28. Januar 1927 (Reichsgesetzbl. I S. 53) und des Sechsten Teils Kap. I § 10 Abs. 2 der Verordnung vom 6. Oktober 1931 (Reichsgesetzbl. I S. 537);
2. (betr. Zivilsachen);
3. die §§ 1 bis 11 des I. Kapitels und Kapitel II des Sechsten Teils der Dritten Verordnung des Reichspräsidenten zur Sicherung von Wirtschaft und Finanzen und zur Bekämpfung politischer Ausschreitungen vom 6. Oktober 1931 (Reichsgesetzbl. I S. 537);
4. Kapitel I und Kapitel III Artikel 1 und 2 des Ersten Teils der Verordnung des Reichspräsidenten über Maßnahmen auf dem Gebiete der Rechtspflege und Verwaltung vom 14. Juni 1932 (Reichsgesetzbl. I S. 285);
5. das Gesetz zur Änderung von Vorschriften des Strafrechts und des Strafverfahrens vom 24. April 1934 (Reichsgesetzbl. I S. 341);
6. das Gesetz zur Verhütung mißbräuchlicher Ausnutzung von Vollstreckungsmöglichkeiten vom 13. Dezember 1934 (Reichsgesetzbl. I S. 1234);
7. die §§ 5, 6, 10, 11 und 20 der Verordnung zur einheitlichen Regelung der Gerichtsverfassung vom 20. März 1935 (Reichsgesetzbl. I S. 403);
8. das Gesetz zur Änderung von Vorschriften des Strafverfahrens und des Gerichtsverfassungsgesetzes vom 28. Juni 1935 (Reichsgesetzbl. I S. 844);

9. (betr. freiw. Gerichtsbarkeit);
10. das Gesetz über die Geschäftsverteilung bei den Gerichten vom 24. November 1937 (Reichsgesetzbl. I S. 1286);
11. die Verordnung über Maßnahmen auf dem Gebiete der Gerichtsverfassung und der Rechtspflege vom 1. September 1939 (Reichsgesetzbl. I S. 1658);
12. die Zweite Verordnung zur Durchführung der Verordnung über Maßnahmen auf dem Gebiete der Gerichtsverfassung und der Rechtspflege vom 4. Oktober 1939 (Reichsgesetzbl. I S. 1994);
13. die Verordnung über weitere Maßnahmen auf dem Gebiete der Zwangsvollstreckung (Lockerungsverordnung) vom 31. Oktober 1939 (Reichsgesetzbl. I S. 2139);
14. die Verordnung über das Kriegsausgleichsverfahren vom 30. November 1939 (Reichsgesetzbl. I S. 2338);
15. die Verordnung über die Zuständigkeit der Strafgerichte, die Sondergerichte und sonstige strafverfahrensrechtliche Vorschriften vom 21. Februar 1940 (Reichsgesetzbl. I S. 405);
16. die Verordnung zur Durchführung der Verordnung über die Zuständigkeit der Strafgerichte, die Sondergerichte und sonstige strafverfahrensrechtliche Vorschriften vom 13. März 1940 (Reichsgesetzbl. I S. 489);
17. Artikel II der Verordnung über den Geltungsbereich des Strafrechts vom 6. Mai 1940 (Reichsgesetzbl. I S. 754);
18. die Verordnung zur Änderung der Vereinfachungsverordnung (Zweite Vereinfachungsverordnung — 2. VereinfV.) vom 18. September 1940 (Reichsgesetzbl. I S. 1253);
19. die Verordnung zur Vereinfachung und Vereinheitlichung des Zustellungsrechts (ZustV.) vom 9. Oktober 1940 (Reichsgesetzbl. I S. 1340);
20. das Gesetz über die Mitwirkung des Staatsanwalts in bürgerlichen Rechtssachen vom 15. Juli 1941 (Reichsgesetzbl. I S. 383);
21. die Verordnung zur weiteren Vereinfachung der Gerichtsverfassung, der bürgerlichen Rechtspflege und des Kostenrechts (Dritte Vereinfachungsverordnung — 3. VereinfV.) vom 16. Mai 1942 (Reichsgesetzbl. I S. 333) und die AV Nr. 258 v. 14. 7. 43 (DJ. S. 370);
22. die Verordnung zur weiteren Vereinfachung der Strafrechtspflege vom 13. August 1942 (Reichsgesetzbl. I S. 508);
23. die Verordnung über die Beseitigung des Eröffnungsbeschlusses im Strafverfahren vom 13. August 1942 (Reichsgesetzbl. I S. 512);
24. die Verordnung zur Durchführung der Verordnung zur weiteren Vereinfachung der Strafrechtspflege vom 20. November 1942 (Reichsgesetzbl. I S. 660);
25. die Verordnung zur weiteren Vereinfachung der bürgerlichen Rechtspflege (Vierte Vereinfachungsverordnung — 4. VereinfV.) vom 12. Januar 1943 (Reichsgesetzbl. I S. 7);

26. § 7 der Verordnung über die Angleichung familienrechtlicher Vorschriften vom 6. Februar 1943 (Reichsgesetzbl. I S. 80);
27. die Verordnung über Kriegsmaßnahmen auf dem Gebiete der bürgerlichen Rechtspflege (Kriegsmaßnahmenverordnung) vom 12. Mai 1943 (Reichsgesetzbl. I S. 290);
28. die Verordnung über das Beschwerdeverfahren in Angelegenheiten der freiwilligen (außerstreitigen) Gerichtsbarkeit (Kriegs-Beschwerdeverordnung) vom 12. Mai 1943 (Reichsgesetzbl. I S. 290);
29. die Durchführungsverordnung zur Kriegsmaßnahmenverordnung und zur Kriegs-Beschwerdeverordnung vom 12. Mai 1943 (Reichsgesetzbl. I S. 292);
30. Artikel 4 der Verordnung zur Durchführung der Verordnung zur Angleichung des Strafrechts des Altreichs und der Alpen- und Donau-Reichsgaue vom 29. Mai 1943 (Reichsgesetzbl. I S. 341);
31. die Dritte Verordnung zur Vereinfachung der Strafrechtspflege vom 29. Mai 1943 (Reichsgesetzbl. I S. 342);
32. die Verordnung zur Durchführung der Dritten Verordnung zur Vereinfachung der Strafrechtspflege vom 29. Mai 1943 (Reichsgesetzbl. I S. 345);
33. die Verordnung zur weiteren Kräfteersparnis in der Strafrechtspflege vom 29. Mai 1943 (Reichsgesetzbl. I S. 346);
34. die Verordnung zur Anpassung der Reichszivilprozeßordnung an die Strafrechtsangleichungsverordnung vom 26. Oktober 1943 (Reichsgesetzbl. I S. 631);
35. die Verordnung zur Ausführung der Kriegs-Beschwerdeverordnung vom 13. November 1943 (Reichsministerialbl. S. 99; Deutsche Justiz 1944 S. 23);
36. Artikel 2 der Zweiten Verordnung zur Durchführung der Verordnung zur Angleichung des Strafrechts des Altreichs und der Alpen- und Donau-Reichsgaue vom 20. Januar 1944 (Reichsgesetzbl. I S. 41);
37. die Verordnung über die Wiederaufnahme rechtskräftig entschiedener Abstammungssachen vom 27. Januar 1944 (Reichsgesetzbl. I S. 52);
38. Artikel 4 und 5 der Verordnung zur Änderung der Gebührenordnung für Rechtsanwälte vom 21. April 1944 (Reichsgesetzbl. I S. 104);
39. die Verordnung über außerordentliche Maßnahmen auf dem Gebiete des bürgerlichen Rechts, der bürgerlichen Rechtspflege und des Kostenrechts aus Anlaß des totalen Krieges (Zweite Kriegsmaßnahmenverordnung) vom 27. September 1944 (Reichsgesetzbl. I S. 229);
40. die Verordnung zur weiteren Anpassung der Strafrechtspflege an die Erfordernisse des totalen Krieges (Vierte Verordnung zur Vereinfachung der Strafrechtspflege) vom 13. Dezember 1944 (Reichsgesetzbl. I S. 339);
41. (betr. OLG-Bez. Kiel);
42. die Verordnung über Rechtsmittel in bürgerlichen Rechtsstreitigkeiten vom 28. Januar 1946 (Gesetzblatt der Freien Hansestadt Bremen S. 9) und das Gesetz über Rechtsmittel in der streitigen und freiwilligen Gerichtsbarkeit — Rechtsmittelgesetz — in der vom 1. Mai 1949 an geltenden

Fassung (Bayerisches Gesetz- und Verordnungsblatt 1949 S. 83; Gesetz- und Verordnungsblatt für das Land Hessen 1949 S. 25; Regierungsblatt der Regierung Württemberg-Baden 1949 S. 58);

43. die Strafrechtspflegeordnung 1946 samt Einführungsgesetzen und Änderungen (Bayer. GVBl. S. 196; Hess. GVBl. S. 13; Württ.-Bad. RegBl. S. 89; Brem. GBl. 1947 S. 129);

44. die hess. Verordnung über das Sofortverfahren in Strafsachen vom 4. April 1946 (GVBl. S. 99);

45. die von den Oberlandesgerichtspräsidenten der britischen Zone erlassenen Verordnungen zur Beschleunigung des Strafverfahrens (Hamb. GVBl. 1946 S. 11; JBl. Braunschweig 1946 S. 79; Hann. Rpfl. 1946 S. 65; JBl. Düsseldorf 1946 S. 49; JBl. Hamm 1946 S. 95; SchlHA. 1946 S. 285; JBl. Köln 1946 S. 73; JBl. Oldenburg 1946 S. 87);

46. die von den Oberlandesgerichtspräsidenten der britischen Zone erlassene Zweite Verordnung zur Beschleunigung des Strafverfahrens (Hamb. GVBl. 1946 S. 90; JBl. Braunschweig 1946 S. 112; Hann. Rpfl. 1946 S. 81; JBl. Düsseldorf 1946 S. 50; JBl. Hamm 1946 S. 115, 123; SchlHA. 1946 S. 335; JBl. Köln 1946 S. 90; JBl. Oldenburg 1946 S. 92);

47. (betr. OLG für Groß-Hessen);

48. die von den Oberlandesgerichtspräsidenten der britischen Zone erlassenen Verordnungen über die Aufhebung polizeilicher Strafverfügungen und Einführung gerichtlicher Strafverfügungen (Hamb. GVBl. 1946 S. 43; JBl. Braunschweig 1946 S. 112; Hann. Rpfl. 1946 S. 82; JBl. Düsseldorf 1946 S. 57; JBl. Hamm 1946 S. 115; SchlHA. 1946 S. 336; JBl. Köln 1946 S. 90; JBl. Oldenburg 1946 S. 92), jedoch mit der Maßgabe, daß diese Vorschriften bis zu einer landesrechtlichen Regelung gemäß § 413 Abs. 1 Satz 1 der StPO, längstens jedoch auf die Dauer von sechs Monaten nach Inkrafttreten dieses Gesetzes insoweit weiter anzuwenden sind, als sie vorsehen, daß die Polizeibehörden ihre Verhandlungen an das Amtsgericht übersenden;

49. das württ.-bad. Ges. Nr. 20 zur Überleitung des Strafverfügungsrechts der Polizeibehörden auf die Gerichte vom 20. November 1945 (RegBl. 1946 S. 1), jedoch mit der Maßgabe, daß diese Vorschriften bis zu einer landesrechtlichen Regelung gemäß § 413 Abs. 1 Satz 1 der StPO, längstens jedoch auf die Dauer von sechs Monaten nach Inkrafttreten dieses Gesetzes insoweit weiter anzuwenden sind, als sie vorsehen, daß die Polizeibehörden ihre Verhandlungen an das Amtsgericht übersenden;

50. das hess. Gesetz zur Überleitung des Strafverfügungsrechts der Polizeibehörden auf die Gerichte vom 16. Mai 1946 (GVBl. S. 164), jedoch mit der Maßgabe, daß diese Vorschriften bis zu einer landesrechtlichen Regelung gemäß § 413 Abs. 1 Satz 1 der StPO, längstens jedoch auf die Dauer von sechs Monaten nach Inkrafttreten dieses Gesetzes insoweit weiter an-

zuwenden sind, als sie vorsehen, daß die Polizeibehörden ihre Verhandlungen an das Amtsgericht übersenden;

51. das bayer. Gesetz Nr. 57 zur Überleitung der Befugnis zum Erlaß von Strafverfügungen von den Polizeibehörden auf die Gerichte vom 30. November 1946 (GVBl. 1947 S. 16), jedoch mit der Maßgabe, daß diese Vorschriften bis zu einer landesrechtlichen Regelung gemäß § 413 Abs. 1 Satz 1 der StPO, längstens jedoch auf die Dauer von sechs Monaten nach Inkrafttreten dieses Gesetzes insoweit weiter anzuwenden sind, als sie vorsehen, daß die Polizeibehörden ihre Verhandlungen an das Amtsgericht übersenden;
52. die Rechtsanordnungen über Gerichtsverfassung und Verfahren in den Ländern Baden (Amtsblatt der Landesverwaltung Baden 1946 S. 44), Württemberg-Hohenzollern (Amtsblatt des Staatssekretariats für das französisch besetzte Gebiet Württembergs und Hohenzollern 1946 S. 230) und in dem bayerischen Kreis Lindau (Amtlicher Anzeiger für den bayerischen Kreis Lindau Nr. 50 vom 1. Juli 1947) — mit Ausnahme des § 31 — und die Landesverordnung über Gerichtsverfassung und Verfahren vom 11. April 1947 im Lande Rheinland-Pfalz (Gesetz- und Verordnungsblatt der Landesregierung Rheinland-Pfalz S. 155) in der Fassung der Bek. v. 1. 12. 49 (GVBl. S. 599) — mit Ausnahme der §§ 6a und 31 —;
53. die Verordnung zur Änderung des § 152 des Gerichtsverfassungsgesetzes (GVG.) und der §§ 81a, 98 und 105 der Strafprozeßordnung (StPO.), Fassung der Allgemeinen Anweisungen für Richter Nr. 2 für beide Gesetze vom 14. Januar 1947 (Verordnungsblatt für die Britische Zone 1947 S. 20);
54. die bayer. Verordnung Nr. 126 über die Wiedereinführung der Schöffengerichte vom 18. Februar 1947 (GVBl. S. 177) samt Änderungen;
55. die Erste Anordnung über die Bildung von Schöffengerichten und Schwurgerichten in Hessen vom 17. April 1947 (GVBl. S. 49) samt Änderungen und Ergänznngeu;
56. das brem. Ges. zur Überl. des Strafverfügungsrechts der Polizei auf die Gerichte vom 30. 4. 47 (GBl. S. 66), jedoch mit der Maßgabe, daß diese Vorschriften bis zu einer landesrechtlichen Regelung gemäß § 413 Abs. 1 Satz 1 der StPO, längstens jedoch auf die Dauer von sechs Monaten nach Inkrafttreten dieses Gesetzes insoweit weiter anzuwenden sind, als sie vorsehen, daß die Polizeibehörden ihre Verhandlungen an das Amtsgericht übersenden;
57. die Verordnung über das Berufungsverfahren in bürgerlichen Rechtsstreitigkeiten vom 9. Juni 1947 (Verordnungsblatt für die Britische Zone S. 76);
58. die Verordnung über Untersuchungen zur Feststellung der Abstammung vom 17. Juni 1947 (Verordnungsblatt für die Britische Zone S. 93);
59. die Verordnung über die Besetzung der Zivilkammern und der Kammern für Handelssachen bei den Landgerichten vom 20. Juni 1947 (Verordnungsblatt für die Britische Zone S. 103);

60. (betr. Zivilsachen);
61. die württ.-bad. Verordnung Nr. 229 über die Wiedereinführung der Schöffengerichte vom 7. Juli 1947 (RegBl. S. 86) samt Änderungen;
62. die Verordnung zur Wiedereinführung von Schöffen und Geschworenen in der Strafrechtspflege vom 22. August 1947 (Verordnungsblatt für die Britische Zone S. 115, 124) vorbehaltlich der Bestimmungen der Ziffer 84;
63. die bayer. Verordnung Nr. 131 über die Besetzung der Strafkammern mit Schöffen vom 16. September 1947 (GVBl. S. 203) samt Änderungen;
64. die brem. Verordnung über die Wiedereinführung der Schöffengerichte und über die Mitwirkung von Schöffen bei Strafkammern vom 7. Oktober 1947 (GBl. S. 237) samt Änderungen;
65. die Verordnung zur Durchführung der Militärregierungsverordnung Nr. 98 über die Errichtung eines Obersten Gerichtshofes für die Britische Zone vom 17. November 1947 in der Fassung der Verordnung vom 13. Januar 1948 (Verordnungsblatt für die Britische Zone 1947 S. 149 und 1948 S. 10) und die Verordnung zur Ausführung der Durchführungsverordnung über die Errichtung eines Obersten Gerichtshofes für die Britische Zone vom 6. Februar 1948 (Verordnungsblatt für die Britische Zone S. 40);
66. (betr. GerichtskostenVO. v. 4. 12. 47 (VOBl. BrZ. S. 170));
67. das Landesgesetz zur Wiedereinführung der Schöffen und Geschworenen in der Strafrechtspflege in Baden vom 30. Dezember 1947 (GVBl. 1948 S. 39) mit Ausnahme des § 6;
68. die brem. VO. über die Gebühren der Verteidiger im Verf. vor dem Schwurgericht v. 7. 1. 48 (GBl. S. 4);
69. die hess. Anordnung über die Besetzung der Strafkammern mit Richtern und Schöffen vom 12. Januar 1948 (GVBl. S. 23) samt Änderungen;
70. die Verordnung zur Änderung von Vorschriften auf dem Gebiete der Gerichtsverfassung, der bürgerlichen Rechtspflege und des Kostenrechts vom 27. Januar 1948 (Verordnungsblatt für die Britische Zone S. 13);
71. die Verordnung zur Änderung der Vorschriften über Ausschließung und Ablehnung der Gerichtspersonen in der Strafrechtspflege vom 9. Februar 1948 (Verordnungsblatt für die Britische Zone 1948 S. 41);
72. der zweite Abschnitt der württ.-hohenz. Verordnung über ... die Zuständigkeit der Friedensrichter vom 27. Februar 1948 (RegBl. S. 60);
73. die Verordnung zur weiteren Änderung der Gebührenordnung für Rechtsanwälte vom 26. April 1948 (Verordnungsblatt für die Britische Zone S. 108);
74. Artikel III der Verordnung zur Änderung der §§ 42f, h, 132 des Strafgesetzbuchs und § 463 der Strafprozeßordnung vom 13. Mai 1948 (Verordnungsblatt für die Britische Zone 1948 S. 117);
75. das Gesetz zur Wiedereinführung der Schöffen und Geschworenen in der Strafrechtspflege in Württemberg-Hohenzollern vom 14. Mai 1948 (RegBl. S. 85) samt Änderungen mit Ausnahme des § 6;

76. die §§ 24 bis 27 der Verordnung zur Ausführung des Ehegesetzes vom 20. Februar 1946 (Kontrollratsgesetz Nr. 16) vom 12. Juli 1948 (Verordnungsblatt für die Britische Zone S. 210);
77. die Zweite Verordnung zur weiteren Änderung der Gebührenordnung für Rechtsanwälte vom 13. Juli 1948 (Verordnungsblatt für die Britische Zone S. 216);
78. die bayer. Verordnung über die Wiedereinführung der Schwurgerichte vom 14. Juli 1948 (GVBl. S. 243);
79. die Zweite VO zur Abänderung des GKG v. 24. 8. 48 (VOBl. BrZ. S. 247);
80. die VO Nr. 245 des württ.-bad. JM. über die Besetzung der Strafkammern mit Richtern und Schöffen vom 21. 10. 48 (RegBl. S. 150);
81. die Verordnung zur Ergänzung der Vorschriften über die Haftprüfung im Strafverfahren vom 29. November 1948 (Verordnungsblatt für die Britische Zone S. 345);
82. das Gesetz über die Bildung von Schwurgerichten in Württemberg-Baden vom 3. März 1949 (RegBl. S. 43) samt Durchführungsverordnungen;
83. die Verordnung über die Zuziehung von Hilfsrichtern zum Obersten Gerichtshof für die Britische Zone vom 15. März 1949 (Verordnungsblatt für die Britische Zone S. 74);
84. die Rechtsanordnung zur Wiedereinführung der Schöffen und Geschworenen in der Strafrechtspflege im bayerischen Kreis Lindau vom 26. April 1949 (ABl. Nr. 18) mit Ausnahme des § 6;
85. (betr. Geb.Ordn.);
86. der I. Abschnitt des bayer. Gesetzes über Maßnahmen auf dem Gebiet des Kostenwesens vom 9. Juli 1949 (GVBl. S. 181);
87. das Landesgesetz zur Wiedereinführung der Schöffen und Geschworenen in der Strafrechtspflege und zur Änderung der Strafprozeßordnung vom 3. September 1949 (Ges. u. VOBl. der Landesregierung Rheinland-Pfalz S. 374) mit Ausnahme des Art. 2 Abs. 2, soweit dieser den § 6a in die LO. über GerVerf. u. Verfahren v. 11. 4. 47 einfügt.

III. Übergangsvorschriften

Für die Überleitung gelten folgende Vorschriften:

88. Soweit in gesetzlichen Vorschriften dem Reichsgericht oder dem Obersten Gerichtshof für die Britische Zone Aufgaben zugewiesen sind, tritt an die Stelle dieser Gerichte der Bundesgerichtshof.

Der Bundesgerichtshof ist ferner zuständig, wenn ihm durch eine Gesetzgebung außerhalb des Geltungsbereichs dieses Gesetzes Zuständigkeiten in Übereinstimmung mit diesem Gesetz übertragen sind.

89. Bis zum Inkrafttreten einer Bundesrechtsanwaltsordnung gelten für die Zulassung der Rechtsanwälte bei dem Bundesgerichtshof die folgenden Vorschriften:

Die Zulassung als Rechtsanwalt bei dem Bundesgerichtshof und die Bestellung eines Vertreters erfolgt durch den Bundesminister der Justiz nach Anhörung der Vereinigung der Anwaltskammervorstände im Bundesgebiet.

Als Rechtsanwalt kann nur zugelassen werden, wer das 35. Lebensjahr vollendet hat.

Ein Rechtsanwalt bei dem Bundesgerichtshof darf nicht zugleich bei einem anderen Gericht zugelassen sein.

Die bei dem Bundesgerichtshof zugelassenen Rechtsanwälte dürfen vor einem anderen Gericht nicht auftreten. Der Bundesminister der Justiz kann jedoch für das Auftreten vor bestimmten Gerichten allgemein Ausnahmen zulassen.

Der Prozeßbevollmächtigte kann die Vertretung, die ihm zusteht, auf einen bei dem Bundesgerichtshof nicht zugelassenen Rechtsanwalt nicht übertragen.

Die Anwaltskammer bei dem Bundesgerichtshof wird durch die Rechtsanwälte gebildet, die bei ihm zugelassen sind.

Auf die Rechtsanwaltschaft bei dem Bundesgerichtshof sind im übrigen die §§ 1 bis 121 der Rechtsanwaltsordnung für die Britische Zone vom 10. März 1949 (Verordnungsblatt für die Britische Zone S. 80) mit der Maßgabe sinngemäß anzuwenden, daß an die Stelle der Landesjustizverwaltung der Bundesminister der Justiz und an die Stelle des Oberlandesgerichts der Bundesgerichtshof tritt.

90. Die Landesjustizverwaltung kann die Teilnahme an wissenschaftlichen Lehrgängen in einem Kriegsgefangenenlager auf die Studienzeit (§ 2 Abs. 2 des Gerichtsverfassungsgesetzes) anrechnen.

Dasselbe gilt für das Studium an einer anderen Hochschule als einer Universität, soweit es in die Zeit bis zu zwei Jahren nach Inkrafttreten dieses Gesetzes fällt.

91. die Landesjustizverwaltung kann eine von § 2 Abs. 3 des Gerichtsverfassungsgesetzes abweichende Regelung des Vorbereitungsdienstes, die bis zum 31. Dezember 1949 ausgesprochen ist, aufrechterhalten.

Ebenso kann eine von den Vorschriften des § 2 Abs. 3 GVG abweichende Beschäftigung, die bis zum Inkrafttreten dieses Gesetzes mit Zustimmung der Landesjustizverwaltung abgeleistet worden ist, auf den Vorbereitungsdienst angerechnet werden.

Die für den Vorbereitungsdienst der Kriegsheimkehrer bestehenden Rechtsvorschriften bleiben unberührt.

92. Die Landesjustizverwaltung kann bis zum 31. Dezember 1951 in den Fällen eines dringenden dienstlichen Bedürfnisses Richter innerhalb des Bezirks eines Oberlandesgerichts an jedes ordentliche Gericht für eine von vornherein bestimmte Zeit vorübergehend abordnen.

93. Unberührt bleiben Gesetze eines Landes, die auf Grund des im Artikel 1 Nr. 10 aufgehobenen § 13a des Gerichtsverfassungsgesetzes ergangen sind.
Das Land kann künftig diese Gesetze ändern, aber die Zuständigkeit der Friedensgerichte nicht erweitern.

94. Die Geschäftsverteilung, die auf Grund der bisher geltenden Vorschriften getroffen ist, bleibt für das Geschäftsjahr 1950 in Kraft. Jedoch bestimmen sich die nach dem Inkrafttreten dieses Gesetzes zu treffenden Anordnungen nach den Vorschriften dieses Gesetzes.

95. Das Amt der bei Inkrafttreten dieses Gesetzes berufenen Schöffen und Geschworenen endet mit dem 31. März 1951.
Die Vorschlagslisten gemäß § 36 des Gerichtsverfassungsgesetzes sind erstmals im Jahre 1950 aufzustellen.
Der Ausschuß gemäß § 40 des Gerichtsverfassungsgesetzes tritt erstmals im Jahre 1950 zusammen.

96. Die in den Ländern geltenden Rechtsvorschriften über die Befreiung des deutschen Volkes vom Nationalsozialismus und Militarismus, nach denen sich eine Unfähigkeit zur Bekleidung des Amtes eines Schöffen oder Geschworenen ergibt, bleiben unberührt.

97. In den Ländern Nordrhein-Westfalen, Niedersachsen, Schleswig-Holstein und der Hansestadt Hamburg verhandeln und entscheiden die Strafkammern des Landgerichts in Abweichung von § 76 Abs. 2 des Gerichtsverfassungsgesetzes bis zum 31. Dezember 1950 in der bisherigen Besetzung. Bis zu diesem Zeitpunkt wird in den vorgenannten Ländern die Zuständigkeit der Schwurgerichte nach Abschnitt IV § 80 der Verordnung zur Wiedereinführung von Schöffen und Geschworenen in die Strafrechtspflege vom 22. August 1947 (VOBl. für die Britische Zone, S. 115) aufrechterhalten.

98. In den Ländern Bremen und Hessen tritt § 118 des Gerichtsverfassungsgesetzes erst achtzehn Monate nach Inkrafttreten dieses Gesetzes in Kraft.

99. Sind bei Inkrafttreten dieses Gesetzes Handelssachen bei einer Zivilkammer anhängig, so sind sie auf Antrag einer Partei an die Kammer für Handelssachen zu verweisen. Der Antrag ist nicht mehr zulässig, wenn der Antragsteller nach dem Inkrafttreten dieses Gesetzes vor der Zivilkammer zur Sache verhandelt hat.

100. Der Nebensitz Karlsruhe des Oberlandesgerichtse Stuttgart gilt bis zum 31. Dezember 1951 im Sinne des Gerichtsverfassungsgesetzes und der Verfahrensgesetze als selbständiges Oberlandesgericht.

101. Entscheidungen in bürgerlichen Rechtsstreitigkeiten, die nach dem Inkrafttreten dieses Gesetzes ergehen, können von den Gerichten in der bisherigen Besetzung erlassen werden, wenn sie auf einer Verhandlung beruhen, die vor dem Inkrafttreten dieses Gesetzes stattgefunden hat.

102. Ablehnungsgesuche, über die bei Inkrafttreten dieses Gesetzes noch nicht entschieden ist, haben die bisher zuständigen Stellen an die nunmehr zuständigen Gerichte abzugeben.
103. Die Vorschrift des § 128 Abs. 2 der Zivilprozeßordnung ist im arbeitsgerichtlichen Verfahren des ersten Rechtszuges nicht anzuwenden.
104. In Sachen, in denen die Klage, der Güteantrag oder das Gesuch um Erlaß des Zahlungsbefehls vor dem Inkrafttreten dieses Gesetzes bei dem Amtsgericht eingegangen ist, richtet sich die Zuständigkeit nach den bisher geltenden Vorschriften.
105. Auf Güteverfahren, die im Zeitpunkt des Inkrafttretens dieses Gesetzes anhängig oder bereits abgeschlossen sind, finden die bisher geltenden Vorschriften weiterhin Anwendung.
106. Die Vorschriften des § 510c der Zivilprozeßorednung sind auf die in dem Mieterschutzgesetz geregelten bürgerlichen Rechtsstreitigkeiten und das arbeitsgerichtliche Verfahren nicht anzuwenden.
107. Die Zulässigkeit eines Rechtsmittels gegen die vor dem Inkrafttreten dieses Gesetzes verkündeten oder von Amts wegen zugestellten Entscheidungen richtet sich nach den bisher geltenden Vorschriften.
108. Auf eine vor dem Inkrafttreten dieses Gesetzes eingelegte Berufung sind an Stelle der §§ 516, 518, 519 der Zivilprozeßordnung in der Fassung dieses Gesetzes die bisher geltenden Vorschriften weiterhin anzuwenden, wenn die Berufungsfrist bei Inkrafttreten dieses Gesetzes bereits abgelaufen ist. In diesem Falle gelten die Vorschriften des § 529 Abs. 3 und des § 626 der Zivilprozeßordnung in der Fassung dieses Gesetzes entsprechend, wenn der Berufungskläger das neue Vorbringen nicht innerhalb der Berufungsfrist mitgeteilt hat.
109. Der Anerkennung von Entscheidungen, durch die im Ausland eine Ehe für nichtig erklärt, aufgehoben, dem Bande nach oder unter Aufrechterhaltung des Ehebandes geschieden oder durch die das Bestehen oder Nichtbestehen einer Ehe zwischen den Parteien festgestellt ist, steht die Vorschrift des § 606 Abs. 1 der Zivilprozeßordnung nicht entgegen, wenn der Ehemann deutscher Staatsangehöriger ist und die Anerkennung der von einer ausländischen Behörde getroffenen Entscheidung beantragt.

Diese Vorschrift tritt spätestens am 31. Dezember 1952 außer Kraft.
110. Verfahren, die bei dem Obersten Gerichtshof für die Britische Zone anhängig sind, gehen mit dem Inkrafttreten dieses Gesetzes in der Lage, in der sie sich befinden, auf den Bundesgerichtshof über.

Für das Verfahren bei Rechtsbeschwerden in Landwirtschaftssachen gelten die Vorschriften der Verordnung über die Rechtsbeschwerde in Landwirtschaftssachen vom 15. Oktober 1948 (Verordnungsblatt für die Britische Zone S. 313), die Verordnung zur Ausführung der Verordnung über die Rechtsbeschwerde in Landwirtschaftssachen vom 22. Dezember 1948 (Verordnungsblatt für die Britische Zone S. 384) und die in der Verordnung vom 15. Oktober 1948 angeführten Vorschriften der Verfahrensordnung für Landwirtschaftssachen vom 2. Dezember 1947 (Verordnungsblatt für die Britische Zone S. 157) einstweilen weiter. Die bei dem Obersten Gerichtshof für die Britische Zone ernannten Obersten Landwirtschaftsrichter treten in gleicher Eigenschaft zum Bundesgerichtshof über.

Revisionen und Beschwerden in bürgerlichen Rechtsstreitigkeiten sowie Rechtsbeschwerden in Landwirtschaftssachen, die bis zum Inkrafttreten dieses Gesetzes bei dem Obersten Gerichtshof für die Britische Zone hätten eingelegt werden können, sind nach dem Inkrafttreten dieses Gesetzes bei dem Bundesgerichtshof einzulegen. Dies gilt entsprechend in Verfahren der freiwilligen Gerichtsbarkeit und in Strafsachen.

111. Für Verfahren, die im Zeitpunkt des Inkrafttretens dieses Gesetzes bei dem Bayerischen Obersten Landesgericht anhängig sind, bleibt dieses Gericht nach den bisher geltenden Vorschriften zuständig, auch soweit nach den Vorschriften dieses Gesetzes der Bundesgerichtshof zuständig wäre.

112. Revisionen gegen Urteile der auf Grund der bayer. Verordnung über die Wiedereinführung der Schwurgerichte vom 14. Juli 1948 (GVBl. S. 243) gebildeten Schwurgerichte sind in jedem Falle durch das Bayr. Oberste Landesgericht zu verhandeln und zu entscheiden.

113. An den Stellen, an denen die Worte „Anordnung der Hauptverhandlung" oder „die Hauptverhandlung anzuordnen" gebraucht werden, werden diese Worte durch „Eröffnung des Hauptverfahrens" oder „das Hauptverfahren zu eröffnen" ersetzt.

114. Ist bei Inkrafttreten dieses Gesetzes die Anklageschrift schon bei Gericht eingereicht, so bedarf es keines Beschlusses über die Eröffnung des Hauptverfahrens. Es verbleibt für das Verfahren insoweit bei den bisher geltenden Vorschriften.

115. Ist bei Inkrafttreten dieses Gesetzes die Anklageschrift schon bei Gericht eingereicht, so sind für die Voruntersuchung die bisher geltenden Vorschriften anzuwenden.

116. Ist bei Inkrafttreten dieses Gesetzes die Anklageschrift bei einem Gericht eingereicht, das nach diesem Gesetz nicht zuständig wäre, und nimmt die Staatsanwaltschaft die öffentliche Klage nicht zurück, so richtet sich die Zuständigkeit nach den bisher geltenden Vorschriften.

117. Eine begonnene Hauptverhandlung ist nach den bisherigen Vorschriften zu Ende zu führen.

118. Wird ein vor dem Inkrafttreten dieses Gesetzes ergangenes Urteil nach dem Inkrafttreten des Gesetzes vom Rechtsmittelgericht aufgehoben und die Sache zurückverwiesen, so findet die neue Hauptverhandlung vor dem Gericht statt, das nach den neuen Vorschriften zuständig ist; soweit nach diesen Vorschriften die Zuständigkeit davon abhängig ist, bei welchem Gericht die Staatsanwaltschaft Anklage erhebt, bestimmt das Rechtsmittelgericht in seiner Entscheidung das zuständige Gericht.

119. Wird ein vor dem Inkrafttreten dieses Gesetzes ergangenes Urteil mit dem Antrag auf Wiederaufnahme des Verfahrens angefochten, so entscheidet darüber, ob der Antrag zulässig und begründet ist, die Strafkammer, soweit nicht nach den neuen Vorschriften die Zuständigkeit des Amtsgerichts (§ 25 Nr. 1 2a und b des Gerichtsverfassungsgesetzes) oder des Schwurgerichts oder des Bundesgerichtshofes begründet ist.

120. Beurkundungen und Beglaubigungen, die Gerichte im Lande Rheinland-Pfalz in der Zeit vom 6. September 1949 bis zum Inkrafttreten dieses Gesetzes vorgenommen haben, sind nicht deshalb unwirksam, weil die Zuständigkeit der Gerichte nach § 22 Abs. 4 der Notarordnung für Rheinland-Pfalz vom 3. September 1949 (Gesetz- und Verordnungsblatt der Landesregierung Rheinland-Pfalz Teil I S. 391) nicht mehr gegeben war.

121. Für das Verfahren des Nachlaßgerichts, einschließlich der damit zusammenhängenden Beurkundungen, werden die Gerichtsgebühren nur zur Hälfte erhoben, wenn der Tod des Erblassers oder seine Todeserklärung die unmittelbare Folge eines Kriegsereignisses ist; die Bestimmungen über die Mindestgebühr bleiben unberührt. Soweit die Amtshandlungen (Beurkundungen, Vermittlung der Auseinandersetzung usw.) von Notaren vorgenommen werden, erstreckt sich die Ermäßigung auf die Notargebühren.

Abkömmlinge, Eltern und der Ehegatte des Erblassers sind von der Zahlung der Gerichtsgebühren in diesen Fällen befreit, wenn der Wert des Nachlasses nach Abzug der Schulden nicht mehr als 5000 Deutsche Mark beträgt. Die Notargebühren werden nach den Vorschriften über die Anwendung von Gebührenbefreiungsvorschriften auf die Notare (Verordnung vom 15. April 1936 — Reichsgesetzbl. I S. 368 —) ermäßigt.

122. Für die Todeserklärung und die Feststellung der Todeszeit werden Gerichtsgebühren nicht erhoben, wenn der Verschollene im Zusammenhang mit Ereignissen oder Zuständen des Krieges 1939 bis 1945 in Lebensgefahr geraten ist.

123. Soweit in anderen Gesetzen und Verordnungen auf die durch dieses Gesetz aufgehobenen oder abgeänderten Vorschriften verwiesen ist, treten die entsprechenden Vorschriften dieses Gesetzes an ihre Stelle.

7

Proklamation Nr. 3 des Alliierten Kontrollrats

vom 20. Oktober 1945

(VOBl. der Stadt Berlin S. 129)

Dank der Vernichtung der Gewaltherrschaft Hitlers durch die alliierten Mächte ist das Terrorsystem der Nazi-Gerichte abgeschafft worden. An seine Stelle muß eine Rechtspflege treten, die sich auf die Errungenschaften der Demokratie, Zivilisation und Gerechtigkeit gründet. Der Kontrollrat verkündet daher die folgenden Grundsätze für die Umgestaltung der Rechtspflege, die für ganz Deutschland Geltung haben sollen.

I. Gleichheit vor dem Gesetz

Alle Personen sind vor dem Gesetz gleich. Niemandem, welches auch seine Rasse, Nationalität oder Religion sei, dürfen die ihm gesetzlich zustehenden Rechte entzogen werden.

II. Gewährleistung der Rechte des Angeklagten

1. Niemand darf des Lebens, der persönlichen Freiheit oder seines Eigentums beraubt werden, es sei denn auf Grund eines gesetzmäßigen Gerichtsverfahrens.

2. Strafrechtliche Verantwortlichkeit besteht nur für rechtlich als strafbar erklärte Handlungen.

3. Kein Gericht darf irgendeine Handlung auf Grund von „Analogie" oder im Hinblick auf das sogenannte „gesunde Volksempfinden" als strafbar erklären, wie das im deutschen Gesetzbuch der Fall war.

4. In jedem Strafverfahren müssen dem Angeklagten folgende Rechte zugestanden werden, die einer demokratischen Rechtsauffassung entsprechen: Schnelles und öffentliches Gerichtsverfahren, Bekanntgabe von Grund und Art der Anklage, Gegenüberstellung mit den Belastungszeugen, gerichtliche Vorladung von Entlastungszeugen und Hinzuziehung eines Verteidigers. Strafen, die gegen das gerechte Maß oder die Menschlichkeit verstoßen und solche, die das Gesetz nicht vorsieht, dürfen nicht verhängt werden.

5. Verurteilungen, die unter dem Hitler-Regime aus politischen, rassischen oder religiösen Gründen erfolgten, müssen aufgehoben werden.

III. Abschaffung der Ausnahme- und Sondergerichte des Hitler-Regimes

Der Volksgerichtshof, die Gerichte der Nationalsozialistischen Deutschen Arbeiterpartei und die Sondergerichte sind aufgehoben. Ihre Wiedereinsetzung ist verboten.

IV. Unabhängigkeit der Gerichtsbarkeit

1. In der Ausübung seiner Amtstätigkeit ist der Richter unabhängig von Weisungen der ausführenden Gewalt. Er ist nur dem Gesetz unterworfen.

2. Der Zugang zum Richteramt steht, ohne Rücksicht auf Rasse, Religion oder Nationalität, allen Personen offen, sofern sie die Grundsätze der Demokratie anerkennen.

3. Beförderung des Richters erfolgt ausschließlich nach Maßgabe seiner Leistungen und juristischen Befähigung.

V. Schlußsatz

Ordentliche deutsche Gerichte werden die Rechtspflege in Deutschland im Einklang mit den Grundsätzen dieser Proklamation ausüben.

8

Gesetz Nr. 4 des Alliierten Kontrollrats[1])

vom 30. Oktober 1945

(VOBl. der Stadt Berlin S. 141)

Umgestaltung des deutschen Gerichtswesens

Der Kontrollrat beschließt in Übereinstimmung mit seiner Proklamation Nr. 3 an das Deutsche Volk vom 20. Oktober 1945, daß das deutsche Gerichtswesen auf der Grundlage des demokratischen Prinzips, der Gesetzmäßigkeit und der Gleichheit aller Bürger vor dem Gesetz ohne Unterschied von Rasse, Staatsangehörigkeit oder Religion umgestaltet werden muß, und erläßt folgendes Gesetz:

Artikel I: Die Umgestaltung der deutschen Gerichte soll grundsätzlich in Übereinstimmung mit dem Gerichtsverfassungsgesetz vom 27. Januar 1877 in der Fassung vom 22. März 1924 (RGBl. I S. 299) erfolgen. Folgende Gliederung der ordentlichen Gerichte wird wiederhergestellt: Amtsgerichte, Landgerichte und Oberlandesgerichte.

Artikel II: Die Zuständigkeit der Amtsgerichte und Landgerichte in Zivil- und Strafsachen richtet sich im allgenmeinen nach dem Recht, das am 30. Januar 1933 in Kraft war. Die Zuständigkeit der Amtsgerichte in bürgerlichen Rechtsstreitigkeiten wird jedoch auf Ansprüche ausgedehnt, deren Gegenstand den Wert von Reichsmark 2000,— nicht übersteigt.

Die Landgerichte sind zuständig für Berufung gegen Entscheidungen der Amtsgerichte.

---

[1]) In Westdeutschland aufgehoben durch Art. 14 des Ges. Nr. 13 der Alliierten Hohen Kommission vom 25. 11. 49. — Nach Art. 1 dieses Ges. dürfen deutsche Gerichte ohne ausdrückliche Genehmigung Strafgerichtsbarkeit nicht ausüben: a) I. über die Alliierten Streitkräfte; II. über Personen, die bei der Alliierten Hohen Kommission, einem Hohen Kommissar oder dem Befehlshaber einer der Besatzungsstreitkräfte beglaubigt sind, und über ihre Familienangehörigen; b) wenn eine Person beschuldigt wird, eine strafbare Handlung begangen zu haben:

I. gegen eine in Absatz a) dieses Artikels genannte Person oder gegen das Eigentum einer daselbst genannten Person oder Organisation;

II. gegen Rechtsvorschriften der Besatzungsbehörden;

III. bei der Erfüllung von Pflichten oder der Leistung von Diensten für die Alliierten Streitkräfte oder in Verbindung damit.

Die Oberlandesgerichte entscheiden nicht in erster Instanz, sondern sind endgültige Berufungsinstanz gegen Entscheidungen der Landgerichte in Zivilsachen. Sie sind, soweit gesetzlich vorgesehen, für das Rechtsmittel der Revision gegen Entscheidungen der Amtsgerichte und Landgerichte in Strafsachen zuständig.

Artikel III: Die Zuständigkeit der deutschen Gerichte erstreckt sich auf alle Zivil- und Strafsachen mit folgenden Ausnahmen:

a) strafbare Handlungen, die sich gegen die alliierten Besatzungsbehörden richten;
b) strafbare Handlungen von Nazis und anderen Personen, die sich gegen Staatsangehörige alliierter Nationen und deren Eigentum richten, sowie Versuche zur Wiederherstellung des Nazi-Regimes oder zur Wiederaufnahme der Tätigkeit der Nazi-Organisationen;
c) strafbare Handlungen, in die Militärpersonen der alliierten Streitkräfte oder alliierte Staatsangehörige verwickelt sind;
d) andere Zivil- oder Strafsachen, die der Zuständigkeit der deutschen Gerichte nach den Anordnungen des alliierten Militärbefehlshabers entzogen werden;
e) wenn eine strafbare Handlung ihrem Wesen nach nicht die Sicherheit der alliierten Streitkräfte gefährdet, kann der Militärbefehlshaber sie den deutschen Gerichten zur Aburteilung überlassen.

Artikel IV: Zwecks Durchführung der Umgestaltung des deutschen Gerichtswesens müssen alle früheren Mitglieder der Nazi-Partei, die mehr als nominelle Teilnehmer an ihrer Tätigkeit gewesen sind, und alle anderen Personen, die an den Strafmethoden des Hitler-Regimes direkten Anteil hatten, ihres Amtes als Richter und Staatsanwalt enthoben werden und dürfen nicht zu solchen Ämtern zugelassen werden.

Artikel V: Es wird dem Ermessen des Militärbefehlshabers überlassen, in Ausführung dieses Gesetzes die Zuständigkeitsabgrenzung der deutschen Gerichte schrittweise mit diesem Gesetz in Einklang zu bringen.

Artikel VI: Dieses Gesetz tritt mit dem Tage seiner Verkündung in Kraft. Die Militärbefehlshaber der Zonen sind mit seiner Durchführung beauftragt.

9

Allgemeine Anweisungen für Richter der Alliierten Kommandantura Berlin

vom 10. Mai 1946

1.—8. (nicht abgedruckt).

9. Zuständigkeit in Strafsachen

I. Ohne vorherige Ermächtigung der Besatzungsbehörden werden Sie sich nicht mit Vergehen gegen nachstehende Paragraphen des Strafgesetzes befassen: 4 II. und III. (von Ausländern begangene Straftaten), 80—93a (Hochverrat usw.), 102—4 (feindliche Handlungen gegen befreundete Staaten), 112 (Aufforderung zum Ungehorsam), 130a (Mißbrauch der Kanzel), 135 (Beschädigung von öffentlichen Zeichen der Autorität), 140—143a (Vergehen im Militärdienst), 291 (Zueignung von Munition) oder andere Vergehen, wenn sie politischen Charakter tragen. Sie werden über solche Verletzungen des Gesetzes an die Militärregierungen des Sektors, in welchem das Vergehen begangen wurde, unter Angabe genauer Einzelheiten Bericht erstatten.

II. Sie werden die Besatzungsbehörden über alle zu Ihrer Kenntnis gelangenden Verletzungen des Gesetzes, soweit sie die nachstehenden Paragraphen des Strafgesetzes angehen, mindestens 7 Tage vor Fällen des Urteils benachrichtigen: 125—130 (Verstöße gegen die öffentliche Ordnung, geheime und widerrechtliche Zusammenrottung), 132a (verbotene Uniformen), 166 (Vergehen gegen die Religion), 167 (Behinderung von Gottesdiensten), 197 (Beleidigung von politischen Persönlichkeiten oder Körperschaften), 304—324 (Sachbeschädigung, Brandstiftung, Überschwemmung), 334 (Korruption von Richtern, Schiedsrichtern usw.), 336 (Beugung des Gesetzes), 341—355 (Verbrechen im Amte). Ihr diesbezüglicher Bericht an die Militärregierung des Sektors, in welchem das Vergehen begangen wurde, hat die genauen Einzelheiten zu enthalten.

10. Strafen

I. Grausame oder übermäßig harte Strafen dürfen nicht verhängt werden. Unter dieser Voraussetzung wird die Alliierte Kommandantura Ihre Befugnisse, nach Ihrem Ermessen Strafe zu verhängen, die zur Aufrechterhaltung der Gesetze und der Ordnung sowie der Unterdrückung des Verbrechertums erforderlich sind, unberührt lassen.

II. Unbeschadet Ihrer im Paragraphen 10 I. erwähnten Verantwortung wird angeordnet, daß in Fällen, in denen auf Grund irgend welches nach dem 30. Januar 1933 in Kraft getretenen Gesetzes die Höchststrafe für ein Vergehen über die für dasselbe Vergehen vor dem 30. Januar 1933 vorgeschriebene Höchststrafe hinausgeht, das Gericht keine höhere Strafe verhängen darf als diejenige, die vor dem 30. Januar 1933 zulässig war, es sei denn, daß eine höhere Strafe wegen der kriminellen Vergangenheit des Angeklagten oder der häufigen Wiederholung des Vergehens gerechtfertigt erscheint.

III. Paragraph 42 (k) des Strafgesetzes ist nicht anzuwenden.

IV. Festungshaftstrafen sind nicht zu verhängen.

In Fällen, in denen Festungshaft die alleinige vom Gesetz vorgeschriebene Strafe darstellt, müssen innerhalb der von solchem Gesetz vorgeschriebenen Strafgrenzen Zuchthaus- oder Gefängnisstrafen verhängt werden.

11. Zuständigkeit der Jugendgerichte

Vorbehaltlich dieser Anweisung werden Sie das Reichsjugendgerichtsgesetz von 1943 und alle damit in Verbindung erlassenen Anordnungen und amtlichen Bestimmungen zur Anwendung bringen, jedoch unter der Voraussetzung, daß keine Bestimmung, die

1. unterschiedliche Behandlung jugendlicher Verbrecher auf Grund deren Rasse, Staatsangehörigkeit, Religion oder aus sonstigen Gründen,
2. kriminal-biologische Untersuchungen,
3. Jugendlager

vorsieht, Anwendung findet.

Sachregister

Die römischen Zahlen bedeuten die Nummern der Gesetze und Verordnungen, die arabischen Zahlen die der Paragraphen, die arabisch fettgedruckten Zahlen die Reihenfolge der Gesetze und Verordnungen im Anhang. Die Nummer der StPO. III ist im allgemeinen weggelassen. Um Unübersichtlickeiten zu vermeiden, sind die Absätze der Paragraphen nicht besonders zitiert.

A.

Abführung aus der Verhandlung I 177.

Abgekürztes Verfahren 212, s. Schnellverfahren, beschleunigtes Verfahren.

Abgeordnete, Ablehnung des Laienrichteramts I 35, 77, 84, — als Zeugen 50, 54, Beschlagnahme und Durchsuchung 95, Untersuchungshaft 112, Vorführung 134.

Ablehnung des Laienrichteramts I 35, 53, 77, 84, 88, — des Ersuchens um Rechtshilfe I 158f., — von Richtern III 24ff., Laienrichtern und Urkundsbeamten 31, Sachverständigen 74, Dolmetschern I 191, — der Eröffnung des HV. 204, — von Beweisanträgen 244, Mitwirkung abgelehnter Richter oder Laienrichter als Revisionsgrund 338.

Ablehnungsgründe s. Ablehnung.

Abschriften gerichtlicher Entscheidungen 35, von Teilen beschlagnahmter Schriftstücke 101, der erhobenen Privatklage 381, begl. — der Urteilsformel 451.

Absehen von der öffentlichen Klage 153f., bei Straftaten Jugendlicher A **5** 30.

Absetzung von Richtern I 8, des Urteils III 275.

Absolute Revisionsgründe 338.

Abstimmung I 193ff., III 263.

Abwesende, Einstellung 205, Verfahren gegen — 276ff. — vgl. auch Ausbleiben.

Abwesenheitsurteil 282a, c.

Adhäsionsverfahren 403ff.

Adoption, Ausschließungsgrund für Gerichtsvollzieher I 155, Dolmetscher I 191, Richter III 22, Laienrichter und Urkundsbeamte 31f., Sachverständige 74; Grund zur Zeugnisverweigerung 52, 55f., uneidliche Vernehmung 61, Adoptivvater als Beistand 149.

Akten, Mitteilung an Gerichte anderer Länder I 168, keine Vorlegung u. Auslieferung III 96, — einsicht gestattet dem StA. in d. VU. 196, dem Sachverständigen 80, dem Verteidiger 147, dem Anwalt des Privatklägers 385, des Nebenklägers 397, dem Beistand in Jugendsachen A **5** **43**, Führung v.—in Gnadensachen A **4** 39.

Alter, Ablehnungsgrund für Laienrichter I 33, 35, 77, 84, — für Eidesmündigkeit III 60; s. Jugendliche, Jugendgericht.

Amtsanwalt, Zuständigkeit und Befugnisse I 142ff. Strafvollstreckung durch — III 451.

Amtsbezeichnungen bei der StA. I 142.

Amtsbezirk III 7, Handlungen außerhalb des —s I 161, 166f., — der Oberlandesgerichte I 120, III 186, der StA. I 141, 143.

Amtsenthebung der Richter I 8, der Laienrichter I 52, 77, 84.

Amtsfähigkeit zum Laienrichteramt I 32, 77, 84.

Amtsgerichte, Dienstaufsicht I 22, Zuständigkeit I 23ff., Schöffengerichte und Strafkammern bei den —n I 28, 78, gemeinschaftliche Strafgerichte für mehrere —sbezirke I 58, 2 StA. bei —n I 142, 145, Rechtshilfeersuchen an — I 157, Amtshandlungen in fremden —sbezirken I 166, Anbringung von Strafanzeigen bei —n III 158; vgl. auch Amtsrichter, Schöffengerichte.

Amtspflicht, Verletzung der — Wiederaufnahmegrund 359, 362.

Amtsrichter als Einzelrichter I 22, 25f., 30, aufsichtführender — als Landgerichtsrat oder — Direktor I 22, 59, — als Vorsitzender des Schwurgerichts I 83, 92, Befugnisse bei Aufstellung der Vorschlagsliste I 38ff., 77, 84, Ablehnung des —s III 27, Entscheidung über Ausschließung von Laienrichtern 31f., Zustellungen und Vollstreckungen von Entscheidungen 36, Maßregeln gegen Zeugen und Sachverständige 51, 70, 77, Entscheidung über Beschlagnahmen 98, Erlaß von Haftbefehlen, Entscheidung über Untersuchungshaft und Sicherheitsleistung 125f., 128ff., Genehmigung des Absehens von der öffentlichen Klage 153, notwendige Verteidigung vor dem — 140, Anzeige an den — bei Verdacht nicht natürlichen Todes 159, Vornahme richterlicher Untersuchungshandlungen 162ff., Ermittlungen im Auftrage des OLG. 173, Führung der VU. 185f., Einreichung der Anklageschrift beim — 199, Verbrechensanklagen beim — 200, Verfahren nach Unzuständigkeitserklärung des —s 209, 270, Schnellverfahren 212, beschränkte Beweisaufnahme 245, Protokoll im —lichen Verfahren 273, Strafbefehle des —s 407ff., Verfahren bei Strafverfügungen 413, Strafvollstreckung durch — 451, 457; s. a. Berufung, Beschwerde, Revision, Wiederaufnahme.

Amtssitz s. Abgeordnete.

Amtsverschwiegenheit 53f.; I 198.

Androhung d. Vorführung 133, 216.

Änderung der Klage in der HV. 265, des Urteils in der Berufungsinstanz 328, in der Revisionsinstanz 354.

Angehörige des Angeklagten, Zeunis- und Eidesverweigerung 52, 55, 61, Widerspruch von —n gegen Beschlagnahmen 98, Zuziehung bei Durchsuchungen 106, Benachrichtigung von Verhaftung 114a, — als Beistand des Angeklagten 149, — als Vertreter des flüchtigen Angeklagten 280, 286, Wiederaufnahmeantrag 361, Anwesenheit von —n in der HV. in Jugendsachen A 5 33.

Angeklagter, Angeschuldigter, Begriff 157, Ordnungsstrafen gegen — I 177f., 180, Einwendung der Zuständigkeit III 16, 18, Antrag auf Verbindung mehrerer Strafsachen III 13, Recht zur Ablehnung von Gerichtspersonen 24, Verteidigung des — 139f., 150, 281, Beistand des — 149, Vernehmung in der VU. 192, Mitteilung der Anklageschrift 201, Zustellung des Eröffnungsbeschlusses 215, Ladung des — 216f., Beweisanträge des — 219, unmittelbare Ladung durch den — 220, 222, 386, Benachrichtigung des — von Terminen zu Beweisaufnahmen 224f., Ausbleiben in der HV. 230, HV. ohne — 232ff., Erzwingung des Erscheinens des — 230, 236, Wiedereinsetzung bei Versäumung des HV.-Termins 235, Vernehmung in der HV. 238, 243, 257, Befragung der Zeugen 240ff., Entfernung aus dem Sitzungszimmer bei einzelnen Vernehmungen 231, 247, A 5 34, Verlesen seiner Aussagen 254f., Schlußvortrag des — 258, Hinweis auf Veränderung des rechtlichen Gesichtspunkts 265, Zustimmung zur Ausdehnung der HV. 266, Antrag auf Beweiserhebung nach Verweisung 270, Verhandlung gegen abwesende — 276ff., Frist zur Berufungseinlegung 314f., — in Berufungs-, Revisionsinstanz, bei Wiederaufnahme, in Privatklagesachen, b. Strafbefehlen,

Strafverfügungen s. Berufung, Revision Strafverfügungen s. Berufung, Revision, Wiederaufnahme, Privatklage, Strafbefehl, Strafverfügung; Verurteilung des — in die Kosten 465ff.
Anheftung von Schriftstücken an die Gerichtstafel 40, 280.
Anhörung, Entscheidung nach — III 33, in Gnadensachen A 4 8.
Anklage, Anklageschrift, Antrag auf Entscheidung durch Einzelrichter in der — I 25, Akteneinsichtsrecht nach —erhebung III 147, —monopol der StA. 152, Einreichung der — durch den StA. 170, — als Antrag auf Eröffnung des HV. 198ff., 200, Mitteilung der — an den Angeschuldigten 201, bei Eröffnung d. HV. gegen Antrag der StA. 208, — im beschleunigten Verfahren 212, — in Privatklagesachen 381.
Anklageprinzip, III 151.
Anrechnung s. Untersuchungshaft.
Anschluß als Nebenkläger, des Verletzten 395ff.
Antrag auf Entscheidung durch Einzelrichter I 25f., Begründung der Ablehnung eines —s III 34, — auf vorläufige Einstellung 154, 154a, — auf Bestrafung 158, Stellung des —stellers 171ff., Einstellung des Verfahrens mangels —s 260, Protokollierung der Anträge 273, — auf VU. 178f., auf Eröffnung des HV. 198, auf Beweiserhebungen 201, 270, auf Ladung von Zeugen, Sachverständigen 219, 245, 325, auf Aussetzung der HV. 228, Schluß— 258f., — im Verfahren gegen Abwesende 277, — auf gerichtliche Entscheidung bei Strafverfügung 413, Revisions — 344, auf Wiederaufnahme 360ff., — auf Strafbefehl 407, Verpflichtung des —stellers zur Kostentragung 469, 472.
Antragsdelikte, Privatklage 374, Nebenklage 395, Festnahme bei —n 130, s. Antrag.
Antragsteller s. Antrag.
Antritt, Freiwerden der Sicherheit bei — der Freiheitsstrafe 121, bei Nicht— 122.
Anwalt s. Rechtsanwalt, Verteidiger.
Anwesenheit der Parteien im Erm.Verf. 169, in der VU. 193, s. im übrigen Angehörige, Beistand, Beschuldigte, Vertreter.
Anzeige strafbarer Handlungen 158, — beim Auffinden eines unbekannten Leichnams 159, Kosten unbegründeter — 469.
Apotheker, Ablehnung des Laienrichteramts I 35, 77, 84.
Armenrecht des Privatklägers 379.
Arrest, dringlicher 283f., s. Beschlagnahme, Haft.
Arzt, Ablehnung des Laienrichteramts I 35, 77, 84, Zeugnisverweigerung III 53, Zuziehung bei Möglichkeit der Unterbringung in Heil- oder Pflegeanstalt, Trinkerheilanstalt, Entziehungsanstalt, 80a, 246a, bei Leichenschau und Leichenöffnung 87, bei Vergiftungen 91, Untersuchung des Beschuldigten in Jugendsachen A 5 28; s. Atteste.
Atteste, Verlesung in der HV. 256.
Aufenthalt, Anrechnung des —s in einer Krankenanstalt auf die Strafzeit 461.
Aufenthaltsort, Gerichtsstand 7f., bei Jugendlichen A 5 27, Zustellungen bei unbekanntem — 40, 279, 282a, Vernehmung am — 50, große Entfernung des —s vom Ort der HV. 223, 251, Verfahren gegen Personen unbekannten —s 279ff.
Aufforderung zu Beweisanträgen in der VU. 201, zur Aufenthaltsangabe 288.
Aufhebung einer Ordnungsstrafe I 56, III 51, des Haftbefehls 121, 123f., 126, der Vermögensbeschlagnahme 283f., 293, 433, — des Urteils nach Berufung 328, nach Revision 353ff., im Wiederaufnahmeverfahren 282b, 371, 373.
Aufruf der Zeugen und Sachverständigen III 243.
Aufschiebende Wirkung der Beschwerde I 181, III 81 keine — der Beschwerde I 181, III 307, — der Berufung 316, der Revision 343, — der Wiederaufnahme 360.

Aufschub der Vollstreckung gerichtlicher Entscheidungen 47, 360, 455f., — bes. Berufsverbots 456c, s. aufschiebende Wirkung, Strafaufschub.
Aufsicht s. Dienstaufsicht, Schutzaufsicht.
Aufwandsentschädigung der Laienrichter I 55, 77, 84.
Augenschein, —seinnahme 86, in der VU. 187, 193, 195, vor der HV. 225, Verlesen des Protokolls über — 249.
Augenscheinsbeweis 245.
Ausbleiben eines Laienrichters I 56, 77, 84, — von Zeugen III 51, Sachverständigen III 77, — des Angeklagten als Vorführungs- oder Verhaftungsgrund 120, 125, 133, dgl. in der HV. 230f., 330, im Strafbefehlsverfahren 412, — des Verteidigers 145, des Privatklägers 391.
Ausdehnung der VU. 190f., des Urteils 266.
Ausfertigung der Urteile 275, 451.
Ausführung von Erziehungsmaßregeln A 5 37, — der Schutzaufsicht A 5 37.
Ausgraben von Leichen 87.
Auskunft, beschränkte — aus dem Strafregister A 3 1ff.
Auslagen für Rechtshilfe I 164, — des Sachverständigen III 84, Entscheidung über die — 464, 466f., 471, 473, A 5 38.
Ausland, Gerichtsstand für im — angestellte Beamte 11, der im — verübten Delikte 9ff., Fälschung ausländischer Münzen 92, Zustellung an im — Befindliche 119, 125, 280, 282a, Verfahren gegen im — Befindliche 276f., nachträgliches Sicherungsverfahren gegen im — Verurteilte 429e, s. a. Auslieferung, Rechtshilfe.
Ausländer, Verhaftung 112f., Verfahren gegen flüchtigen — 277, Entschädigung für unschuldig erlittene Untersuchungshaft A 2 12.
Auslegung der Vorschlagsliste I 36, — eines Strafurteils 458.
Auslieferung, Opportunitätsprinzip bei — und Bundesverweisung III 154a, Gegenstand der Urteilsfindung in —ssache 264.
Auslosung der Laienrichter I 45f., 48, 57, 77, 84, 86.
Ausnahmegerichte I 16.
Ausschließung eines Gerichtsvollziehers I 155, Dolmetschers I 191, Richters III 22ff., A 5 24, Laienrichters und Urk. Beamten 31f., Sachverständigen 74, des behandelnden Arztes von der Leichenöffnung 87, Mitwirkung ausgeschlossener Gerichtspersonen Revisionsgrund 338, — der Öffentlichkeit I 171aff., beim Jugendgericht A 5 32, — des Beschuldigten von einzelnen Verhandlungen 194, 247, A 5 34.
Ausschluß s. Beschwerde.
Ausschluß f. Bildung d. Laiengerichte I 40ff., 55ff., 77, 84.
Aussetzung der HV. III 145, 217, 228, 246, 262, 265, der Urteilsverkündung 268, s. Aufschub, Strafaufschub, Strafaussetzg.
Auswahl der Laienrichter s. Auslosung; der Sachverständigen 73.
Auswärtige Strafkammern I 78.
Ausweisung 154a., 458.
Außerordentliche Sitzung des Schöffengerichts I 48.
Außerverfolgungsetzung, Freilassung bei — 123, — nach VU. 198, 204, Anklageerhebung bei Ablehnung der — 208, Kosten bei — 467, 472.
Auszüge aus Kirchenbüchern usw. 249, a. Urteilen usw. 275.

B.

Beamte, Berufung zum Laienrichteramt I 34, 77, 84, Gerichtsstand deutscher im Ausland befindlicher —n III 11, — als Zeugen und Sachverständige 54, 76, Vorlegung und Auslieferung von Akten durch — 96, s. a. Polizeibeamte, Staatsanwaltschaft, Dienstaufsicht.
Beauftragter und ersuchter Richter, Ordnungsstrafgewalt I 180, — bei Zeugnisverweigerungen III 51, 70, bei Unterredungen zwischen Beschuldigten und dessen Verteidiger 148, Vernehmung von Zeugen und Sachverständigen 66b, 223,

desgl. des vom Erscheinen entbundenen Angeklagten 233, Beweisaufnahme im Verfahren gegen **Abwesende** 289, — beim Wiederaufnahmeantrag 369, Beschwerde über — 304, 306ff., — im Sicherungsverfahren 429c.

Bedeutung des Eides, Hinweis auf — 57.

Bedienstete der Exterritorialen I 18, 19.

Bedingte Strafaussetzung s. Strafaussetzung, bedingte.

Bedingung, Erlöschen des Freigeleits bei Nichterfüllung der — 295.

Bedrohung, Privatklagedelikt 374, Sühneversuch 380.

Beeidigung der Laienrichter I 51, 77, 84, nicht deutsch sprechender Personen I 188, des Dolmetschers I 189f., der Zeugen und Sachverständigen III 57ff., 79, 223, 286.

Beerdigung unbekannter Leichen 159.

Befähigung s. Richter, Staatsanwalt, Verteidiger.

Befangenheit eines Richters 24ff., Laienrichters und Urk.Beamten 31f., Sachverständigen 74, Mitwirkung wegen — abgelehnter Personen als Revisionsgrund 338.

Begnadigungsrecht des Bundes und der Länder 452.

Begründung von Entscheidungen 34, von Urteilen 267f.

Begünstiger, Gerichtsstand 3, unbeeidigte Vernehmung 60, Durchsuchung und Beschlagnahme bei — 97, 102.

Behörde, Vorlegung von Akten I 168, III 96, Auskunftspflicht gegenüber StA. 161, Verlesung der Gutachten von —n in der HV. 256.

Beisitzer des Ausschusses zur Laienrichterwahl I 40, Fragerecht der — III 240, Protokollunterschrift durch — 271.

Beistand des Beschuldigten 137, Angeklagten 149, bei Privatklage 378, 387, A 5 43.

Beitreibung von Geldstrafen 459.

Beitritt zur Privatklage 375.

Bekanntmachung, gerichtlicher Entscheid. 35ff., 114, öffentl. — von Ladungen 40, 232, 280, von Urteilen 282a, — von Vermögensbeschlagnahmen 284, 291f., — an Privat- und Nebenkläger 385, 399, — der Urteilsaufhebung nach Wiederaufnahme 375, — an Jugendamt und Vormundschaftsgericht A 5 44, 27, 32, an den gesetzlichen Vertreter A 5 41.

Belehrung über Eid III 57, über Zeugnis-, Eides- und Gutachtenverweigerungsrecht III 52, 63, 76, über Beschwerderecht gegen Haftbefehl 115, über das gegen Urteil zulässige Rechtsmittel 268, bei Strafvollstreckungsaussetzung A 4 28; s. Hinweis.

Beleidigung, Gerichtsstand bei — durch die Presse 7, Privat- und Nebenklage bei — 374ff., 395ff., Sühneversuch bei — 380, Kosten bei wechselseitiger — 468.

Bemessung der Strafe, Abstimmung über — I 196, III 263.

Benachrichtigung Angehöriger eines Verhafteten 114a, — bei Einstellung des Verfahrens 170, von Terminen 193, 224f. 233, — des Abwesenden vom Fortgang des Verfahrens 287.

Beobachtung des Geisteszustandes 81, — der Förmlichkeiten in der HV. 274.

Beratung I 192ff.

Berichterstatter bei der Abstimmung I 197, in der Berufungsinstanz 324f., in der Revisionsinstanz 351, in Gnadensachen A 4 10.

Berichtigung der Vorschlagsliste I 38, — des Protokolls 271, 274 — von Urteilen und Beschlüssen 275.

Berufsausübung, notwendige Verteidigung bei Möglichkeit der Untersagung 140, Untersagung der — im Urteil 260, Aufschub des Verbots der — 456c, 463a.

Berufung, Zuständigkeit I 74, A 5 19, 40 Besetzung des —sgerichts I 76, Verfahren bei — 312ff., — in Privatklagesachen 390f., — des Nebenklägers 397, 401, — zum Laienrichteramt I 33, 77,

84, — auf einen geleisteten Eid I 189, III 67, 79.

Beschäftigung der Untersuchungsgefangenen 116.

Bescheidung des Antragstellers bei Ablehnung der öffentlichen Klage 171f.

Bescheinigung über erfolglose Durchsuchung 107, — über erfolglose Sühne 380.

Beschlagnahme von Beweismitteln 94ff., Durchsuchung zum Zweck der — 102f., — des Vermögens abwesender Angeschuldigter 283f., 290ff., des Hochverrats oder Landesverrats Angeschuldigter 433.

Beschleunigtes Verfahren 212, kein — bei Jugendlichen A 5 51; s. Schnellverfahren.

Beschluß über Ordnungsstrafen gegen Laienrichter I 56, 77, 84, — über Ausschluß der Öffentlichkeit I 171aff., — über sitzungspolizeiliche Maßnahmen I 177f., 182, — über Verbindung und Trennung von Strafsachen III 2, 4, — über Ablehnungsgesuche 27f., 30ff., Bekanntmachung von Beschlüssen 35ff., — über Unterbringung in einer Heil- oder Pflegeanstalt 81, — über Einstellung wegen Geringfügigkeit 153ff., A 5 30, — über Klageerhebung 175f., — bei VU. 185, 197, Eröffnungs— 203f., 207f., 210f., 215, 243, 264f., — über Außerverfolgungsetzung 204, — über vorläufige Einstellung 205, — über Aussetzung der HV. 228, 246, 265, — betr. Verhandlungsleitung 238, 242, 246, 251, — bei Beweisanträgen 245, — über Unzuständigkeit 270, — über Vermögensbeschlagnahme 284, 290f., 294, Beschwerde gegen einen — 304f., 310, 322, — über Verwerfung der Berufung 322, der Revision 346, 349, des Wiederaufnahmeantrags 368, 370, — über Ersatzfreiheitsstrafe 459, — über Auslegung zweifelhafter Urteile 458, — über Verweisung von Jugendsachen ins ordentliche Verfahren A 5 18, — über Haftentschädigung A 2 4, A 1 4, — über bedingte Strafaussetzung A 5 59, A 4 20.

Beschlußfähigkeit des Ausschusses für Laienrichterwahl I 40, — des Gerichts bei Ablehnung III 27.

Beschuldigter, Bezeichnung — 157, Ordnungsstrafen gegen — I 177f., Recht zur Ablehnung von Dolmetschern, Richtern, Laienrichtern, Sachverständigen I 191, III 24, 31f., 74, Geisteszustand 81, Ladung 133, Vernehmung 133, 135, 136f., 166, Recht auf Verteidigung 137, 148, Anwesenheit bei richterlichen Verhandlungen 169, Benachrichtigung bei Einstellung 170 und bei Antragsverwerfung 174, Verfahren gegen abwesende Beschuldigten 276ff., sicheres Geleit 295, Einlegung von Rechtsmitteln 296f., — in Privatklagesachen 382f., — im Sicherungsverfahren 429c; s. a. Angeklagter, Angeschuldigter.

Beschwerde der Laienrichter gegen Verurteilung I 56, 77, 84, Zuständigkeit bei — I 73, 119, 121, 159, 181, Zulässigkeit der — 304ff., I 159, 181, Unzulässigkeit der — 304f., I 41, 52f., 77, 84, III 28, 46, 210, 270, 348, Verfahren bei der — 306ff., — gegen Strafverfügung 413, — in Gnadensachen A 4 37.

Beschwerde, sofortige 311.

Beschwerde, weitere I 159, III 310.

Besetzung der Amts- und Schöffengerichte I 22, 25ff., 29f., — der Landgerichte I 75f., — der auswärtigen Strafkammer I 78, — der Schwurgerichte I 81, — der Oberlandesgerichte I 122, — des BGH. I 139, — des Jugendgerichts A 5 17, unvorschriftsmäßige — des Gerichts III 338.

Besondere Gerichte I 13f.

Besondere Maßnahmen bei bedingter Strafaussetzung A 4 22f., 29.

Besserungsanstalt s. Fürsorgeerziehung.

Bestätigung, richterliche — einer Beschlagnahme 98, 100.

Bestimmung des Gerichtsstands durch das BGH. 9, — durch das gemeinschaftliche obere Gericht 12ff., 19.

Beteiligung des Verletzten am Strafverfahren 374ff., im Einziehungsverfahren 431f.
Beteuerungsformel an Stelle des Eides I 51, III 66e.
Betreffen auf frischer Tat, Durchsuchung und vorläufige Festnahme bei — 104, 127.
Beurkundung gerichtlicher Entscheidungen 271ff.
Bevollmächtigte, Zustellungs— 119, Aufführung —r im Protokoll 272.
Bewährungsfrist s. Strafaussetzung, bedingte.
Beweis, Sicherung im Verfahren gegen Abwesende 285ff.
Beweisanträge des Angeklagten 219, Ablehnung von —n 244, 245, 246, s. a. Beweisaufnahme.
Beweisaufnahme im vorbereitenden Verfahren 160ff., — in der VU. 190, vor der HV. 201, 208, — in der HV. 238, 244 ff., — in der Berufungsinstanz 324f., — im Wiederaufnahmeverfahren 369, — über ein Geständnis 254, Ergebnisse der — 261; s. a. Beweis.
Beweiserhebungen s. Beweisaufnahme.
Beweisermittelungsantrag 244.
Beweisgründe, Angabe der — im Urteil 267.
Beweislast 244.
Beweismittel, Angabe in der Anklageschrift 200, im Strafbefehl 409, in der Strafverfügung 413, Herbeischaffung der — zur HV. 214, 219, 221, — in der HV. 245ff., 249, — in der Berufungsinstanz 323, — bei Wiederaufnahme 359, 366.
Beweissicherung s. Beweis.
Beweiswürdigung, freie 261.
Bezirk s. Amtsbezirk.
Bindung, Befreiung d. BGH. von — an alte Urteile I 136.
Briefe, Beschlagnahme 99ff.
Briefgeheimnis, Privatklage bei Verletzung 374, Sühneversuch dabei 380.
Bürgerliche Ehrenrechte, bei Verlust: Unfähigkeit zum Laienrichteramt I 32, 77, 84, Ausschluß von öffentlichen Verhandlungen I 175, keine Entschädigung für Untersuchungshaft A 2 2, keine Registerauskunftsbeschränkung A 3 3, 8.
Bürgerliches Streitverfahren 152.
Bund, Beamte des — 11, Wohl des —es 96, Begnadigungsrecht des —es 452.
Bundesanwalt, beim BGH. I 142, Aufsicht durch Bundesjustizminister I 147, nicht richterliche Beamte I 148, Ernennung I 149.
Bundesanzeiger, Bekanntmachung in — 284, 292.
Bundesgebiet, Verweisung aus — 458.
Bundesgerichtshof I 123ff., Zuständigkeit I 12, 24, 120, 121, 134, 159, 181; II 8, 10; III 9, 172, 178, 198, 209, 452, 474; keine Beschwerde gegen Beschlüsse des —s III 304; Untersuchungsrichter beim — III 186; Geschäftsstelle beim — I 153; Gerichtsvollzieher beim — I 154, Sitz des —s I 123.
Bundesgesetz 8ff., 112, 154a, 284, 456a.
Bundesjustizminister, Zuständigkeit I 55, 125, 130, 147, 149, 153, 154.
Bundeskasse 474.
Bundespräsident, Ernennung der Mitglieder des BGH. I, 125, 149. Kein Laienrichter I 34, 77, 84, Vernehmung III 49, 54.
Bundesrat, Mitglieder des —s keine Laienrichter I 35, 77, 84. Zustimmung bei Aufwandsentschädigung bei Laienrichter 55, Mitwirkung 140, 149, Vernehmung III 50, 54.
Bundesrecht II 8.
Bundesregierung: Mitglieder der — keine Laienrichter I 34, 77, 84, Gerichtsstand der Mitglieder der — im Ausland III 11, Vernehmung 50, 54.
Bundesrepublik I 18, 21.
Bundesrichter I 124.
Bundestag, Mitglieder des —s keine Laienrichter I 34, 77, 84. Vernehmung III 50, 54.

C.

(Siehe auch unter K und Z.)

Chemiker, Zuziehung bei Leichenöffnungen 91.

D.

Deutsche, Laienrichter müssen — sein I 31, 77, 84, Gerichtsstand im Ausland befindlicher —r III 11, Zustellungen an diese 40, 279f., 282a.

Deutsche Sprache, Gerichtssprache I 184

Deutsche Sprache, Gerichtssprache I 184f.

Devolutionsrecht der Vorgesetzten der StA. I 145.

Dienstalter, Einfluß auf Zugehörigkeit zum Präsidium I 64a, 117, 131, auf Stellvertretung des Präsidenten I 66, 117, 131, — der RGHmitglieder I 125, Einfluß des —s bei Abstimmung I 197.

Dienstaufsicht bei Gerichten I 22, 151, — bei der StA. I 147, Anwesenheit des —führers in nichtöffentlichen Sitzungen I 175.

Dienstaufsichtsbeschwerde I 147, III 172.

Dienstbehörde, Genehmigung zu Zeugen- und Sachverständigenvernehmungen 54, 76, zur Auslieferung von Akten 96.

Dienstgebäude, Beschlagnahme und Durchsuchung in —n 105.

Diplomaten, Gerichtsstand I 18f.

Direktoren, Landgerichts— als Amtsrichter I 22, 59, — als Mitglieder des LG. I 59, 62, 66.

Disziplinarvorschriften für Richter I 8.

Dolmetscher bei gerichtlichen Verhandlungen I 186ff., III 259, — bei Eidesleistung Stummer III 66d, — bei Vernehmung Tauber III 259, Urk.-Beamter als — I 190, Benennung des —s im Protokoll III 272; s. a. Ablehnung, Beeidigung.

Dringlichkeit bei Auslosung von Laienrichtern I 48, 77, 84, — bei Vornahme von Amtshandlungen durch unzuständige Behörden I 143, 166, III 21, — bei Ablehnung eines Richters III 29, Beeidigung im Vorverfahren III 66, Beschlagnahme und Durchsuchung III 98, 100, 105, Haftbefehl 124f., Festnahme 127, Verteidigerbestellung 141, Vornahme von Untersuchungshandlungen 163, 165, 191, Zuziehung beliebiger Personen als Urk.Beamte 187.

Drucker, Zeugnisverweigerungsrecht 53 Ziff. 4.

Druckschriften, Gerichtsstand bei durch — begangenen Delikten III 7.

Durchsicht beschlagnahmter Papiere 110.

Durchsuchung 102ff., Anwesenheit des Inhabers bei — 106.

E.

Ediktalladung 280.

Editionspflicht 95f.

Ehegatte, Zeugnisverweigerungsrecht 52, 55f., uneidliche Vernehmung 60, — als Beistand 149, Verteidigerwahl durch —n im Verfahren gegen Abwesende 286, Wiederaufnahmeantrag 361, 366, selbständige Privatklagebefugnis des —n 374, Fortsetzung der Privatklage 393, Ausschließung des —n eines Beteiligten als: Richter 22, Laienrichter und Urkundsbeamten 31f., Sachverständigen 74, Gerichtsvollzieher I 155, Dolmetscher I 191.

Eid als Mittel zur Glaubhaftmachung unzulässig I 191, III 26, 31, 74, zulässig III 56, 72, Eidesleistung der Stummen 66d, der Mitglieder gewisser Religionsgesellschaften 66e, — in fremder Sprache I 188; s. Beeidigung.

Eidesformel für Laienrichter I 51, — für Dolmetscher I 189, — für Zeugen III 66cff., — für Sachverständige 79.

Eidesleistung s. Eid, Eidesformel.

Eidespflicht, Verletzung Wiederaufnahmegrund 359, 362.

Eidesunfähigkeit 60.

Eidesverweigerung s. Zeuge.

Eidliche Versicherung als Glaubhaftmachung 56, 72.

Einregistrierungsgebühren bei Rechtshilfe I 164.
Einsichtnahme der Akten s. Akten.
Einsprüche gegen die Vorschlagsliste der Laienrichter I 37ff., 77, 84.
Einspruch gegen Strafbefehl 409ff.
Einstellung des Verfahrens mangels Tatverdachts 170f. — mangels Verantwortlichkeit A 5 30, — wegen Geringfügigkeit 153, — wegen Fehlens von Prozeßvoraussetzungen 260, — wegen Ausreichens von Erziehungsmaßregeln A 5 30, — im Privatklageverfahren 389, 391, 393, — durch das Revisionsgericht 354, Kosten bei — 470ff.
Einstellung, vorläufige 154, 198, 205, 260 vorläufige — wegen Geringfügigkeit 154, bei Auslieferung 154a.
Einstimmigkeit des RGH. u. OLG. bei Verwerfung der Revision durch Beschluß 349.
Einwand der Unzuständigkeit durch den Angeschuldigten 16, 18, — gegen Eröffnung des HVerf. 201, gegen Strafvollstreckung 458.
Einzelrichter, Amtsrichter als — I 22, 25, A 5 21, — statt des Senats I 122.
Einziehung, Verfahren 94, 430ff., — durch Strafbefehl 407, — durch Strafverfügung 413.
Eltern, Recht auf Stellung des Wiederaufnahmeantrags 361, 366, Fortsetzung der Privatklage 393, Stellung der — im Jugendverfahren A 5 33, s. a. Angehörige, Verwandte.
Entbindung eines Laienrichters vom Dienst I 54, 77, 84.
Entfernung des Angeklagten aus der HV. 231, 247, — der Zeugen und Sachverständigen 248, — von Personen aus dem Sitzungszimmer wegen Ungebühr I 177, 182, kommissarische Vernehmung wegen großer — 223, 233.
Enthebung vom Amte s. Amtsenthebung.
Entlastungsumstände, Erforschung und Berücksichtigung im vorbereitenden Verfahren 136, 160, 190, vor der HV. 219f.; s. a. Beweisaufnahme, Vernehmung.
Entschädigung für Untersuchungshaft A 2, — der im Wiederaufnahmeverfahren Freigesprochenen A 1 — der Laienrichter usw. I 55, 77, 84, — der Zeugen und Sachverständigen III 71, 84, — des Offizialverteidigers 150, des Verletzten 403ff.
Entscheidungen, gerichtliche, Mitwirkung von Richtern in gesetzlich bestimmter Zahl I 192, der großen und vereinigten großen Senate des BGH. I 136, 138, Erlaß und Bekanntmachung von — III 33ff.; s. a. Beschluß, Abstimmung, Zuständigkeit, Beschlagnahme, Untersuchungshaft, Sicherheitsleistung, öffentliche Klage, Voruntersuchung, Eröffnung, Hauptverhandlung, Protokoll, Beschwerde, Berufung, Revision, Wiederaufnahme, Strafverfügung, Strafvollstreckung, Kosten.
Entscheidungsgründe bei anfechtbaren Entscheidungen 34, — des Urteils 267f., Fehlen der — als Revisionsgrund 338.
Entschuldigung s. Ausbleiben.
Entsiegelung beschlagnahmter Papiere 110.
Entweichung von Gefangenen, Grund zur Durchsuchung 104, Verfolgung durch Steckbriefe 131, Anlegung von Fesseln nach versuchter — 116.
Erforschung strafbarer Handlungen durch die Polizei 163.
Ergänzung der Voruntersuchung 197.
Ergänzungsrichter I 192.
Ergreifung, Gerichtsstand 9, Durchsuchung zwecks — 102ff., — auf Grund eines Haftbefehls 114b, — eines steckbrieflich Verfolgten 131.
Erkennendes Gericht, Schöffengericht I 28ff., Landgericht I 76, Sondergericht A 7 4, Oberlandesgericht I 122, BGH. I 139, Jugendgericht A 5 17, Untersuchungsrichter nicht Mitglied des — III 23, keine Beschwerde gegen Entscheidungen des — 305.
Erklärung, fremdsprachliche I 185, Verlesung der — einer öffentlichen Behörde

III 249, 256, — des Beschuldigten nach Antrag auf gerichtliche Entscheidung gegen Einstellung 173, — des Gegners auf Beschwerde 308, auf Revisionsbegründung 347, auf Wiederaufnahmeantrag 368f., auf Privatklage 382f., — des Anschlusses als Nebenkläger 396.

Ermächtigung — der Gnadenbehörden zu bedingter Strafaussetzung A 4 20.

Ermessen, freies, bei Beweiswürdignng 261, bei Freibeweis 244, bei Ablehng. v. Bew.Anträgen 245.

Ermittlungen der StA. 161, — des Amtsrichters im Vorverfahren 162ff., der Polizei 161, 163f., — des Untersuchungsrichters 187ff., — des Beschwerdegerichts 308, — über persönliche Verhältnisse des Beschuldigten A 5 28, A 4 25, 29, 31.

Ermittlungsverfahren 158ff., in Gnadensachen A 4 29.

Ernennung der Richter I 6, — der Mitglieder des Schwurgerichts I 83, des BGH. I 125, — der Bundesanwälte I 149.

Eröffnung der gerichtlichen Untersuchung 151, 156, Antrag der StA. auf — der VU. 170, 179, — des Hauptverfahrens 198, 203, 207, 270, in Privatklagesachen 383, im beschleunigten (Schnell-)Verfahren 212.

Eröffnungsbeschluß, Voraussetzungen 203, Inhalt 207, Zuständigkeit 209, keine Anfechtung des —es, 210, Rechtskraftwirkung 204, 210, 211, Zustellung an Angeklagten 215, Verlesung 243, Wirkungen der Verlesung 16, 25, 217, Bezugnahme auf den — in Urteilsgründen 267, — als Urteilsgrundlage 264, Verweisungsbeschluß als — 270, Außerkraftsetzung des Entschädigungsbeschlusses durch — A 2 5, s. Eröffnung.

Erörterungen, tatsächliche, Entscheidung des Revisionsgerichts ohne — 354; s. a. Feststellungen, tatsächliche.

Ersatzfreiheitsstrafe an Stelle einer nicht beizutreibenden Geldstrafe 459, 462.

Erschwerende Umstände, Berücksichtigung bei der Entscheidung über die Schuldfrage 263, Hinweis des Angeklagten auf — 265, Angabe in den Entscheidungsgründen 267.

Erstattung der Auslagen bei Rechtshilfe I 164, bei Privatklage III 471, durch den Antragsteller 472, — der Kosten eines Rechtsmittels 473.

Ersuchen um Rechtshilfe I 157ff., — der StA. an die Polizei 161, — des Untersuchungsrichters an Amtsrichter und Polizei 185, 189.

Ersuchter Richter s. beauftragter Richter

Erwachsene, Trennung von Jugendlichen in der Untersuchungshaft A 5 68, in der HV. A 5 33, — Angehörige in der HV. vor dem JG. A 5 53.

Erziehungsanstalt s. Fürsorgeerziehung.

Erziehungsmaßregeln in Jugendsachen A 5 37, — statt Untersuchungshaft A 5 46, Durchbrechung des Legalitätsprinzips bei Anordnung von — A 5 30, Anfechtung der Entscheidungen über — A 5 40.

Erzwingung des Zeugnisses 70, — der Auslieferung von Beweismitteln und Einziehungsgegenstäuden 95.

Exterritorialität I 18ff., Gerichtsstand deutscher Exterritorialer III 11.

F.

Fachbehörde, Gutachten einer — 83, 91f., 256.

Fahrkosten s. Entschädigung.

Fahrlässigkeit, grobe, verwirkt Entschädigungsanspruch A 1 1, A 2 2, — bei Strafanzeige 469.

Falschmünzerei, Gutachten III 92.

Fälschung von Protokollen 274, — von Urkunden als Wiederaufnahmegrund 359, 362.

Familienmitglieder der Exterritorialen I 18.

Feiertag, Einfluß auf Fristberechnung 43.

Ferien, — Kammern, und —senate I 201, —sachen I 200.

Fesselung Verhafteter 116.

Festnahme, vorläufige — des Täters in der Sitzung I 183, des Beschuldigten III 127, Verfahren hierbei 128ff., — anderer Personen, die Amtshandlungen stören 164, I 177, — des Angeklagten in der HV. III 231.

Feststellung von der in Sitzung begangenen Delikten I 183, — der Persönlichkeit des Toten vor der Leichenöffnung III 88, — in den Urteilsgründen 267, Aufhebung der Urteils—en in der Revisionsinstanz 353.

Fingerabdrücke für Erkennungsdienst und Durchführung des Strafverfahrens 81b.

Flüchtige, droit de suite I 167, Durchsuchung zwecks Ergreifung —r 102ff., Erlaß von Steckbriefen gegen — 131, 457.

Fluchtverdacht, Voraussetzung der Verhaftung 112f., 117, 121, 148, der vorläufigen Festnahme 127, eines Vorführungs- oder Haftbefehls in der Strafvollstreckung 457.

Fluchtversuch, Verfall der Sicherheit und Beendigung des sicheren Geleits bei — 120, 295.

Förmlichkeiten, Festlegung u. Beweis der — 273f.

Fortsetzung der unterbrochenen HV. 229, — der Privatklage nach dem Tode des Klägers 393f.

Fragen bei der Abstimmung I 194, — bei Zeugenvernehmung III 68f., — des Sachverständigen an die Zeugen 80, — der Beisitzer und Parteien an Zeugen und Sachverständige 240ff., — des gesetzlichen Vertreters und der Eltern A 5 41.

Frauen als Laienrichter I 29, 35, 45, 49, 77, 84.

Freiem Fuße, nicht auf — befindliche Beschuldigte: Bekanntmachung von gerichtlichen Entscheidungen 35, Verkehr mit Verteidiger 148, Recht zur Anwesenheit bei Untersuchungshandlungen 193, 224, kein Recht zur Anwesenheit bei der Revisionsverhandlung 350.

Freies Geleit 295.

Freiheit, der Willensentschließung bei Vernehmung 136a, Nebenklage bei Delikten gegen die — 395.

Freiheitsstrafe, Vollstreckung durch Rechtshilfe I 162ff., Verfall der Sicherheit bei Nichtantritt der — 122, Erlöschen des freien Geleits bei Verurteilung zu —n 295, Zulässigkeit von — im Strafbefehl 407, A 5 51, — in Strafverfügung 413, A 5 52, Vollstreckung der — s. Strafvollstreckung, Strafaufschub, Strafaussetzung.

Freilassung des Angeschuldigten 114c, 117ff., 123f., 128f., 166.

Freisprechung des Angeklagten 260, 267, 354, im Wiederaufnahmeverfahren 371, Aufhebung des Haftbefehls bei — 123, Kosten bei — 467, 471f., Entschädigung wegen Untersuchungshaft **A 2**, nach Wiederaufnahme A **1**.

Freiwerden der Sicherheit 121.

Fremde Sprache, Parteivortrag und Eidesleistung in — I 187f.

Fristen für: Einsicht in und Widerspruch gegen Vorschlagsliste I 36f., Ablehnung des Laienrichteramts I 53, 77, 84, Ladung der Geschworenen I 87, Beschwerde gegen sitzungspolizeiliche Maßnähmen I 181, Einwand der örtliche Maßnahmen I 181, Einwand der örtlichen Unzuständigkeit III 16, Ablehnung von Gerichtspersonen 25, 31f., öffentliche Zustellung 40, 282a, Berechnung der — 42f., — für: Wiedereinsetzung 44f., 412, Verteidigerbestellung 140, Fortsetzung des vorläufig eingestellten Verfahrens 154f., Beschwerde gegen Ablehnungsbeschluß der StA. und Antrag auf gerichtlichen Entscheid 172f., Sicherheitsleistung wegen Kosten 176f., Anklagebeantwortung 201, 140, Ladungen 217, Fortsetzung einer unterbrochenen HV. 229, Stellung des Wiedereinsetzungsantrags nach versäumtem HV.Termin 235, 329, 391, 412, Erhebung der Zivilklage bei Aussetzung des Verfahrens 262, Urteilsverkündung und -begründung 268, 275, Stellung von Verteidigungsanträgen 270, Einlegung von Rechtsmitteln 298f., 302 (allgemein), 306, 311 (Beschwerde), 314f., 317 (Berufung), 341f., 345, 347, (Revision), Erklärung auf Wiederaufnahmeantrag 368f., — bei Privatklagen 382f., 385, 391, 393, — für: Einspruch gegen Strafbefehle 409, 412, Strafverfügungen 413, Geltendmachung von Entschädigungsansprüchen für Untersuchungshaft usw. A **1** 5, A **2** 6, Auskunftsbeschränkung und Tilgung A **3** 6f.

Führung, gute als Voraussetzung für Straferlaß A **4** 21, 23, 29, 30ff.

Führungszeugnisse, keine Verlesung in der HV. 256, keine Vermerke über beschränkt auskunftspflichtige Verur-tei lungen in —n A **3** 4.

Fürsorgeerziehung A **5** 36, Anfechtbarkeit der Entscheidungen über — A **5** 40, — neben bedingter Strafaussetzung A **4** 22, 29.

Fürsorgeerziehungsbehörde, Anhörung der — A **5** 28, 35.

G.

Gebrechlichkeit, Grund für: Unfähigkeit zum Laienrichteramt I 33, 77, 84, kommissarische Vernehmung III 223.

Gebühren, keine — für Richter I 7, — der Laienrichter I 55, 77, 84, — der Zeugen und Sachverständigen III 71, 84, — des Verteidigers 150, in Privatklagesachen 471.

Gebührenordnung für Schöffen usw. I 55.

Gefahr im Verzuge s. Dringlichkeit.

Gefangene, Zustellung an — 35, Behandlung der Untersuchungs—n 116, Verbringung von Straf—n in eine Krankenanstalt 461, Rechtsmittelerklärungen —r 299.

Gegenerklärungen auf Beschwerden 308, — auf Revision 347, — auf Wiederaufnahmeantrag 368.

Gegenüberstellung von Zeugen untereinander und mit Beschuldigten im Vorverfahren 58.

Gehalt der Richter I 7.

Geheimhaltung, Pflicht zur — I 174; s. Amtsverschwiegenheit.

Geheimnisse, Zuständigkeit bei Verrat von Staats—n I 120, Privatklage und Sühneversuch bei Verletzung fremder— III 374, 380.

Gehör des gesetzlichen Vertreters und der Eltern A **5** 33.

Geisteskrankheit, vorläufige Einstellung wegen — 205, Protokollverlesung über Vernehmung Geisteskranker 251, keine Vollstreckung von Freiheitsstrafe bei — 455.

Geisteszustand des Beschuldigten, Untersuchung 81.

Geistliche, Befreiung vom Laienrichteramt I 34, 77, 84, Zeunisverweigerungsrecht 53.

Geldbuße bei bedingter Strafaussetzung A **4** 23, 28, — bei Straferlaß nach bedingter Aussetzung A **4** 32.

Geldstrafe, Zulässigkeit von Untersuchungshaft bei angedrohter — 113, einer HV. ohne Angeklagten 232, Beschlagnahme zur Deckung der — 283f., Umwandlung in Freiheitsstrafe 459, Vollstreckung 463, Registerpflicht A **3** 2, keine Hemmung der Auskunftsbeschränkung A **3** 2, Frist für Tilgung A **3** 7, Begnadigung bei — A **4** 15, Festsetzung durch Strafbefehl, Strafverfügung, Strafbescheid III 407, 413.

Geleit, sicheres 295.

Gemeindebeamter, Zuziehung bei Durchsuchung 105.

Gemeindebehörde, Anzeige bei verdächtigen Todesfällen 159.

Gemeindebezirke, verschiedene, Sühneversuch in Privatkagesachen 380.

Gemeindegerichte I 14.

Gemeindevertretung, Wahl der Ausschußmitglieder für Laienrichterwahl I 40.

Gemeindevorsteher, Aufstellung und Übersendung der Vorschlagsliste I 36, 38, 77, 84.

Gemeinschuldner I 32, 77, 84.

Gemischte Rechtsnormen s. Rechtsnormen.
Generalfragen an Zeugen und Sachverständige 68, 72, — an den Beschuldigten 136, 243.
Genehmigung der vorgesetzten Dienstbehörde zur Aussage 54, — des Protokolls 188, 273.
Gerichte, Unabhängigkeit I 1, ordentliche und besondere — I 12ff., gegenseitige Rechtshilfe I 156, sachliche und örtliche Zuständigkeit III 1ff., 7ff., Bestimmung der Zuständigkeit durch obere — 4, 12ff., 19, durch den BGH. 9, unvorschriftsmäßige Besetzung u. Unzuständigkeit als Revisionsgrund 338, Auskunft an — aus dem Strafregister A **3** 4, bedingte Strafaussetzung durch — A **5** 58f; s. a. Amtsgerichte, Landgerichte, Oberlandesgerichte, BGH., Schöffengerichte, Schwurgerichte.
Gerichtliche Entscheidungen s. Entscheidungen.
Gerichtsarzt, Zuziehung bei Leichenöffnungen 87.
Gerichtsbarkeit I 12ff., — über Mitglieder der diplomatischen Vertretungen I 18f., — über Konsuln I 21, s. Gerichte.
Gerichtsbezirk, Zustellung und Vollstreckung in fremdem — I 161ff., Amtshandlungen außerhalb des —s I 166.
Gerichtsferien I, 199ff.
Gerichtskosten s. Kosten.
Gerichtsschreiber (jetzt Urk.Beamter d. Geschäftsstelle) I 153, Mitwirkung bei Rechtshilfe I 161, — als Dolmetscher I 190, Ablehnung und Ausschließung III 31, Zuziehung bei Untersuchungshandlungen des Amts- und Untersuchungsrichters 168, 187f., — in der HV. 226, 271f., 275, Hinterlegung von Zeugen- und Sachverständigengebühren bei — 220, Protokollierung von Rechtsmittelerklärungen 299, 306, 314, 317, 341, 345, 347, von Wiederaufnahmeanträgen 366, Ladung und Zustellung in Privatklagesachen 385, 390, Vorlegung der Akten an StA. nach Berufung 320, Einspruch gegen Strafbefehl und Antrag auf gerichtliche Entscheidung bei — 409, Vollstreckbarkeitsbescheinigung 451, Kostenfestsetzung 464.
Gerichtssiegel auf Ausfertigungen und Auszügen von Urteilen 275.
Gerichtssprache I 184ff., III 259.
Gerichtsstand in Jugendsachen A **5** 26, 27, s. Gerichte, Zuständigkeit.
Gerichtstafel s. Anheftung.
Gerichtsvollzieher I 154ff., keine Berufung als Laienrichter I 34, 77, 84, Mitwirkung bei Rechtshilfe I 161, Beauftragung mit Ladung von Zeugen usw. III 38.
Gesamtschuldner, Haftung für Kosten als — 466, 471.
Gesamtstrafe, Bildung 460, 462, Gnadenbehörde bei — A **4** 4, 20.
Gesandte, Exterritorialität I 18f.
Geschäftsjahr, Ausübung des Laienrichteramts im letzten — Ablehnungsgrund I 35, 77, 84, Auswahl und Beeidigung der Laienrichter für zwei — I 42, 46, 51, 77, 84f., Bestimmung der Schöffengerichtssitzungen f. das ganze — I 45, 77, Fortsetzung der Tätigkeit über das — hinaus bei Laienrichtern I 50, 77, 89, Untersuchungsrichtern I 65, Kammern und Senaten I 117, 131, Bestellung des Untersuchungsrichters, der Kammern und Senate für ein — I 61ff., 117, 131, Ernennung der Mitglieder und des Vorsitzenden des Schwurgerichts für ein — I 83, desgl. der Jugendschöffen A **5** 20.
Geschäftsordnung des BGH. I 140, — für Urk.Beamte I 153, — für Gerichtsvollzieher I 154.
Geschäftspersonal der diplomatischen Personen I 18.
Geschäftsräume, Durchsuchung 104.
Geschäftsstelle siehe Gerichtsschreiberei.
Geschäftsverteilung I 62ff., I 117, I 131, s. a. Geschäftsjahr.

Geschwister, Zeugnis- und Eidesverweigerungsrecht 52, 55, 61, Recht zum Wiederaufnahmeantrag 361, 366, Zutritt zur HV. in Jugendsachen A **5** 33.
Geschworene I 81ff., Ergänzungs— I 192, Schweigepflicht I 198, keine Urteilsunterschrift durch — 275, Mitwirkung abgelehnter —r Revisionsgrund 338, Pflichtverletzung —r Wiederaufnahmegrund 359, 362.
Gesellschaften als Privatkläger 374, — als Nebenkläger 395.
Gesetz im Sinne der StPO. IV 7, —esverletzung als Revisionsgrund 337ff., 357.
Gesetzgebende Versammlungen s. Abgeordnete.
Gesetzlicher Vertreter s. Vertreter gesetzlicher.
Gesichtspunkt, Veränderung des rechtlichen —s 265.
Geständnis, 254, Verlesung von —sen in der HV. 254, — Freigesprochener als Wiederaufnahmegrund 362.
Gestellung des Angeschuldigten, Freiwerden der Sicherheit bei — 121.
Gesundheit, Nebenklage bei Delikten gegen — 395, Berücksichtigung bei Strafvollstreckung 455.
Glaubhaftmachung des Grundes für Ablehnung des Laienrichteramts I 35, 77, 84, — des Ablehnungsgrundes bei Gerichtspersonen III 26, 31f., bei Sachverständigen 74, — der Versäumnisgründe 45, — der Zeugnisverweigerungsgründe 56.
Glaubwürdigkeit, Fragen über — der Zeugen 68f.
Gnadenbehörden A **4** 4, Ermittlungen der — A **4** 7, Entscheidungen der — A **4** 17, Mitteilung dieser A **4** 19.
Gnadengesuche, Einreichung der — A **4** 5, — bei Geldstrafen A **4** 15.
Gnadenrecht s. Begnadigungsrecht.
Gnadenordnung A 4.
Große Senate beim BGH. I 10, 132, 136 ff.
Gründe s. Entscheidungsgründe.
Gutachten, Pflicht zur Abgabe von — 75, Verweigerung des —s 76, — über den Geisteszustand des Angeklagten 81, 246a, — von Fachbehörden 83, 91f., Verlesung von — der Behörden 256, s. Sachverständige.
Güterpflege bei Vermögensbeschlagnahmen 292.

H.

Haft als Ordnungsstrafe I 177ff., —strafe gegen ausbleibende und nicht aussagende Zeugen III 51, 70, Zwangs— bei Weigerung der Herausgabe von Gegenständen 95, polizeiliche — 127, — bei Störung oder Widersetzlichkeit bei Lokalterminen 164, Zulässigkeit der HV. gegen Abwesende bei angedrohter —strafe 232, Beschwerde in —sachen 310, A **5** 46, Auskunftsbeschränkung und Tilgung bei —strafen A **8** 6f.
Haftbefehl gegen Angeschuldigte 114ff., 121, 123ff., 130ff., 170, Zuständigkeit zum Erlaß des —s 114, 123, 124, Aufhebung 114c, 123, 126, — beim Ausbleiben in der HV. 230, 236, — behufs Strafvollstreckung 457, — bei Jugendlichen A **5** 46; s. a. Haft, Untersuchungshaft.
Haftprüfung 115a ff.
Handschrift, Vergleichung von —en 93.
Hauptgeschworene I 84ff.
Hauptschöffen I 42ff.
Hauptverfahren, vor dem OLG. I 120, dem BGH. I 134ff., Einwand der Unzuständigkeit im — III 16ff., Teilnahme der Richter am — 23, wiederholte Zeugenvernehmung im — 67, Verkehr des Verhafteten mit dem Verteidiger vor Eröffnung des —s 148, Entscheidung über Eröffnung 190, 198ff., 215, 217, 270, 383, Beschwerde gegen Nichteröffnung 210; s. a. Eröffnung, Eröffnungsbeschluß, Hauptverhandlung.
Hauptverhandlnug, Mitwirkung der Laienrichter I 30, 77, 82, Besetzung der Strafkammer I 76, der Strafsenate I 122, 139, Öffentlichkeit I 169, aber 171a f., A **5** 32, Anbringung von Ablehnungs-

anträgen in der — III 25, gerichtliche Entscheidungen im Laufe der — 33, Anfechtbarkeit dieser Entscheidungen 305, Beeidigung der Zeugen 59, 223, Zulassung von Beiständen 149, A 5 43, Bestimmung des Gerichts über die — im Eröffnungsbeschluß 207, Vorbereitung der — 213ff., A 5 28ff., Verfahren bei der — 226ff., Beendigung der — durch Urteil 260, durch Beschluß 260 — ohne schriftliche Anklage und Eröffnungsbeschluß 212, — ohne Anwesenheit des Beschuldigten 231ff., 276ff., — in der Berufungsinstanz 323ff., 329f., — in der Revisionsinstanz 350f., — nach Wiederaufnahme 370f., 373, — in Privatklagesachen 377, 386f., 391, — bei Nebenklage 398, 400, — nach Strafbefehl, Strafverfügung, 411f., 413, — bei Einziehungen 431.

Hausfriedensbruch, Privatklage 374, Sühnezwang 380.

Hausgenossen, Zuziehung bei Durchsuchungen 106.

Haussuchung s. Durchsuchung.

Hebammen, Ablehnung des Laienrichteramts I 35, 77, 84.

Hehler, Zusammenhang der Untersuchung 3, unbeeidigte Vernehmung 60, Beschlagnahme und Durchsuchung bei dem — 97, 102.

Heimatlose, Verhaftung 112.

Heimatshafen, Gerichtsstand 10.

Herbergen bestrafter Personen, Durchsuchung zur Nachtzeit 104.

Hilfsbeamte der StA. I 152 Beschlagnahme und Durchsuchung durch — III 98, 105; s. Polizeibeamte.

Hilfsgeschworene, Liste der —n I 84, 77.

Hilfsrichter I 10, — bei den Landgerichten I 70, — bei den OLG. I 118.

Hilfsschöffen I 42ff., 48f.

Hinterlegung von Sicherheit und Kosten 118, 176, 220, 379.

Hinweis auf die Folgen des Ausbleibens, in der Ladung I 46, 77, 84, III 48, 72, 133, 216, 232, 323, — auf Veränderung des rechtlichen Gesichtspunktes 265; s. Belehrung.

Hochschullehrer als Richter I 4, — als Verteidiger III 138.

Hochverrat, Zuständigkeit des BGH. I 134, Begnadigung III 452f., A 4 1.

J.

Jahreslisten der Laienrichter I 44, 47, 52, 77, 84.

Inhaber zu durchsuchender Räume, rechtliche Stellung 106.

Interesse, öffentliches — an Verfolgung 153, 376.

Irrtum bei Bezeichnung von Rechtsmitteln 300.

Jugendamt, Heranziehung im Jugendgerichtsverfahren A 5 25, 32, 35, 44, in Gnadensachen A 4 28.

Jugendgericht, Zuständigkeit A 5 26, 27, Besetzung A 5 21, Anwendung von GVG. und StPO. in —ssachen A 5 18, Nichtermächtigung der Gnadenbehörden zur Gewährung von Aussetzung der vom — erkannten Strafen A 4 20, Überweisung zum ordentlichen Verfahren A 5 18.

Jugendgerichtshilfe A 5 25, 32, 35, 44.

Jugendliche, Ausschluß von Gerichtsverhandlungen I 175, bedingte Strafaussetzung A 5 58f., A 4 21, Untersuchungshaft gegen — A 5 46, 36, Verteidigung und Beistand A 5 43, Absehen von Klage und Einstellung A 5 30, keine Privatklage, kein beschleunigtes (Schnell-) Verfahren A 5 53, 51, Strafbefehl, Strafverfügung, A 5 51f., Fristen für Tilgung und Auskunftsbeschränkung A 3 6f.

Jugendrichter, Begriff A 5 21, Tätigkeit A 5 17f., 24ff., Vormundschaftsrichter als — A 5 22, s. Jugendgericht.

Jugendsachen, Verfahren in — A 5.

Jugendschöffen A 5 20.

Jugendstaatsanwalt A 5 23.

Jugendkammer A 5 21.

Justizbeamte als Verteidiger 142.

Justizminister, s. Bundesjustizminister.

K.

Kammer zweite, Mitglieder der — I 35, 54, 77, 84, III 50, s. Strafkammer.

Karlsruhe, Sitz des BGH. I 123.

Kaution s. Sicherheitsleistung.

Kinder, nichteidliche Vernehmung III 60, Leichen neugeborener — 90; Berechtigung zur Wiederaufnahme nach dem Tode des Verurteilten 361, zur Fortsetzung der Privatklage 393; s. a. Jugendliche.

Kirchenbücher, Verlesung von Auszügen 249.

Klage, öffentliche, Erhebung 151ff., Vorbereitung 39, 158ff., Haftbefehl vor Erhebung 125ff., — gegen Abwesende 294, — bei Wiederaufnahme 371, — bei Privatklagedelikten 376, A 5 53, Zeitpunkt der Erhebung entscheidend für Zuständigkeit A 5 17, Zurücknahme der — III 156; s. a. Absehen, Anklage, Nebenklage, Privatklage, Widerklage.

Kollusionsverdacht als Haftgrund 112, keine Freilassung gegen Sicherheitsleistung bei — 117, vorläufige Festnahme bei — 127.

Kommissarische Vernehmung s. Beauftragter Richter.

Konfiskation s. Einziehung.

Konfrontation s. Gegenüberstellung.

Konsuln, Gerichtsstand deutscher im Ausland befindlicher — III 11, Unterwerfung der — unter die inländische Gerichtsbarkeit I 21.

Körperverletzung, Verlesung von Attesten über — 256, Privatklage, Sühnezwang, Nebenklage 374ff., 380, 395ff.

Korporationen als Privatkläger 374, — als Nebenkläger 395.

Kosten der Rechtshilfe I 164, Verurteilung von Laienrichtern, Zeugen und Sachverständigen in die — I 56, 77, 84, III 51, 70, 77, —ertsattung bei Verweigerung der Herausgabe beschlagnahmter Gegenstände 95, durch den Verteidiger 145, durch den Antragsteller 177; Sicherheitsleistung für — 176, 379; Vermögensbeschlagnahme zur Deckung der — 283f.; —vorschuß beim Sühnetermin 380; — des Strafverfahrens 464ff.

Kostenvorschuß s. Kosten.

Krankenanstalt, Anrechnung des Aufenthalts auf Strafzeit 461f.

Krankenpfleger, Ablehnungsrecht für Laienrichteramt I 35, 77, 84.

Krankheit, Grund für: kommissarische Vernehmung 223, Strafaufschub 455, s. a. Geisteskrankheit, Krankenanstalt.

Kriminalpolizei s. Polizei.

L.

Ladung der Laienrichter I 46, 77, 87, — durch Gerichtsvollzieher I 154, III 38, — bei der Rechtshilfe I 160, 165, — von Zeugen und Sachverständigen III 38, 48, 72, 214, 219ff., 323, keine — des Bundespräsidenten 49, — des Beschuldigten 133, 216f., 232, 279f., 282a, 323, — des Verteidigers 218, — in Privatklagesachen 385f., — im Verfahren bei Einziehungen 431, — zum Strafantritt 457.

Ladungsfrist für Geschworene I 87, — für den Angeklagten 217, 228, 279f., 282a, bei Privatklage 385, des Verteidigers 218.

Länder, deutsche, Vorbildung der Richter I 2, Erstattung der Rechtshilfekosten I 164, droit de suite I 167, 452.

Landesbehörde, oberste I 40.

Landesgericht, oberstes I 120, II, 9.

Landesgesetze, Landesgesetzgebung über: zeitweilige Wahrnehmung richterlicher Geschäfte I 10, Befreiung höherer Beamten vom Laienrichteramt I 34, 77, 84, Vertretung von Richtern I 70, Befugnis der Polizeibehörden zu Strafverfügungen III 413, Strafverfahren vor Sondergerichten und für Forst- und Feldrügesachen IV 3; prozeßrechtliche Vorschriften der — II 6.

Landesjustizverwaltung I 8, 22, 57, 58, 61, 77, 78, 92, 116, 120, 147, 152ff.

Landesregierungen, Befreiung der Mitglieder vom Laienrichteramt I 34, 77,

84, Mitglieder als Zeugen III 50, 54, — bestimmen Staatsverwaltungsbeamten zum Ausschluß für Aufstellung der Schöffenliste I 40.

Landesstaatsanwaltschaft I 120, 134.

Landgerichte, Gerichte der ordentlichen Gerichtsbarkeit I 12, Besetzung, Geschäftsverteilung I 59ff., Zuständigkeit und Besetzung der Strafkammern I 73f., 76ff., der Schwurgerichte I 79ff., Revision gegen Urteile der — I 121, 135, Beschwerde gegen Beschlüsse der — I 121, III 310, Entscheidung über Ablehnung eines Untersuchungs- oder Amtsrichters III 27, Beschluß über Führung der VU. durch einen Amtsrichter 185, Einreichung der Anklageschrift bei dem — 198, 200, Befugnis zur Eröffnung des HV. 209, Bestimmung des Umfangs der Beweisaufnahme in der Berufungsinstanz 245, 265; s. a. Strafkammer, Schwurgerichte.

Landgerichtsdirektor I 22, 59, 62, 64.

Landgerichtspräsident I 59, 62, 64ff., 77, 83, 84, 86ff.

Landgerichtsrat I 22, 59, 62ff., 66, 69, 78, 83.

Landstreicher, Verhaftung wegen Fluchtverdachts 112f.

Lebensfähigkeit 90.

Lebensalter s. Alter.

Legalitätsprinzip Ausnahmen vom — 152 bis 154b.

Leichenöffnung, Leichenschau 87ff.

Leichnam, Anzeige beim Auffinden eines unbekannten —s 159.

Letztes Wort in der HV. 258.

Leumundszeugnisse, keine Verlesung der — 256.

Lichtbilder für Erkennungsdienst und Durchführung des Strafverfahrens 81b.

Luftfahrzeug 153a.

M.

Maßnahmen, besondere — bei bedingter Strafaussetzung A 4 22, 29, 33; s. a. Erziehungsmaßregeln.

Maßregeln der Sicherung und Besserung bei Anwendung des Opportunitätsprinzips III 154, 154a, Ermittlungen für Anordnung der — 160, keine Anordnung von — gegen abwesenden Angeklagten 233, — als Urteilsinhalt 260, Abstimmung über Anordnung von — 263, Anordnung von — als Veränderung des rechtl. Gesichtspunktes 265, Begründung der Anordnung von — 267, Anordnung von — als Wiederaufnahmegrund 359, 371, kein Wiederaufnahmegrund 363, — bei Privatklage 384, amtsrichterl. Strafbefehlen 407; Sicherungsverfahren 429aff., Absehen von — bei Auslieferung Verweisung 456a, Durchführung der Anordnung von — 463a, in Vbdg. mit Freiheitsstrafe 456b, Kosten bei Anordnung von — 465f.; A 1 1, A 2 1.

Mehrheit bei der Beratung I 196, — bei Schuld- und Straffrage 263.

Mildernde Umstände, Bestandteil der Schuldfrage 263, Angabe im Urteil 267.

Minderjährige, unbeeidigte Vernehmung 60, Beistände der —n 149, Erhebung von Privat- und Nebenklage für — 374, 395, s. Vertreter, gesetzlicher, Jugendliche.

Minister, keine Berufung zum Laienrichteramt I 34, 77, 84, Zeugenvernehmung der — 50, 54.

Mißhandlung 135a — s. a. Körperverletzung.

Mitangeklagte Entfernung aus dem Sitzungssaal 247, Verlesung der Aussagen verstorbener —n 251, Vernehmung in der HV. 247, 251, 257; Revisionswirkung auf — 357, Haftung —r für Auslagen 466.

Mitschuldige, Verlesung der Aussagen —r 251, s. Mitangeklagte, Mittäter.

Mittäter, Beschlagnahme und Durchsuchung bei —n 97, 102, s. Mitangeklagte, Mitschuldige.

Mitteilungen von Akten I 168, Beschlagnahme schriftlicher — 97, — zwischen Beschuldigtem und Verteidiger 148, —

in Jugendsachen A 5 28, — der Entscheidung in Gnadensachen A 4 19.
Mitwirkung als Laienrichter: „unfähiger Personen" Revisionsgrund 338, I 32 — von Personen, die nicht berufen werden sollen, kein Revisionsgrund I 33, 34; s. a. Ablehnung, Ausschließung.
Monat, Berechnung 43.
Mönche, keine Berufung zum Laienrichteramt I 34, 77, 84.
Mündlichkeitsgrundsatz 244.

N.

Nachbarn, Zuziehung bei Durchsuchungen 106.
Nachteile I 167.
Nachholung versäumter Handlungen 45, s. Fristen, Wiedereinsetzung.
Nachlaß, Kostenhaftung 465.
Nachträglich, —es Bekanntwerden von Tatsachen bei bedingter Strafaussetzung A 4 30, —e Verlängerung der Bewährungsfrist A 4 24.
Nachtzeit, Durchsuchung zur — 104.
Naturereignisse, Wiedereinsetzungsgrund 44.
Nebenklage, Zulässigkeit und Verfahren 395ff.
Nebenprotokoll in fremder Sprache I 185.
Neue Tatsachen und Beweismittel in der Berufungsinstanz 323, — als Grund zur Klageerhebung nach Einstellung 174, 211, A 5 31, — als Wiederaufnahmegrund 359.
Neigung, verbrecherische hindert bedingte Strafaussetzung A 4 21.
Nichterscheinen des Angeklagten in der HV. 230, 232, in der Berufungsinstanz 329, — des Privatklägers 391, — des Nebenklägers 400, s. Ausbleiben.
Niederschlagungsrecht, als Inhalt des Begnadigungsrechts A 4 3.
Not als Voraussetzung der bedingten Strafaussetzung A 4 21.

O.

Oberbundesanwalt, I 120, 134, 138, 142, 143, 147ff.
Oberlandesgerichte, Besetzung, Geschäftsverteilung I 115ff., Zuständigkeit I 120, 159, 181, II 9, III 172; Ernennung von Mitgliedern der — zu Schwurgerichtsvorsitzenden I 83, StA. bei —n I 142, 145, 147; Notwendigkeit der Verteidigung vor —n III 140, VU. in Sachen der — 178, Entscheidung über Eröffnung des HV. 198, keine Beschwerde gegen Entscheidungen der — 304, ausgenommen I 159.
Oberlandesgerichtspräsident I 83, 115, III 186.
Oberste Landesbehörden, Rechte und Kompetenzen A 5 20, A 8 4.
Oberste Behörden, Auskunftserteilung an — A 8 4.
Öffentliche Klage s. Klage, Anklage.
Öffentliche Zustellung 40, 279f., 282a.
Öffentlichkeit der Auslosung der Laienrichter I 45, 77, 84, — der Verhandlung und Urteilsverkündung I 169ff., Ausschließung der — I 170ff., 193, A 5 32, Feststellung der — durch das Protokoll III 272, Verletzung der Vorschriften über — Revisionsgrund 338.
Opportunitätsprinzip s. Legalitätsprinzip.
Ordentliches Verfahren, Verweisung in — A 5 17.
Ordnung in den Sitzungen I 176ff., III 36.
Ordnungsstrafen gegen Laienrichter I 56, 77, 84, — gegen Beschuldigte, Zeugen, Sachverständige usw. I 177ff., III 51, 77.

P.

Papiere, Durchsicht 110.
Parlament s. Abgeordnete, — s. sprengung I 131.
Personalien s. Generalfragen.
Personenstand, Nebenklage bei Delikten gegen den — 395.
Personenstandsregister, Verlesung von Auszügen in der HV. 249.
Personenvereine, Vertretung bei Privat- und Nebenklage 374, 395.

Persönliches Erscheinen des Angeklagten 236, 387, — des Privatklägers 387.
Pfandbestellung als Sicherheitsleistung 118.
Pflegschaft bei Vermögensbeschlagnahmen 292.
Pflichten, Auferlegung besonderer — s. Maßnahmen.
Photographien s. Lichtbilder.
Plenarentscheidungen des BGH. I 136ff.; s. auch Große Senate.
Plenum des BGH. I 140, s. Plenarentscheidungen.
Polizeiaufsicht, Durchsuchung bei unter — Stehenden 103f., Untersuchungshaft gegen solche Personen 113, kein Schadensersatz für Untersuchungshaft bei — A **2** 2, keine Auskunftsbeschränkung bei — A **3** 6.
Polizeibeamte als Hilfsbeamte der StA. I 152, deren Sonderbefugnisse III 98, 105, 161, Befreiung der —n vom Laienrichteramt I 34, 77, 84, droit de suite I 167, vorläufige Festnahme III 127, Entgegennahme von Strafanzeigen 158, Erforschung strafbarer Handlungen 161, 163, 189; s. a. Polizeibehörden.
Polizeibehörden, Mitwirkung bei der Rechtshilfe I 167, Erlaß von Steckbriefen III 131, Anzeigepflicht beim Auffinden von Leichen 159, Erforschung strafbarer Handlungen 161, 163, 189; Strafverfügungen der — 413, A **52,** s. Polizeibeamte.
Polizeihaft III 127f.; s. auch Haft.
Polizeiliche Strafverfügungen s. Polizeibehörden.
Postsendungen, Beschlagnahme von — 99ff.
Präsident s. Landgerichtspräsident, Oberlandesgerichtspräsident, Bundesgerichtspräsident.
Präsidium bei den Landgerichten I 64, 66, 70, 78, — bei den OLG. I 117, — beim BGH. I 131.
Prävention entscheidet bei mehreren zuständigen Gerichten 12.
Preßvergehen, III 7, 53.
Privatklage, Zuständigkeit I 25, Zulässigkeit und Verfahren 374ff., 313, 334, Kosten und Auslagen bei — 379, 471f., keine — gegen Jugendliche A **53,** s. Privatkläger.
Privatkläger, Recht zur Ablehnung von Gerichtspersonen und Sachverständigen 24, 31f., 74, Verhältnis mehrerer — zueinander 375; Prozeßführung 378ff., Zuziehung des —s im Verfahren 385ff., Rechtsmittel 296, 390f., 334, Kostenhaftung 393f., Beteiligung im objektiven Verfahren 430ff.
Professoren s. Hochschullehrer.
Protokoll, Aufnahme in das — I 41, 45, 51, 77, 84, 174, 182f., 185, III 66af., 86, 114, 168, 188, 224, 233, 271ff., Berichtigung des —s s. Berichtigung; Erklärungen zu — 26, 158, 299, 306, 314, 317, 341, 345, 347, 366, 381, 409, Verlesung von —en 233, 249ff., 325, Einsicht des Verteidigers in das — 147, Unterschrift des —s 188, 271, A **5** 24, Beweiskraft des —s 274.
Protokollführer s. Gerichtsschreiber (Urkundsbeamter).
Prozeßrechtliche Vorschriften der Reichsgesetze IV 5.
Prozessuale Rechtsnormen s. Rechtsnormen.
Prozeßverschleppung 244f.
Prozeßvoraussetzungen 260.
Publikation s. Verkündung.

R.

Räumung des Sitzungszimmers I 177.
Rechtfertigung der Berufung 317, 320, 323, — der Revision 344f., 347.
Rechtsanwälte, Ordnungsgewalt d. Vorsitzenden gegen — I 176 V, Zeugnisverweigerungsrecht III 53, 56, — als Verteidiger 138ff., Gebühren der — 150; Unterzeichnung von Schriftstücken durch — 172, 345, 366, 390, — im Privat- und Nebenklageverfahren 378, 387, 400; s. a. Verteidiger.
Rechtsbehelfe 296.

Rechtsbeugung, Wiederaufnahmegrund 359, 362.
Rechtshängigkeit 151, Einstellung wegen — 260.
Rechtshilfe I 156ff.
Rechtskraft von Beschlüssen 153, III 174, 211, 346, — der Urteile 359, 449, — des Strafbefehls 410, — relative — 301; Hemmung der — durch Einlegung von Rechtsmitteln 316, 343; — Voraussetzung der Strafvollstreckung 449.
Rechtskundige als Verteidiger 139.
Rechtslehrer s. Hochschullehrer.
Rechtsmittel 296ff., Belehrung über — 115, 268, keine Verzögerung der Freilassung durch Einlegung von —n 123, — im objektiven Verfahren 432, Urteilsbegründung bei —verzicht 267; — des Privatklägers 390, — des Nebenklägers 395, 399, 401, Anrechnung der Untersuchungshaft nach —verzicht 450, Kosten der — 473; s. a. Beschwerde, Berufung, Revision.
Rechtsnormen, Verletzung von — Revisionsgrund 337ff., gemischte — 340 A **3**, prozessuale — 328, 344, 352.
Rechtsweg wegen vermögensrechtlicher Ansprüche der Beamten I 9, — bei Ansprüchen wegen unschuldig erlittener Haft usw. A **2** 6, A **3** 5.
Redakteur, Zeugnisverweig.-Recht 53.
Referendare, Anwesenheit bei Beratung I 193, — als Verteidiger III 139; Vorbereitungsdienst und Prüfungen der — I 2f.
Reformatio in peius 331, 358, 373.
Reichsgesetze, prozeßrechtliche Vorschriften der alten — IV 5.
Reihenfolge, Feststellung der — für Teilnahme der Laienrichter I 45, 47, 49, 77, 86, — bei Abstimmungen I 197.
Reisekosten s. Gebühren, Entschädigung.
Religionsdiener I 34, 77, 84.
Religionsgesellschaften I 51, III 66e.
Revision, Verfahren bei — 333ff., Zuständigkeit I 121, 135, — in Privatklagesachen 390, Sprung — 335, s. a. Rechtsmittel.
Revisionsanträge 335, 344ff., 352, 390.
Revisionsfrist s. Fristen.
Revisionsgericht 336, 346ff., 352, 354f.
Revisionsinstanz, Anfechtung eines in der — ergangenen Urteils 367.
Revisionsschrift 345ff., 390.
Richter, Rechtsverhältnisse der — I 6ff., Unabhängigkeit I 1, Fähigkeit I 2ff., Nichtberufung der — zum Laienrichteramt I 34, 77, 84, StA. darf nicht als — tätig werden I 151, Namen der — in Protokoll und Urteil 271f., 275; Mitwirkung von — als Rev-Grund 338, als Wiederaufnahmegrund 359, 362; s. a. Ablehnung, Ausschließung, Amtsrichter, Beauftragter und ersuchter Richter, Hilfsrichter, Jugendrichter, Untersuchungsrichter.
Richteramt der Laienrichter I 11, 30, 77, 82, s. Richter, Verhinderung.
Richterliche Geschäfte, Wahrnehmung durch Referendare I 10.
Richterliche Gewalt I 1.
Richterwahlausschuß I 125.
Richterwahlgesetz I 125.
Rückfall, —sverbrechen I 25, III 140.
Rückgabe beschlagnahmter Gegenstände an den Verletzten 111, — der Sicherheit 121.
Ruhegehalt, Ansprüche der Richter auf — I 9.
Ruhestörung s. Ordnung.

S.

Sachbeschädigung, Privatklage 374, Sühneversuch 380.
Sachkundige Personen als Zeugen 85.
Sachverständige 72ff., sitzungspolizeiliche Maßnahmen gegen — I 177ff., rechtzeitige Zuziehung 80a, Teilnahme an richterlichen Untersuchungshandlungen III 169, 193, 195, Vernehmung in der U. 187, Ladung zur HV. 214, 219ff., 38, notwendige Vernehmung 246a, Beschwerde gegen Ordnungsstrafen 304, Wiederaufnahme infolge Verletzung der Eidespflicht der — 359, 362, Zuziehung i. Sicherungsverfahren 429c; s. a. Vernehmung.

Schiffahrtsgerichte I 14.
Schiffe, Gerichtsstand für auf —n begangene Delikte 10.
Schlußvorträge in der HV. 258f., — in der Berufungsinstanz 326, — in der Revisionsinstanz 351, — in Privatklagesachen 388.
Schnellverfahren 212; s. auch beschleunigtes Verfahren.
Schöffen I 28ff., 76ff.; Gleichzeitigkeit des — und Geschworenenamts unzulässig I 90; Schweigepflicht über nichtöffentliche Sitzungen I 174, Zuziehung von Ergänzungs— I 192, Abstimmung der — 195ff., Fragerecht der — III 240ff., keine Urteilsunterschrift durch — 275, Pflichtverletzung der — Wiederaufnahmegrund 359, 362; Jugend— A 5 17, 20, 24, I 26; s. a. Ablehnung, Abstimmung, Auslosung, Ausschließung.
Schöffengerichte, Bildung, Zusammensetzung usw. I 28ff., Jugendgerichte als — A 5 17, Berufung und Beschwerde gegen Entscheidungen über — I 73, III 304, 312, 335, StA. bei —n I 142, notwendige Verteidigung bei —n III 140, VU. in —ssachen 178, Anklageerhebung 199ff., beschl. (Schnell-)Verf. 212, Beweisaufnahme 245, keine Aussetzung bei Veränderung der Anklage 265, Antrag auf Beweiserhebung nach Verweisungsbeschluß 270, Protokoll über die HV. 273, Beschränkung der Wiederaufnahme in —lichen Sachen 359; — im Verfahren nach Strafbefehl 407; s. Schöffen.
Schriftstücke, Verlesung in der HV. 249, 256f., 325, Ermittlung des Urhebers und der Echtheit 93; Vorlegung amtlicher — 96.
Schriftvergleichung 93.
Schuld, geringe, als Voraussetzung für Durchbrechung des Legalitätsprinzips 153; s. a. Verschulden.
Schuldfrage 263.
Schutzaufsicht als Erziehungsmaßregel A 5 67; A 4 22, 28.
Schwägerschaft, Ausschließungsgrund für Gerichtsvollzieher I 155, für Gerichtspersonen III 22, 31f.; Verweigerung und Nichtbeeidigung des Zeugnisses bei — 52, 61, Verweigerung des Gutachtens bei — 76.
Schwurgericht I 79ff., II 6; Revision in —lichen Sachen I 121, 135, III 333, StA. beim — I 142, notwendige Verteidigung 140, VU. 178, Anklageschrift 200, keine Verbindung mit Privatklagesachen vor — 384.
See, Gerichtsstand für auf offener — begangene Delikte 10.
Selbstmordversuch eines Gefangenen, Grund zur Fesselung 116.
Senate bei den Oberlandesgerichten I 116, 122, — beim BGH. I 130ff., 136ff.
Senatspräsidenten bei den Oberlandesgerichten I 115, — beim BGH. I 124f.
Sicheres Geleit 295.
Sicherheit s. Sicherheitsleistung.
Sicherheitsbeamte s. Polizeibeamte, Polizeibehörden.
Sicherheitsleistung zur Befreiung von Untersuchungshaft 117ff., 124f., — für Kosten bei Privatklagen 379, nicht bei Nebenklagen 396, — beim Strafaufschub 456.
Sicherung des Beweises in der Voruntersuchung 190, im Verf. gegen Abwesende 285ff.
Sicherungsverfahren 429aff., Überweisung zum ordentlichen Verfahren 429d, nachträgliches — 429e.
Sicherungsverwahrung I 24, III 140.
Siegelanlegung an beschlagnahmte Gegenstände 109.
Sittlichkeit, Ausschluß der Öffentlichkeit wegen Gefährdung der — I 172.
Sitz des Schwurgerichts I 79, 91f., — des BGH. I 123.
Sitzung, in der — begangene Delikte I 183, eigenmächtige Entfernung des Angeklagten aus der — III 231, s. Sitzungszimmer.
Sitzungspolizei I 176ff.

Sitzungszimmer, Abführung v. Personen a. d. — I 117, Entfernung des Angeklagten a. d. — während der Vernehmung eines Mitangeklagten oder Zeugen III 247.
Sofortige Beschwerde s. Beschwerde.
Sonntag bei Berechnung von Fristen 43.
Sprache s. Gerichtssprache.
Sprungrevision 334f.
Spuren, Feststellung im Protokoll über den Augenschein 86, Durchsuchungen behufs Verfolgung von — 103, Vernichtung von — als Haftgrund 112.
Staatsanwaltschaft I 141ff., Vorbereitungsdienst bei der — I 2, Antrag auf Entscheidung durch Einzelrichter I 24, 25, Ausschluß der Beamten der — vom Laienrichteramt I 34, 77, 84, Anhörung der — bei Entscheidungen über Laienrichter I 52f., 56, 77, 84, Mitwirkung bei der Rechtshilfe I 161, 163, Antrag auf Ausschluß der Öffentlichkeit I 174, Antrag über Verbindung und Trennung von Strafsachen III 4, 13, Ausschluß vom Richteramt 22, Recht zur Ablehnung von Gerichtspersonen und Sachverständigen 24, 31, 74; Anhörung der — vor außerhalb der HV. ergehenden Entscheidungen 33; Zustellungen und Vollstreckungen durch die — 36, Zustellungen an die — 41, Beschlagnahmen 98, besonders von Postsendungen und Telegrammen 100f., Durchsuchungen 105, 108, 110, Mitwirkung beim Haftbefehl, bei Verfall einer Sicherheit und bei Freilassung gegen Sicherheit 122, 124f., vorläufige Festnahme 127, Erlaß v. Steckbriefen 131, Vorbereitung und Erhebung der öffentlichen Klage 152ff., 158ff., 167, 169ff., Antrag auf Voruntersuchung 178ff., 185, Ausdehnung der Voruntersuchung auf andere Personen 191; Zulassung bei Beweiserhebungen 193, Recht auf Akteneinsicht 196, Anträge nach Schluß der Voruntersuchung 197f., Einreichung der Anklageschrift 198f., 208; keine Bindung des Gerichts an Anträge der — 206; Beschwerde bei Ablehnung der Eröffnung des HV. 210, mündliche Klageerhebung im beschleunigten (Schnell-)Verfahren 212; Mitwirkung der — bei Vorbereitung der HV. 214, 222, 224f., Anwesenheit in der HV. 226f., 338, Fragen an Zeugen und Sachverständige 239ff., Mitwirkung bei der Beweisaufnahme 246, 248, 255; Schlußanträge 258f., Antrag auf Mitaburteilung neu hervorgetretener Taten 266, Namensnennung der —svertreter in Protokoll und Urteil 272, 275; Einlegung von Rechtsmitteln 296, 301f., Anhörung der — bei Beschwerden 309, Verf. bei Berufung 320f., 325f., 329, bei Revision 339, 347ff., 351, 354, bei Wiederaufnahme 369, 371, Kosten der von der — eingelegten Rechtsmittel 473; Beteiligung der — bei der Privatklage 376f., 382, 385, 389, 390, bei der Nebenklage 396, 401; Antrag auf Strafbefehl 407f., 411, Mitwirkung im Verf. nach Strafverfügung 413, Benachrichtigung der — von Vernehmung im Sicherungsverfahren 429c, im objektiven Verfahren 430, 432, — als Strafvollstreckungsbehörde 451, 457, 462; Antrag auf Verurteilung des Anzeigenden in die Kosten 469; Begründung der Zuständigkeit des Jugendgerichts **A 5** 17, Mitteilungspflicht in Jugendsachen **A 5** 27, Klageerhebung bei Privatklagedelikten Jugendlicher **A 5** 53; Mitwirkung bei Entschädigung unschuldig Verhafteter und Verurteilter **A 1** 5, **A 2** 6, 10, unbeschränkte Auskunftserteilung an — **A 3** 4.
Staatsbeamte s. Beamte.
Staatssicherheit, Ausschluß der Öffentlichkeit bei Gefährdung der — I 174.
Staatsverwaltungsbeamter im Laienrichterwahlausschuß I 40.
Steckbriefe 131f., 457.
Stellung, von Zeugen und Sachverständigen durch den Angeklagten 220.
Stempel s. Kosten.

Stillschweigen über Vorgang bei Beratung und Abstimmung I 198.
Stimmenverhältnis I 40, 62, 64, 117, 131, 196, III 263, 349.
Strafanstalt, Anhörung der — über Gnadengesuch vor bedingter Strafaussetzung A 4 8, 14, 19, 27, 29.
Strafantrag s. Antrag, Antragsdelikte.
Strafantritt, Freiwerden der Sicherheit bei — 121.
Strafaufschub 360, 455, 456, 458.
Strafausschließungs-, Erhöhungs-, Milderungsgründe 263, 265, 267.
Strafaussetzung, bedingte, 455, A 5 58f., A 4 20ff.
Strafbefehl 407ff., A 5 51, Kosten beim — 464.
Strafbemessung 263, Gründe der — im Urteil 267.
Strafe s. Ersatzstrafe, Haft, Ordnungsstrafe, Strafvollstreckung.
Straffestsetzungen, Beschwerde gegen dem Urteil vorausgehende — 305.
Straffreierklärung im Urteil 260 Berufung bei — 313, Kosten bei — 468.
Strafgefangene, Trennung von Untersuchungsgefangenen 116.
Strafgericht, Entscheidung über bürgerliche Rechtsverhältnisse 262.
Strafgesetze, Bezeichnung des angewendeten —s 200, 207, 267, 409, 413, Verurteilung nach einem anderen als dem im Eröffnungsbeschluß angegebenen — 265.
Strafkammern der Landgerichte I 24 60, 73f., 76ff.; Tätigkeit der — in Schwurgerichtssachen I 82f., 91, III 27, Entscheidung über Ablehnung von Richtern III 27, A 5 24, Entscheidungen der — in der Voruntersuchung III 185, 197, Zuständigkeit für Eröffnung des HV. 198, 209, für Sicherungsverfahren 429b; Revision gegen Urteile und Beschwerden gegen Entscheidungen der — I 121, 135, III 310, 333; s. a. Landgerichte, Vorsitzender.
Straflisten, Verlesung in der HV. 249; s. a. Vorstrafen.
Strafmaß, Beschränkung der Berufung auf das — 318.
Strafsenate der Oberlandesgerichte I 116, 122, — des BGH. 130, 136ff.
Strafumwandlung s. Ersatzfreiheitsstrafe, Gesamtstrafe.
Strafunterbrechung 360, 458, 461; s. a. Strafaufschub, Strafaussetzung.
Strafurteil s. Urteil.
Strafverfolgung s. Antrag, Legalitätsprinzip, Staatsanwaltschaft.
Strafverfügungen s. Polizeibehörden, polizeiliche Strafverfügungen.
Strafvollstreckung 449ff.; Rechtshilfe bei — I 160, 162ff., vereinfachte Zustellung bei — III 39, Hemmung bzw. Nichthemmung der — 316, 343, 360; Wiederaufnahmeantrag nach begonnener — 361, Kosten der — 465; — gegen Jugendliche A 5 56ff.; s. a. Krankenanstalt, Krankheit, Strafaufschub, Strafaussetzung, Untersuchungshaft.
Strafzeit, Berechnung der — 458.
Stumme, Zuziehung eines Dolmetschers bei Vernehmung —r I 186; Eidesleistung III 66d; notwendige Verteidigung für — 140.
Sühneversuch bei Privatklagen 380.
Summen, Abstimmung über — I 196.
Suspensiveffekt der Berufung 316, — der Revision 343, kein — der Beschwerde 307, — des Wiederaufnahmeantrags 360, kein — der Anrufung des Gerichts wegen Zweifelns über Urteilsauslegung usw. 458.

T.

Tage bei Fristberechnung III 42f.
Täter, Teilnehmer, Zusammenhang der Untersuchung gegen — 3, 13, unbeeidigte Vernehmung 60; Beschlagnahme und Durchsuchung 97, 102.
Tatsachen s. Neue Tatsachen u. Feststellungen.
Taube Personen, Verhandlung mit — I 186f., notwendige Verteidigung III 140, Verdolmetschung der Schlußvorträge 259.

Teilnahme der Parteien an richterlichen Untersuchungshandlungen 193ff., 169, — des Beschuldigten an nichtrichterlichen Untersuchungshandlungen 169; — des gesetzlichen Vertreters am Jugendverfahren A **5** 33.

Teilnehmer s. Täter.

Telegramme, Beschlagnahme von —n 99ff.

Termin in der Voruntersuchung 193, — zur HV. 213, — zur Vernehmung auswärtiger Zeugen usw. 224, Wiedereinsetzung bei —sversäumnissen 235, 329, — zur HV. in Privatklagesachen 377, im Verfahren bei Einziehungen 431, keine Aufhebung des —s bei Anschluß des Nebenklägers 398.

Tilgung von Strafvermerken A **3** 1ff.

Tod, Anzeige eines nicht natürlichen —es 159, Verlesung der Aussagen Verstorbener 251, Wiederaufnahme nach dem —e des Verurteilten 361, 371, — des Privatklägers 393f., — des Nebenklägers 402; keine Kostenhaftung des Nachlasses Verstorbener vor Rechtskraft 465.

Trennung verbundener Strafsachen 2, 4, 13.

Trunkenheit, Versagung der Entschädigung bei Freisprechung wegen — A **2** 2.

U.

Überführungsstücke, Beschlagnahme von —n 94f., 100ff., 109, Herausgabe und Verwertung von —n 111, keine Verabfolgung von —n in die Wohnung des Verteidigers 147.

Übernahme einer Privatklagesache durch die StA. 377.

Übersetzung, Beifügung einer — zum Protokoll I 185, s. Dolmetscher.

Übertragung der strafgerichtlichen Zuständigkeit auf eins von mehreren Amts- oder Oberlandesgerichten I 58, 120; Gerichtsstand kraft — III 12, 15, 19,

Übertretungen, Zuständigkeit I 24f., Zeugniszwangsverfahren bei — III 70. Beschlagnahme bei — 100, Verhaftung und vorläufige Festnahme 113, 127, beschl. Verfahren 212, beschränkte Beweisaufnahme 245, Rechtsmittelbeschränkung bei — 313, 334, Strafbefehl bei — 407, Strafverfügung 413; Einschränkung des Legalitätsprinzips 153, HV. in Abwesenheit des Angeklagten 232.

Überweisung von BGHof-Sachen an die OLG. I 134.

Umstände s. Mildernde —, Strafausschließungs-, Erhöhungs-, Milderungsgründe, Neue Tatsachen.

Umwandlung s. Ersatzfreiheitsstrafe, Gesamtstrafe.

Unabhängigkeit der Gerichte I 1, Garantien der — I 6ff., Ausnahme von der — III 358.

Unabsetzbarkeit der Richter I 8.

Unbrauchbarmachung von Gegenständen, Verfahren bei — 430ff.

Unerfahrenheit als Voraussetzung der bed. Strafaussetzung A **4** 21.

Unfähigkeit zum Laienrichteramt I 32, 52, 77, 84.

Ungebühr in der Sitzung I 177f.

Ungehorsam der Zeugen und Sachverständigen 70, 77.

Universitätsstudium I 2.

Unmittelbare Ladung von Zeugen und Sachverständigen durch den Angeklagten usw. 38, 195, 220, 222, 386.

Unmittelbarkeitsgrundsatz 244, 250.

Unredlichkeit, Unsittlichkeit, Ausschluß des Entschädigungsanspruchs bei grober — A **2** 2.

Unsittlichkeit s. Unredlichkeit.

Unterbrechung der HV. zur Vorbereitung der Verteidigung 145, kürzere — 228f.; s. a. Aussetzung, Strafunterbrechung, Strafaufschub, Strafaussetzung, Verjährung.

Unterbringung, einstweilige 126aff., 207, A **2** 1, — in Heil- oder Pflegeanstalt 80af.

Unterhaltsberechtigte, Entschädigungsanspruch der —n A **2** 1, 3, A **1** 1 f.

Unterkunft, Sorge für — bei bed. Strafaussetzung A **4** 22.

Unterredung des Verhafteten mit dem Verteidiger 148.
Unterschrift der Eidesformel durch Stumme 66 d, — des Antrags auf gerichtliche Entscheidung 172, — des Protokolls in der Voruntersuchung 188, in der HV. 271, — der Revisions- und Wiederaufnahmeanträge 345, 366, 390.
Untersuchung, gerichtliche, Eröffnung der — 151, Umfang der — 155, keine Klagezurücknahme nach Eröffnung der — 262, ärztliche — 81a; s. a. Erforschung, Voruntersuchung, Ermittlungsverfahren.
Untersuchungsgefangene, Behandlung der —n 116.
Untersuchungshaft 112ff., Beschluß über — bei Eröffnung des HV. 207, sicheres Geleit 295, Beschwerde bei — 305, 310, Anrechnung der — auf die Freiheitsstrafe 450, Kosten der — 466; — gegen Jugendliche A 5 36, 46; Entschädigung wegen unschuldig erlittener — A 2 1 ff.; s. a. Festnahme, Haftbefehl, Haftprüfung.
Untersuchungshandlungen, richterliche — durch unzuständige Gerichte 20f., — eines abgelehnten Richters 29, — durch den Amtsrichter 162ff., 185, 188, s. a. Ermittlungsverfahren, Untersuchungsrichter, Voruntersuchung.
Untersuchungsrichter, Bestellung des —s bei den Landgerichten I 61, 65, beim BGHof und OLG. III 186, Beschwerde gegen Verfügungen des —s I 73, III 304, 306, — darf nicht Mitglied des —s 27, Zustellungen und Vollstreckungen durch — 36, Strafen gegen Zeugen und Sachverständige 51, 70, Erlaß und Aufhebung eines Haftbefehls, Freilassung gegen Sicherheit 124, 129; Ermittlungen im Auftrage des OLG. 173, Eröffnung und Führung de Voruntersuchung 184, 187ff., Bestellung von Amtsrichtern zu —n 185, s. a. Voruntersuchung.
Unvereinbarkeit des Schöffen- und Geschworenenamts I 77, 90, — des Amts eines StA. mit dem Richteramt I 151, — verschiedenartiger richterlicher Tätigkeiten im gleichen Verfahren III 23.
Unverzüglich, —e Vernehmung des Beschuldigten nach Festnahme 114b, 114c, 128.
Unzulässigkeit der Strafverfolgung I 18ff.
Unzuständigkeit, Geltendmachung der — 16, 18, Gültigkeit von Untersuchungshandlungen trotz — 20f., Erklärung der — in der HV. 269f., 348, Rückverweisung durch das Berufungsgericht wegen — 328, — als Revisionsgrund 338.
Urkunden, Verlesung von — in der HV. 249, 256, —-fälschung Wiederaufnahmegrund 359, 362.
Urkundsperson siehe Gerichtsschreiber (Urkundsbeamter).
Urkundenbeweis 249ff.
Urteil, Öffentlichkeit der Verkündigung I 169, 173, Gegenstand, Inhalt, Begründung 260ff., 275, Verlesung von —en in der HV. 249, 324, 358, Aufhebung eines —s als Wiederaufnahmegrund 359, — im Wiederaufnahmeverfahren 371, 373, — in Privatklagesachen 388f., 391, — nach Strafbefehl, Strafverfügung 411f., 413, — im objektiven Verfahren 431f., Entscheidung über Kosten im — 464; s. Zustellung, Vollstreckung, Rechtskraft der —e.
Urteilsformel 268, 273, 451.
Urteilsgründe, Urteilsverkündigung s. Urteil.

V.

Vater s. Eltern, Angehörige, gesetzlicher Vertreter.
Veränderung des rechtlichen Gesichtspunkts 265.
Verantwortliche Vernehmung 133ff.
Verbindung zusammenhängender Strafsachen 2ff., 13; 237, A 5 27, — von Jugend- und Vormundschaftsgericht A 5 19.

Verbrechen, Zuständigkeit bei — I 24, 25, 80, A 5 17, Untersuchungshaft bei — III 112, notwendige Verteidigung bei — 140, Anklageschrift mit Ermittlungsergebnis 200, Aufforderung des Angeschuldigten zur Erklärung über die Anklageschrift 201, Entbindung vom Erscheinen in der. HV. 233
Verbrecherische Neigung keine bed. Strafaussetzung bei — A 4 21.
Verdacht, dringender Tat—, Flucht—, Kollusions— als Haftvoraussetzungen 112f.; hinreichender Tat— Voraussetzung für Eröffnung der HV. 203.
Verdorbenheit, keine bed. Strafaussetzung bei — A 4 21.
Vereinbarung der Gerichte über Verbindung von Strafsachen 13.
Vereine s. Personenvereine.
Vereinigungen, Befreiung der Mitglieder gewisser religiöser — vom Laienrichteramt I 34, 77, 84.
Verfahren s. Vorbereitendes Verfahren.
Verfall der Sicherheit 122.
Verfolgung s. Nachteile, Flüchtige, Legalitätsprinzip.
Verfügung s. Entscheidung.
Verfügungsbeschränkung, Unfähigkeit zum Laienrichteramt bei — I 32, 77, 84, — bezüglich des beschlagnahmten Vermögens 284, 292.
Verführung als Voraussetzung für bedingte Strafaussetzung A 4 21.
Vergehen, Zuständigkeit I 24f., Opportunitätsprinzip III 153, Strafbefehl bei — 407.
Vergiftung, Untersuchung bei Verdacht der — 91.
Vergleichsbehörde für Sühneversuch bei Beleidigung 380.
Verhaftung s. Untersuchungshaft, Festnahme, Haftbefehl.
Verhältnisse, Erforschung der persönlichen — des Beschuldigten A 5 28, A 4 25ff., Rücksicht auf wirtschaftliche — bei Bußfestsetzung A 4 23.
Verhandlungen s. Hauptverhandlung, Öffentlichkeit.
Verhandlungsleitung 238.
Verhinderung eines Laienrichters I 54, 77, 84, — von Richtern I 63, 66f., 117, 131, — des zuständigen Gerichts III 15, — beim Unterschreiben des Protokolls 271, des Urteils 275, des Verteidigers 228.
Verjährung bei vorläufig eingestelltem Verfahren 154, — gehört nicht zur Schuldfrage 263, Rücksicht auf — bei Strafaussetzung A 4 24.
Verkehr des Verhafteten mit anderen Personen 116, 148.
Verkündung des Urteils I 173, III 268, 275, — des Beschlusses über Ausschluß der Öffentlichkeit I 174, — gerichtlicher Entscheidungen III 35, — des Haftbefehls 114, — des Grundes der Verlesung gerichtlicher Protokolle 251, Wirkungen der Urteils— 314, 341.
Verleger 53.
Verlesung von Urkunden, Aussagen usw. 249ff., 233, — der Urteilsformel 268, — des Protokolls zur Genehmigung 188, 255, 273, — des Eröffnungsbeschlussses 243, — von Aussagen und Schriftstücken in der Berufungsinstanz 324f.; Unzulässigkeit der — 252, 256.
Verletzter, Ausschließung als: Gerichtsvollzieher I 155, Richter, Laienrichter und Urkundsbeamter III 22, 31f.; Recht auf Herausgabe ihm entzogener Gegenstände 111, Beschwerde wegen Nichterhebung der öffentlichen Klage 171, 172, Beteiligung am Verfahren durch Privat- und Nebenklage 374ff., Anwesenheit im Jugendverfahren A 5 32.
Verleumdung, Fortsetzung der Privatklage wegen — nach dem Tode des Privatklägers 393f.
Verlobte, Zeugnis- und Eidesverweigerungsrecht 52, 55, 61.
Vermögensbeschlagnahme s. Beschlagnahme.
Vermögensrechte, Nebenklage bei Delikten gegen — 395.

Vermögensschaden, Ersatz des durch unschuldig erlittene Haft und Bestrafung erlittenen —s A 2 3, A 1 2.

Vermögensstrafe, Vollstreckung der — 463.

Vernehmung hochgestellter Persönlichkeiten 49f., — von Zeugen und Sachverständigen 59ff., 78, 82, 85, 187, 223f., 239ff., 250f., 286, — des Verhafteten und Festgenommenen 114b, c, 128, 131, — des Beschuldigten 133ff., 161, 166, — des Angeschuldigten in der VU. 187, 192, kommissarische — des Angeklagten 233, — in der HV. 238f., 241, 243, 257, — in der Berufungsinstanz 324.

Vernichtung von Tatspuren als Haftgrund 112; Verfahren beim Antrag auf — von Gegenständen 430ff.

Verpflichtung zur Herausgabe von Beweismitteln 95, — des Beschuldigten zum Erscheinen vor dem Richter 133, besondere —en als Bedingung bei Strafaussetzung A 4 22, 23.

Versammlungen, gesetzgebende s. Abgeordneter.

Versammlungsort bestrafter Personen, Durchsuchung zur Nachtzeit 104.

Versäumnis 467.

Versäumung von Fristen und Terminen s. Ausbleiben, Wiedereinsetzung.

Verschleppung, Ablehnung eines Beweisantrags wegen — 244, 246.

Verschwägerte s. Schwägerschaft.

Verschwiegenheit s. Amtsverschwiegenheit.

Versetzung eines Richters I 8.

Versicherung auf den geleisteten Eid 67, 72, 79, eidliche — des Zeugnisverweigerungsgrundes 56.

Verstandesreife, mangelnde, Grund der Nichtvereidigung von Zeugen 60.

Verteidiger 137ff. Ordnungsgewalt des Vorsitzenden gegen — I 177, — als Zeuge III 53, 56, 95, — eines Angeschuldigten, dessen Geisteszustand untersucht werden soll 81, Teilnahme des —s an richterlichen Untersuchungshandlungen 169, 193, 224f., 233, s. aber 192, Akteneinsicht 147, Ladung zur HV. 218, Mitwirkung bei dieser 227f., 234, 239ff., 258,— in der Berufungsinstanz 320, — im Verfahren gegen Abwesende 281, 282a, 286; Einlegung und Zurücknahme von Rechtsmitteln 297, 302, Zeichnung der Revisionsanträge 345, Benachrichtigung vom Revisionstermin 350; — im Wiederaufnahmeverfahren 366, 369 im Verfahren nach Strafbefehl 411, Strafverfügung 413, im objektiven Verfahren 431, — in Jugendsachen A 5 42; s. a. Verteidigung, Rechtsanwalt.

Verteidigung des Beschuldigten 137ff., notwendige — 140f., 138, A 5 42; Dauer der — 143; unzulässige Beschränkung der — als Revisionsgrund 338; s. Verteidiger.

Vertrauenspersonen des Ausschusses für die Schöffenwahl I 40; Entschädiguug der — 55, Bestrafung wegen Pflichtversäumnis 56.

Verteidigungskosten 471.

Vertreter, gesetzlicher, 137; Verteidigerwahl durch — 137, 140, — als Beistand 149, A 5 43; Einlegung von Rechtsmitteln 298, 330f., 358, Stellung des Wiederaufnahmeantrages 365, Erhebung von Privat- und Nebenklage 374, 395, Stellung im Jugendverfahren A 5 33, 41, Kostenhaftung 473, Vertreter eines abwesenden Angeklagten 281, 282 — des Angeklagten in der HV. 234, in der Berufungsinstanz 329, in der Revisionsinstanz 350f., in Privatklagesachen 387; — des Angeklagten beim Einspruch gegen Strafbefehl 411f., im Verfahren bei Strafverfügung 413, — im objektiven Verfahren 431.

Vertretung s. Verhinderung.

Verurteilung 260, 265ff., 354, — macht unfähig zum Laienrichteramt I 32, 77, 84, zur Eidesleistung 60, 72.

Verwaltungsbeamter, Befreiung höherer — vom Laienrichteramt I 34, 77, 84, s. Staatsverwaltungsbeamter.

Verwaltungsbehörden, Zuständigkeit I 13, Streitigkeiten mit Gerichten über Zulässigkeit des Rechtswegs I 17.

Verwaltungsgerichte s. Verwaltungsbehörden.

Verwaltungsstreitverfahren 152.

Verwandte, Ausschließung vom Amte als Gerichtsvollzieher I 155, als Richter, Laienrichter und Urkundsbeamter III 22, 31f., als Sachverständige 74, Zeugnis- und Eidesverweigerungsrecht 52, 55f., 61, Wiederaufnahmeantrag durch — 361, s. Angehörige, Eltern, Kinder, Geschwister.

Verweigerung s. Eid, Zeugnis, Gutachten.

Verweisung, BGHof an die OLG. I 134 III 4, — an ein Gericht niederer Ordnung 210, 269, — an das zuständige Gericht 270, — durch das Berufungs- und Revisionsgericht 328, 354f., 358, — vom Jugendverfahren ins ordentliche Verfahren A 5 18.

Verwerfung des Antrags auf gerichtliche Entscheidung 174, — der Berufung 319, 322, 329, dgl. im Privatklageverfahren 391, — der Revision 346, 349, — des Wiederaufnahmeantrags 368, 370, — des Einspruchs bei Strafbefehl 412.

Verzicht auf Zeugnisverweigerung 52, — auf Rechtsmittel 302, abgekürztes Urteil dabei 267, — auf Wiedereinsetzung bei Berufung und Revision 315, 342, — auf Einspruch gegen Strafbefehle 409, Anrechnung der Untersuchungshaft bei — auf Rechtsmittel 450.

Verzug s. Dringlichkeit.

Volljährigkeit A 5 17f.

Vollmacht des Verteidigers 234, 350, 387, 411, 431, — des Anwalts des Privatklägers 378, — des Anwalts des Nebenklägers 397.

Vollstreckbarkeit der Urteile 449, 451, — des Strafbefehls 409.

Vollstreckung von Ordnungsstrafen I 178ff., — gerichtlicher Entscheidungen 36, keine Hemmung der — durch Wiedereinsetzungsantrag und Beschwerde 47, 307, — der Untersuchungshaft 116; s. Strafvollstreckung.

Vollstreckungsbeamte, Ausschluß vom Laienrichteramt I 34, 77, 84, Amtsanwälte als — 451, s. a. Gerichtsvollzieher.

Vollstreckungsbehörden 36, 451, A 5 56.

Vorbereitendes Verfahren 158ff., vereinfachte Zustellung 39, Zeugenvernehmung und -beeidigung 59, 65, Verhaftung 125f., Verteidigung 142, 147f.

Vorbereitung des Gutachtens 80, — der Klage 158ff., — der HV. 213ff., s. a. vorbereitendes Verfahren, Voruntersuchung.

Vorbereitungsdienst I 3.

Vorführung, zwangsweise — eines Zeugen 51, des Beschuldigten 133ff., desgl. nach Festnahme und Verhaftung 114b, c, 128 — des Angeklagten zur HV. 230, 236, 329f., 387, — behufs Strafvollstreckung 457.

Vorführungsbefehl s. Vorführung.

Vorgesetzte der StA. I 144ff., — der Hilfsbeamten der StA. I 152; Genehmigung der —n zur Vernehmung von Zeugen und Sachverständigen 54, 76, zur Vorlegung von Schriftstücken 96, — im Privatklageverfahren 380.

Vorhaltungen an Zeugen und Sachverständige 253, — an den Angeklagten 254.

Vorladung s. Ladung.

Vorläufige Einstellung s. Einstellung, vorläufige.

Vorläufige Entlassung, bedingte Strafaussetzung für — A 4 6, 34.

Vorläufige Festnahme s. Festnahme.

Vorlegung von Schriftstücken 96.

Vormund, Ausschluß des —s des Beschuldigten und Verletzten als Richter, Laienrichter, Urkundsbeamter, Sachverständiger 22, 31f., 74; — als Beistand in der HV. 149, A **5** 43, s. Vertreter, gesetzlicher.

Vormundschaftsgericht, Mitteilungen im Jugendverfahren A 5 27, Mitwirkung Jugendverfahren A **5** 27, Mitwirkung bei bed. Strafaussetzung A **4** 21; s. Vormundschaftsrichter.

Vormundschaftsrichter als Jugendrichter A **5** 19.

Vorschlagsliste I 33ff.

Vorschuß auf Gebühren der Zeugen und Sachverständigen I 165.

Vorsitzende des Schöffengerichts I 29, — des Ausschusses für Schöffenwahl I 40, — der Landgerichte I 62, 66, 69, 78, 81, 83, — der Oberlandesgerichte I 117, 122, — des BGH. I 131, 139, Funktionen der —n 124, 141**ff.**, 147, 201, 213, 219, 228, 231, 238, 247, 248, Beschwerden gegen Verfügungen der —n 304, 306f.

Vorstrafen, Ermittlung der — 136, Feststellung der — in der HV. 243, keine Frage nach — an die Zeugen 68a.

Voruntersuchung, Entscheidungen der Strafkammer in der — I 73, Beeidigung von Zeugen III 66, Erlaß von Haftbefehlen und Freilassungen 124, Antrag der StA. auf — 170, Zulässigkeit der — 178 Verfahren bei der — 179, 184ff., Entscheidung über Ergebnisse der — 198, 203f.

Vorverfahren s. Vorbereitendes Verfahren, Voruntersuchung.

W.

Wahlkonsuln, Gerichtsstand 11.

Wahlrevision 335.

Wahlverteidiger 138f., 143, 286.

Wahrunterstellung 244.

Warnung s. Belehrung, Hinweis.

Wechselseitige Beleidigungen und Körperverletzungen 388, 468.

Weitere Beschwerde s. Beschwerde, weitere.

Widerklage bei wechselseitigen Beleidigungen und Körperverletzungen 388, 468, — gegen Jugendliche zulässig A **5** 53.

Widerruf des Zeugnisverweigerungsverzichts 52, — des Geständnisses 254, — der Anschlußerklärung des Nebenklägers 402, — der bedingten Strafaussetzung A **4** 30.

Widerspruch gegen Beschlagnahme III 98, — zwischen verschiedenen Aussagen derselben Person 253f.; Kosten des unbegründeten —s bei Wiedereinsetzung 473.

Wiederaufnahme der öffentlichen Klage nach vorläufiger Einstellung 154, nach Ablehnung des Antrags auf gerichtliche Entscheidung 174, nach Ablehnung der Eröffnung der HV. 211, nach Einstellung im Jugendverfahren A **5** 31; — des Verfahrens 359ff., Beeidigung im —verfahren 67, —in Privatklagesachen 390; Kosten der — 473, Entschädigung der nach — Freigesprochenen A **1** 1ff.

Wiedereinsetzung in den vorigen Stand gegen Fristversäumung 44ff., — wenn HV. ohne Anwesenheit des Angeklagten stattgefunden hat 235, — bei Berufung 315, 329, — bei Revision 342, — in Privatklagesachen 391, — im Verfahren nach Strafbefehl 412, — bei Strafverfügung 413, Kosten der — 473.

Wiederergreifung eines Gefangenen, Durchsuchung zur Nachtzeit zwecks — 104, Steckbrief zwecks — 131.

Wiedergutmachung des angerichteten Schadens als Voraussetzung der bedingten Strafaussetzung A **4** 22.

Wirtschaftliche Verhältnisse, Berücksichtigung bei bed. Strafaussetzung A **4** 21.

Woche, Fristberechnung 43.

Wohnsitz, Wohnort, Gerichtsstand 8, 11, — im Auslande 9, 11; Angabe des —s in der Ladung 279, Anzeige des —s während der Bewährungsfrist A 4 28f.

Wohnung, Zeugenvernehmung in der — 49, Durchsuchung der — 102ff., s. Wohnort.

Z.

Zeugen 48ff., Ordnungsstrafen gegen — I 177ff., Vernehmung der — in der Voruntersuchung 187f., 193f., Ladung zur HV. 219ff., kommissarische Vernehmung 223, Vernehmung in der HV. 239ff., Verlesung der Aussagen der — 251ff., 255; Vernehmung im Verfahren gegen **Abwesende** 286, in der Berufungsinstanz 323ff., Beschwerderecht der — 304f.; falsches Zeugnis, neue — als Wiederaufnahmegrund 359, 362, Vernehmung im Wiederaufnahmeverfahren 369.

Zeugeneid 66cff.

Zeugnis des abgelehnten Richters usw. über den Ablehnungsgrund 26, 31f.; Verlesung von —sen der Behörden in der HV. 256; s. a. Zeugen.

Zeugnisverweigerung, Recht zur — 52ff., Folgen der — 70; keine Verlesung von Aussagen von Personen, die Recht zur — haben 251, 252, s. a. Verweigerung.

Zeugniszwang 51, 70.

Zivilgerichtliche Entscheidung, Berücksichtigung im Strafverfahren 3, 262, Aufhebung einer — als Wiederaufnahmegrund 359.

Zivilprozeßordnung, Anwendung der — bei Zustellungen in Strafsachen 37, bei der Beschlagnahme 283, bei Sicherheitsleistung und Armenrecht im Privatklageverfahren 379, bei Vollstreckung von Vermögensstrafen und Bußen 463, bei Kostenfestsetzung 464.

Zuchthaus, begrenzte Zuständigkeit des AG. bei mit — bedrohten Delikten I 24, bedingte Aussetzung der —strafe A 4 20.

Zufall, unabwendbarer, s. Wiedereinsetzung.

Zurechnungsunfähigkeit, verminderte Zurechnungsfähigkeit 126a, 363, 429a f.

Zurücknahme von Ordnungsstrafen gegen Laienrichter I 56, 77, 84, gegen Zeugen III 51, — der Verteidigerbestellung 143. — der öffentlichen Klage 156, 411, — des Strafantrags 158, 260, 470, — eines Rechtsmittels 302f., 450, 473, — der Privatklage 388, 391f., 394, — des Einspruchs gegen Strafbefehl 411, — des Antrags auf gerichtlichen Entscheid gegen Strafverfügung 413.

Zurückverweisung s. Verweisung.

Zurückweisung von unsachgemäßen Fragen 241, — der Privatklage 383.

Zusammenhängende Strafsachen s. Gerichtsstand, Verbindung.

Zuständigkeit der Amtsgerichte I 24ff., — der Strafkammern I 73f., 82, — der Schwurgerichte I 80, — der Oberlandesgerichte I 120f., 159, 181, III 172, II 9, — des BGH. I 13f., 159, III 9, — des Jugendgerichts A 5 17, 21, — der Beamten der StA. I 142ff., — der Gerichte bei Rechtshilfe I 156f., 159, 166, desgl. der StA. I 163; sachliche — III 1ff., örtliche — 7ff., — bei zusammenhängenden Strafsachen 2, 13, Streit über — 14, — für Voruntersuchung und HV. 17, — bei Entscheidungen über Untersuchungshaft 124, — des Gerichts Prozeßvoraussetzung 260, Revision wegen unrechtmäßiger Annahme der — 338, — für Wiederaufnahmeantrag 367, — im Verfahren nach Strafbefehl 407, bei Strafverfügung 413, — im objektiven Verfahren 430, — für Strafvollstreckung 451, 462; — zur Ausführung von Erziehungsmaßregeln A 5 56f., 64ff., — für bedingte Strafaussetzung A 4 4, 20, s. a. Verweisung.

Zuständigkeitsantrag d. StA. I 24, 25, III 266, 407.

Zustellungen im Wege der Rechtshilfe I 160, — von gerichtlichen Entscheid. III 35ff., — durch öffentliche Bekanntmachung 40, 280, 282a, — an StA. 41, unverschuldete Unkenntnis von — 44; — der Ladung zur HV. 217, 218; Urteils— an Angeklagten 235, 282a; Urteils— nach Einlegung von Rechtsmitteln 316, 343; — bei Privatklagen 378, 385, 390, — an den Nebenkläger 400, — von Strafbefehlen 409; — an den gesetzlichen Vertreter in Jugendsachen A 5 41.

Zustellungsbeamte I 154.

Zustellungsbevollmächtigte III 119.

Zustimmung zur Einstellung 153, A 5 31, — zur Rechtsmittelrücknahme 302f.

Zutritt zur Hauptverhandlung s. Öffentlichkeit.

Zwangsgestellung, Zwangshaft 112.

Zwangsmittel der Sitzungspolizei I 177, — gegen Zeugen und Sachverständige III 51, 70, 77, 163, — zwecks Auslieferung von Gegenständen 95.

Zweifel über Zulässigkeit einer Frage 242, — über Auslegung eines Strafurteils 458.

FSC
www.fsc.org
MIX
Papier | Fördert
gute Waldnutzung
FSC® C083411

Kolibri 360 GmbH
Ferdinand-Jühlke-Straße 7
99095 Erfurt, Deutschland
produktsicherheit@kolibri360.de